专家委员会（按姓氏音序排列）

陈　迎　董秀丽　李东燕　刘伯红　秦亚青　谭秀英　王逸舟

丛书编委会（按姓氏音序排列）

陈起飞　顾　蕾　李洪峰　李英桃　廉望舒　刘天红
田小惠　王海媚　王卉妍　王天禹　杨　倩　张瀚之
张晓玲　赵怀英　赵　源

北京外国语大学"双一流"建设重大标志性科研项目（2020）成果

"妇女、和平与安全"研究丛书

———— 李英桃　主编 ————

中国妇女、和平与安全

历史进程与当代实践

WOMEN,
PEACE AND SECURITY
IN
CHINA
Historical Processes and
Contemporary Practice

李英桃　著

社会科学文献出版社
SOCIAL SCIENCES ACADEMIC PRESS (CHINA)

"妇女、和平与安全"研究丛书序言（一）

袁 明[*]

每一个人，都在参与自己所处时代的实践，在这一点上，古人和今人没有什么区别。但是带着性别意识并自觉投身于和平与安全的实践，让世界更美好，则是今人不同于古人的地方，这在女性身上体现得更为突出。我们说起"现代性"时，女性议题是绕不过去的。女性议题一定是一个未来议题。

我在担任联合国基金会中国理事期间，接触到大量关于女性问题的计划、报告和项目，其覆盖面相当广阔，包括健康、教育、反暴力，甚至清洁炉灶等等。参与并领导这些活动的，也大多为女性。我至今仍记得，联合国秘书长古特雷斯履新之后，很快任命了一批助手，其中有一位女性"青年联络者"，她来自斯里兰卡，目光坚定而自信。我们了解到，在不到两周的时间里，她已经在网络上组织起几百万名志愿者，一问她的年龄，得知才26岁。这样的例子还有很多，可见世界的进步。

---

[*] 袁明，1945年生，北京大学燕京学堂院长，北京大学国际关系学院教授，博士生导师。

生活是最好的教科书。当下肆虐世界的新冠肺炎疫情,提醒我们必须注意人类进步途中的艰险和困难。在联合国大会纪念北京世界妇女大会25周年高级别会议上,习近平主席有这样一段特别表述:"妇女是人类文明的开创者、社会进步的推动者,在各行各业书写着不平凡的成就。我们正在抗击新冠肺炎疫情,广大女性医务人员、疾控人员、科技人员、社区工作者、志愿者等不畏艰险、日夜奋战,坚守在疫情防控第一线,用勤劳和智慧书写着保护生命、拯救生命的壮丽诗篇。……正是成千上万这样的中国女性,白衣执甲,逆行而上,以勇气和辛劳诠释了医者仁心,用担当和奉献换来了山河无恙。"[1]这一伟大的当代实践,值得研究并大书特书,这也是中国女性研究者的时代责任。

这个未来议题,应当是跨学科的。未来的女性研究若只在政治学单一领域内开展,发展的空间会很有限。只有突破学科樊篱,从多个视角来观察和推动,才能真正把女性研究这个大题目做出世界水平和中国味道来。我想这也正是这套丛书的意义所在。

是为序。

2020年11月2日

1.《习近平在联合国成立75周年系列高级别会议上的讲话》,人民出版社,2020,第19~20页。

"妇女、和平与安全"研究丛书序言（二）

裘援平*

人类社会已经进入全球化时代，各国相互依存、利益交融的"地球村"形成，国际社会生态链、产业链、供应链连为一体，世界呈现一损俱损、一荣俱荣的局面。全球化时代的和平与安全问题，越来越具有全球性和普遍性，即便是原有的传统安全问题，也须用全球化思维寻求解决之道。

我们看到，领土主权和海洋权益争端仍然是最敏感的安全问题，全球和区域大国的战略角逐仍在持续，各类矛盾引发的局部冲突和产生的热点问题不断，意识形态和政治制度偏见挥之不去，集团对峙、军事结盟和冷战热战等旧时代的痼疾仍然存在。与此同时，国家群体乃至整个人类共同面临的非传统安全问题大量产生，越来越成为各国和国际安全的核心问题。21世纪以来发生的几次世界性危机，涉及人类公共卫生健康、国际经济金融安全和大规模杀伤性武器扩散，再加上气候变化、自然灾害、饥饿贫困、跨国犯罪、

---

* 裘援平，1953年生，法学博士，博士生导师，现任全国政协常委、港澳台侨委员会副主任，曾任国务院侨务办公室主任、中央外事办公室常务副主任等职务。

恐怖主义、网络安全、人口激增和大量迁徙以及能源资源和粮食安全等问题，对人类社会构成前所未有的威胁和挑战。而应对这些挑战的全球治理及相关机制，已然滞后于时代的发展变化，也受到旧安全观的限制。国际社会正是在应对共同挑战的过程中，积蓄着全球治理和国际合作的力量，凝聚着对构建人类命运共同体的共识。

妇女是人类社会的创造者、世界文明的开创者、全球进步的推动者，是捍卫国际和平与安全、推动世界经济发展的重要力量。妇女自身和妇女事业的发展，离不开和平安宁的国际环境。2000年联合国安理会通过的第1325（2000）号决议及其后续决议，关注那些受武装冲突不利影响的人，包括难民和各国的流离失所者，特别是妇女和儿童；指出妇女在预防和解决冲突及建设和平方面有着重要作用，亟须将性别观念纳入维护和平行动的主流。当前，在不稳定和不确定的国际形势下，第1325（2000）号决议的重要性更加凸显，将决议及其后续决议的承诺变成现实，仍是联合国和世界各国的重要任务之一。

2020年，正值联合国第四次世界妇女大会《北京宣言》和《行动纲领》通过25周年、第1325（2000）号决议通过20周年，中国国家主席习近平在联合国大会纪念北京世界妇女大会25周年高级别会议上的讲话中强调，保障妇女权益必须上升为国家意志，加强全球妇女事业合作。[1]在2020年10月联合国举行的妇女、和平与安全问题公开辩论会上，中国常驻联合国代表也强调，应该继续支持妇女在和平与安全领域发挥重要作用，呼吁为"妇女、和平与

1.《习近平在联合国成立75周年系列高级别会议上的讲话》，人民出版社，2020，第21页、22页。

安全"议程注入新动力。妇女、和平与安全研究要为此做出应有的贡献。

作为北京外国语大学"双一流"建设重大标志性科研项目成果，"妇女、和平与安全"研究丛书是中国第一套"妇女、和平与安全"议程研究丛书。丛书内容涵盖联合国，中、俄、英、法等联合国安理会常任理事国，以及欧洲、亚洲和非洲各类国际关系行为体在人类追求和平与安全的历史进程中，推动妇女、和平与安全的努力，落实第1325（2000）号决议、推动性别平等的具体实践。

丛书的出版在三个方面对中国国际关系研究做出贡献：第一，深化中国妇女、和平与安全理论研究；第二，丰富中国的联合国和区域国别研究；第三，为中国落实"妇女、和平与安全"议程提供决策参考和对策建议。丛书的出版也展现出北京外国语大学在该领域的研究优势。

在祝贺丛书出版的同时，期待北京外国语大学的研究团队在妇女、和平与安全研究领域取得更优异的成绩，为中国国际关系研究做出更大贡献，为中国落实"妇女、和平与安全"议程提供有价值的国际经验和切实的对策建议。

2020年12月4日

"妇女、和平与安全"研究丛书总论

和平与安全是全人类孜孜以求的共同目标，妇女解放与性别平等是各国妇女运动持续奋斗的方向。冷战结束后，国际社会推进全球性别平等、实现和平与安全的历史进程中有两个具有里程碑意义的事件。一是1995年9月4~15日，中国北京承办的联合国第四次世界妇女大会（以下简称北京"世妇会"）通过了全球妇女运动的未来发展蓝图——《北京宣言》和《行动纲领》，"妇女与武装冲突"被列为《行动纲领》的第五个重大关切领域；二是2000年10月31日，联合国安全理事会第4213次会议通过关于妇女、和平与安全的第1325（2000）号决议［以下简称"第1325（2000）号决议"］。从2000年至2019年，联合国安理会已经先后通过10个相关决议，形成以第1325（2000）号决议为基石的"妇女、和平与安全"议程（Women, Peace and Security Agenda, WPS Agenda）。该议程已成为一个重要的国际规范框架。目前，落实"妇女、和平与安全"议程已成为以联合国为代表的国际社会的共识和各国政府对国际社会的郑重承诺。

"妇女、和平与安全"研究丛书，是一套以"妇女、和平与安全"议程为切入点的学术研究丛书，它是中国学者以学术研究参与落实"妇女、和平与安全"议程、致力于建构人类命运共同体的行动的组成部分,具有较强的学术价值和实践意义。

一 "妇女、和平与安全"议程的发展历程

北京《行动纲领》第五个重大关切领域"妇女与武装冲突"有六个具体战略目标(见表总-1),包括妇女参与和保护、以非暴力方式解决冲突、和平文化、裁军等核心内容。

表总-1 北京《行动纲领》重大关切领域 E "妇女与武装冲突"

战略目标 E.1.	增进妇女在决策阶层参与解决冲突并保护生活在武装冲突和其他冲突状态或外国占领下的妇女
战略目标 E.2.	裁减过分的军事开支并控制军备供应
战略目标 E.3.	推动以非暴力方式解决冲突并减少冲突状态下侵犯人权情事
战略目标 E.4.	促进妇女对培养和平文化的贡献
战略目标 E.5.	保护、援助和培训难民妇女、其他需要国际保护的流离失所妇女和国内流离失所妇女
战略目标 E.6.	援助殖民地和非自治领土的妇女

资料来源:笔者根据《行动纲领》内容整理。详见第四次世界妇女大会、'95北京非政府组织妇女论坛丛书编委会编《第四次世界妇女大会重要文献汇编》,中国妇女出版社,1998,第230~242页。

第1325(2000)号决议则有四个支柱,即参与(participation)、保护(protection)、预防(prevention)和救济与恢复(relief and recovery)。该决议及其后续决议的内容逐步集中在"参与"和"性暴力"两个主要方面(见表总-2)。前者强调促进妇女积极有效地参与和平缔造与和平建设,其中作为基础的第1325(2000)号决议承认冲突对妇女的影响以及她们在预防和解决冲突方面的作用,并呼吁妇女平等参与和平缔造工作;后者则以2008年通过的安理

会第1820（2008）号决议为代表，目的是防止并解决与冲突有关的性暴力，特别是针对妇女的性暴力问题。

表总-2 "妇女、和平与安全"议程中十个决议的主题分类（2000~2019）

参与	第1325（2000）号决议、第1889（2009）号决议、第2122（2013）号决议、第2242（2015）号决议、第2493（2019）号决议
性暴力	第1820（2008）号决议、第1888（2009）号决议、第1960（2010）号决议、第2106（2013）号决议、第2467（2019）号决议

资料来源：笔者自制。

2013年，联合国消除对妇女歧视委员会（The United Nations Committee on the Elimination of Discrimination against Women）通过《关于妇女在预防冲突、冲突及冲突后局势中的作用的第30号一般性建议》（以下简称《第30号一般性建议》）。[1]《第30号一般性建议》的提出标志着"妇女、和平与安全"议程成为《消除对妇女一切形式歧视公约》（The Convention on the Elimination of All Forms of Discrimination against Women, CEDAW，以下简称《消歧公约》）这一保护妇女人权的国际公约的组成部分。与2000年10月31日通过的第1325（2000）号决议所实现的"人权问题安全化"相对应，该决议在13年之后经历了"安全问题人权化"的螺旋式上升过程。安理会决议具体且有针对性，安理会每年可能通过多项决议，有的决议甚至相互矛盾；而公约则是普遍、稳定、长期的国际法，具有更精准、更规范的特点。《第30号一般性建议》使关于妇女、和平与安全的第1325（2000）号决议通

---

1. 消除对妇女歧视委员会：《关于妇女在预防冲突、冲突及冲突后局势中的作用的第30号一般性建议》，2013年11月1日，http://docstore.ohchr.org/SelfServices/FilesHandler.ashx?enc=6QkG1d%2fPPRiCAqhKb7yhsldCrOlUTvLRFDjh6%2fx1pWCVoI%2bcjImPBg0gA%2fHq5Tl4Q7URju9YH%2f2f2xuJ0WgKghff98wYIvWK3cAe9YKwpHXdmnqMDPpxmJrYrFP10VJY，最后访问日期：2021年2月17日。

过《消歧公约》固定下来。[1]

2015年9月25日，联合国大会通过《改变我们的世界：2030年可持续发展议程》（Transforming Our World: The 2030 Agenda for Sustainable Development，以下简称《2030议程》），确定了17个可持续发展目标。目标16为"创建和平、包容的社会以促进可持续发展，让所有人都能诉诸司法，在各级建立有效、负责和包容的机构"，包括12个具体目标。[2] 目标16不仅针对妇女，它在涵盖"妇女、和平与安全"议程的具体内容的同时，所涉及人群更广、范围更大，除了消除一切形式的暴力，还包括一系列国家治理问题。从1995年《行动纲领》的重大关切领域"妇女与武装冲突"发展到《2030议程》的"创建和平、包容的社会"目标，妇女、和平与安全议题始终处于中心位置。

2020年8月28日，安理会在"联合国维和行动"主题下，通过了第2538（2020）号决议。[3] 这是"妇女、和平与安全"议程的最新发展。

二 落实"妇女、和平与安全"议程与构建"人类命运共同体"

2013年3月，中国国家主席习近平首次在国际场合向世界阐释："人类生活在同一个地球村里，生活在历史和现实交汇的同一个时空里，越来越成

---

1. 李英桃、金岳嵘：《妇女、和平与安全议程——联合国安理会第1325号决议的发展与执行》，《世界经济与政治》2016年第2期。
2. 联合国大会：《改变我们的世界：2030年可持续发展议程》，2015年10月21日，https://www.unfpa.org/sites/default/files/resource-pdf/Resolution_A_RES_70_1_CH.pdf，最后访问日期：2021年2月17日。
3. 联合国安理会：《第2538（2020）号决议》，S/RES/2538(2020)，2020年8月28日，http://undocs.org/zh/S/RES/2538(2020)，最后访问日期：2021年2月17日。

为你中有我、我中有你的命运共同体。"[1] 2013年9月7日,习近平在哈萨克斯坦纳扎尔巴耶夫大学首次提出共建"丝绸之路经济带"的构想。他在《弘扬人民友谊 共创美好未来》的重要演讲中指出:"为了使我们欧亚各国经济联系更加紧密、相互合作更加深入、发展空间更加广阔,我们可以用创新的合作模式,共同建设'丝绸之路经济带'。这是一项造福沿途各国人民的大事业。"[2]

2013年10月,习近平应邀在印度尼西亚国会发表重要演讲。他指出:"东南亚地区自古以来就是'海上丝绸之路'的重要枢纽,中国愿同东盟国家加强海上合作,使用好中国政府设立的中国—东盟海上合作基金,发展好海洋合作伙伴关系,共同建设21世纪'海上丝绸之路'。中国愿通过扩大同东盟国家各领域务实合作,互通有无、优势互补,同东盟国家共享机遇、共迎挑战,实现共同发展、共同繁荣。"[3] 构建"人类命运共同体"是中国为人类未来发展提供的全球治理的中国方案,共建"丝绸之路经济带"和21世纪"海上丝绸之路"的"一带一路"倡议是推动构建"人类命运共同体"的重要途径,其核心理念是"和平、发展、合作、共赢",打造政治互信、经济融合、文化包容的利益共同体、命运共同体和责任共同体,为实现和平与安全提供了有力支撑和保障。

---

1. 习近平:《顺应时代前进潮流 促进世界和平发展——在莫斯科国际关系学院的演讲》,《人民日报》(海外版)2013年3月25日,第2版。
2. 习近平:《弘扬人民友谊 共创美好未来——在纳扎尔巴耶夫大学的演讲》,《习近平谈治国理政》,外文出版社,2014,第289页。
3. 习近平:《中国愿同东盟国家共建21世纪"海上丝绸之路"》,《习近平谈治国理政》,外文出版社,2014,第293页。

"人类命运共同体"的提出是对马克思和恩格斯"自由人联合体"思想的继承和发展，是对中国优秀传统文化、新中国外交理论和实践的总结和升华，是人类走向共同繁荣的伟大事业，也是人类实现性别平等的必由之路。其中，性别平等是构建"人类命运共同体"的核心原则。[1]实现性别平等同样在中国的对内、对外政策和未来构想中占有重要地位。

2015年9月27日，国家主席习近平在纽约联合国总部出席全球妇女峰会，并发表题为《促进妇女全面发展　共建共享美好世界——在全球妇女峰会上的讲话》的重要讲话。他在讲话中指出："环顾世界，各国各地区妇女发展水平仍然不平衡，男女权利、机会、资源分配仍然不平等，社会对妇女潜能、才干、贡献的认识仍然不充分。现在全球8亿贫困人口中，一半以上是妇女。每当战乱和疫病来袭，妇女往往首当其冲。面对恐怖和暴力肆虐，妇女也深受其害。时至今日，针对妇女的各种形式歧视依然存在，虐待甚至摧残妇女的事情时有发生。"习近平特别指出，要"创造有利于妇女发展的国际环境。妇女和儿童是一切不和平不安宁因素的最大受害者。我们要坚定和平发展和合作共赢理念，倍加珍惜和平，积极维护和平，让每个妇女和儿童都沐浴在幸福安宁的阳光里"。[2]

2020年以来，人类应对新冠肺炎疫情的努力昭示着，一个健康稳定的世界是维护和平与安全的重要基础，而妇女在其中扮演着重要角色。2020年10月1日，习近平在联合国大会纪念北京世界妇女大会25周年高级别会议上发

---

1. 李英桃：《构建性别平等的人类命运共同体：关于原则与路径的思考》，《妇女研究论丛》2018年第2期。
2.《习近平在联合国成立70周年系列峰会上的讲话》，人民出版社，2015，第9页、第11页。

表演讲。他强调了妇女在维护世界和平与安全中的重要作用："妇女是人类文明的开创者、社会进步的推动者，在各行各业书写着不平凡的成就。我们正在抗击新冠肺炎疫情，广大女性医务人员、疾控人员、科技人员、社区工作者、志愿者等不畏艰险、日夜奋战，坚守在疫情防控第一线，用勤劳和智慧书写着保护生命、拯救生命的壮丽诗篇。……正是成千上万这样的中国女性，白衣执甲，逆行而上，以勇气和辛劳诠释了医者仁心，用担当和奉献换来了山河无恙。"[1]

在此背景下推动落实"妇女、和平与安全"议程，完全符合时代发展趋势，充分体现了中国对国际社会的郑重承诺，是构建"人类命运共同体"的题中应有之义和重要组成部分。

三 "妇女、和平与安全"议程研究的关键问题与核心概念

本研究丛书是以"妇女、和平与安全"议程为切入点，进行更为广泛、深入的探讨，而并非仅关注"妇女、和平与安全"议程本身。

奠定"妇女、和平与安全"议程基础的安理会第1325（2000）号决议回顾和重申了大量联合国文件，较早的《联合国宪章》第四十一条"如采取措施时考虑到对平民可能产生的影响，铭记妇女和女孩的特殊需要，以便考虑适当的人道主义豁免规定"；1949年的《关于战时保护平民的日内瓦公约》及其1977年的《附加议定书》、1951年的《关于难民地位公约》及其1967年的《议定书》、1979年的《消歧公约》及其1999年的《任择议定书》、1989年的《联合国儿童权利公约》及其2000年5月25日的《任择议定书》；

1.《习近平在联合国成立75周年系列高级别会议上的讲话》，人民出版社，2020，第19～20页。

还有《国际刑事法院罗马规约》的有关规定,以及《北京宣言》和《行动纲领》的承诺和题为"2000年妇女:二十一世纪两性平等、发展与和平"的联合国大会第二十三届特别会议成果文件中的承诺,特别是有关妇女和武装冲突的承诺[1]等。对这些国际法基础的溯源表明,尽管妇女、和平与安全问题于2000年才被纳入安理会决议,但其源头却远在2000年之前,有着更为深远的历史背景。

(一)关于妇女与性别平等

"妇女、和平与安全"议程除了关注妇女和女童,还关注男童及其他在武装冲突中受到不利影响的人群,如难民和其他流离失所者。联合国文书在历史演进过程中逐步形成了稳定的"平等"定义。1975年第一次世界妇女大会通过的《关于妇女的平等地位和她们对发展与和平的贡献的宣言》(以下简称《墨西哥宣言》)指出:"男女平等是指男女的尊严和价值的平等以及男女权利、机会和责任的平等。"[2] 1985年第三次世界妇女大会通过的《提高妇女地位内罗毕前瞻性战略》(以下简称《内罗毕战略》)指出:"平等不仅指法律平等和消除法律上的歧视,而且还指妇女作为受益者和积极推动者参加发展的平等权利、责任和机会平等。"[3] 联合国大会于1979年通过的《消歧公约》阐述了平等、发展与和平的关系:"确信一国的充分和完全的发展,

---

1. 联合国安理会:《第1325(2000)号决议》,S/RES/1325(2000),2000年10月31日,https://undocs.org/zh/S/RES/1325(2000),最后访问日期:2021年2月17日。
2. 《一九七五年关于妇女的平等地位和她们对发展与和平的贡献的墨西哥宣言》,E/CONF.66/34,载联合国新闻部编《联合国与提高妇女地位(1945—1995)》,联合国新闻部,1995,第229页。
3. 《提高妇女地位内罗毕前瞻性战略》,A/CONF.116/28/Rev.1(85.IV.10),载联合国新闻部编《联合国与提高妇女地位(1945—1995)》,联合国新闻部,1995,第349页。

世界人民的福利以及和平的事业，需要妇女与男子平等充分参加所有各方面的工作。"[1]

(二) 和平的界定

在国际关系研究和社会生活中，人们对和平的理解往往是"没有战争"。杰夫·贝里奇 (Geoff Berridge) 等在《外交辞典》中指出，和平"在国际法术语中指没有战争或武装冲突的状态"。[2] 雷蒙·阿隆 (Raymond Aron) 的观点是：国际政治与国内政治有本质的区别，战争与和平的交替是国际关系的核心问题，和平是"敌对政治单元之间暴力持续中断"的状况。[3]《女性主义和平学》一书梳理了传统国际关系研究对和平的理解：这就意味着只要战争和其他有组织的直接暴力不存在，和平就建立了。[4]《内罗毕战略》对和平的界定为："和平不仅指国家和在国际上没有战争、暴力和敌对行动，而且还要在社会上享有经济和社会正义、平等、所有各项人权和基本自由。""和平还包括一整套活动，反映出人们对安全的关注以及国家、社会团体和个人之间互相信任的默契。和平既保卫自由、人权和民族和个人的尊严，又体现对他人的善意和鼓励对生命的尊重。"[5] 在借鉴约翰·加尔通 (Johan Galtung)、刘成等学者的研究成果的基础上，《女性主义和平学》将和平分为消极和平和积极和平两个部

---

1. 联合国：《消除对妇女一切形式歧视公约》，A/RES/34/180，1979年12月18日，https://www.un.org/zh/documents/view_doc.asp?symbol=A/RES/34/180，最后访问日期：2021年2月17日。
2. 〔英〕杰夫·贝里奇、艾伦·詹姆斯：《外交辞典》，高飞译，北京大学出版社，2008，第213页。
3. Raymond Aron, *Peace and War: A Theory of International Relations*, Garden City: Doubleday & Company, 1966, p.151.
4. 李英桃：《女性主义和平学》，上海人民出版社，2012，第15页。
5.《提高妇女地位内罗毕前瞻性战略》，A/CONF.116/28/Rev.1(85.IV.10)，载联合国新闻部编《联合国与提高妇女地位 (1945—1995)》，联合国新闻部，1995，第348~349页。

分，使其呈现出既包括"没有战争"的传统和平界定，又能体现其逐步深化和不断扩展的过程性，基于中国历史与国情提出一个理解和平概念的框架（见表总-3）。

表总-3 一个中国女性主义学者的和平定义

消极和平		积极和平	
传统和平概念→	传统和平概念的拓展→	传统和平概念的进一步拓展	
没有有组织的直接暴力	没有无组织的直接暴力	没有阻碍实现人的最大潜能和福祉的结构暴力	没有使直接暴力和间接暴力合法化的文化暴力
没有国际、国内战争与暴力冲突以及与之相伴的强奸、性暴力等行为 深↓化	没有杀害、伤害、强奸、殴打和源自传统文化、习俗等的其他暴力	让每个人都充分享有政治、社会、经济、文化、生态、健康与发展权等基本权利，消除基于性别、族群、财富、身体状况、年龄、相貌等的社会不公正。倡导并逐渐建立社会性别平等的和平文化，充分发挥教育、大众传媒和网络媒体的作用	

资料来源：李英桃著《女性主义和平学》，上海人民出版社，2012，第402页。

这一框架一方面超越了内政与外交的边界，更多的是以人为中心考虑和平问题，尤其关注妇女、儿童和各类弱势群体在日常生活中的切身问题；另一方面，将个人与集体的关系纳入此概念框架，充分考虑到中国等发展中国家在国家与个人关系上的不同见解，重视识别国家与国家之间的差异性。

（三）对安全的理解

安全是与人类生存密不可分的大问题，与人们的日常生活联系极为密切。关于安全的论述可见于亚伯拉罕·马斯洛（Abraham Harold Maslow）对于安全需求（safty needs）的诠释。安全需求包括安全（security）、稳定、依赖、保护、免于恐惧、免于焦虑和混乱，以及对结构、秩序、法律和界限的需求，对保护者的要求等。[1]

安全虽为政治学的核心概念，但学术界对其并无统一界定，其中最常见的是美国学者阿诺德·沃尔弗斯（Arnold Wolfers）的观点，在其1962年出版的《纷争与协作：国际政治论集》中专门设有讨论国家安全问题的部分。沃尔弗斯指出：安全是一种价值，一个国家可以或多或少地拥有安全，用或高或低的手段来追求安全。这种价值与权力、财富这两个在国际事务中极为重要的价值有共通之处。财富用以衡量一个国家所拥有物质的数量，权力用以衡量一个国家对其他国家行为的控制能力，而安全则在客观上用以衡量已获得价值免受威胁的程度，在主观上用以衡量没有对这一价值受攻击的恐惧的程度。[2]此观点即"客观无威胁、主观无恐惧"。

联合国开发计划署在1994年发布的《人类发展报告》中提出了"人的安全"（human security）概念，指出对普通人来说，安全象征着保护他们免受疾病、饥饿、失业、犯罪、社会冲突、政治迫害和环境危机的威胁。[3]基于前人的研究，中国非传统安全研究学者余潇枫认为，安全的"完整表述是：身体无伤害，心理无损害，财产无侵害，社会关系无迫害，生存环境无灾害"。[4]女

---

1. Abraham H. Maslow, *Motivatiion and Personality*, Harper & Row, 1970, p. 39.

2. Arnold Wolfers, *Discord and Collaboration: Essays on International Politics*, Baltimore: The Johns Hopkins Press, 1962, p.150.〔美〕阿诺德·沃尔弗斯：《纷争与协作：国际政治论集》，于铁军译，世界知识出版社，2006，第133页。

3. UNDP, *Human Development Report 1994*, http://hdr.undp.org/sites/default/files/reports/255/hdr_1994_en_complete_nostats.pdf，最后访问日期：2021年2月17日。

4. 余潇枫：《总体国家安全观引领下的"枫桥经验"再解读》，《浙江工业大学学报》（社会科学版）2018年第2期。

性主义[1]学者提出了内容丰富、主体多样、领域宽广、层次复杂的安全概念。从安全的主体来说，既有传统的主权国家，也有包括男子和妇女在内的个人，既要关注国家安全、个人安全，也要考虑全人类的共同安全；从涉及领域来说，既不能忽视国家的军事安全，也要考虑到经济、环境安全以及个人安全；从行为主体之间的相互关系来看，既要加强合作，也不可能用合作完全代替竞争。可以说，传统安全和非传统安全是相辅相成、相互补充的有机整体，它们不应该被视为割裂的甚至是对立的部分。[2]

与对和平的理解一致，这种对安全的理解也超越了内政与外交的范畴，是一种以人为中心来考虑安全问题的路径。在讨论和平与安全概念的关系时可发现，在传统的和平定义之中，没有战争即和平，但和平不一定意味着安全；随着和平概念的扩展，没有战争并不意味着实现了和平，积极和平是一个逐步接近的目标；安全也是如此。两者相互渗透、相互交织，在"妇女、和平与安全"议程中这两者紧密地联系在一起。

（四）评估"妇女、和平与安全"议程落实情况的指标体系

第1325（2000）号决议通过后，安理会于2004年10月28日通过主席声明，表示"欢迎会员国为在国家一级执行第1325（2000）号决议所作的努力，包括制订国家行动计划（National Action Plan, NAP），并鼓励会员国继续致力于这些执行工作"。[3] 2005年10月27日，安理会再次通过主席声明"吁请会员

---

1. 英文Feminism在国内学术界有"女权主义"和"女性主义"这两种主要译法，除引用外，本套丛书采用"女性主义"的译法。
2. 李英桃：《"小人鱼"的安全问题》，《世界经济与政治》2004年第2期。
3. 《安全理事会主席的声明》，S/PRST/2004/40，2004年10月28日，https://www.un.org/chinese/aboutun/prinorgs/sc/sdoc/04/sprst40.htm，最后访问日期：2021年2月17日。

国通过制订国家行动计划或其它国家级战略等办法,继续执行第1325(2000)号决议"。[1]尽管并非强制性要求,但制订国家行动计划已成为衡量联合国会员国执行"妇女、和平安全"议程情况的一个重要指标。

2009年通过的安理会关于妇女、和平与安全的第1889(2009)号决议提出:"请秘书长在6个月内提交一套用于全球一级监测安理会第1325(2000)号决议执行情况的指标供安全理事会审议。"[2]根据决议要求,2010年《妇女与和平与安全——秘书长的报告》附有一整套指标体系,其中包括预防、参与、保护、救济和恢复四个方面的17个大目标,内含26项共35个具体目标。[3]这35个具体目标主要仍围绕冲突地区设计,但参与、保护部分涉及范围较广,也都超越了冲突中或冲突后重建国家的范围。

在第1325(2000)号决议通过20周年前夕,联合国秘书长安东尼·古特雷斯(António Guterres)在2019年10月提交的《妇女与和平与安全——秘书长的报告》中敦促联合国各实体、会员国、区域组织和其他行为体携手采取行动。

> 通过有针对性的数据收集、联合分析、战略规划,以及提高可见度,使领导层对落实妇女与和平与安全议程负责;协助、促进、确保妇女有意义地参与和平进程、和平协定的执行以及所有和平与安全决策进程;

---

1. 《安全理事会主席的声明》,S/PRST/2005/52,2005年10月27日,https://www.un.org/en/ga/search/view_doc.asp?symbol=S/PRST/2005/52&Lang=C,最后访问日期:2021年2月17日。
2. 联合国安理会:《第1889(2009)号决议》,S/RES/1889(2009),2009年10月5日,http://www.un.org/en/ga/search/view_doc.asp?symbol=S/RES/1889(2009)&Lang=C,最后访问日期:2021年2月17日。
3. 联合国安理会:《妇女与和平与安全——秘书长的报告》,S/2010/498,http://undocs.org/ch/S/2010/498,最后访问日期:2021年2月18日。

公开谴责侵犯人权和歧视行为，防止一切形式的性别暴力，包括针对女性人权维护者的暴力；增加维持和平特派团和国家安全部门中女军警的人数和影响力；保障妇女有机会获得经济保障和资源；为妇女与和平与安全议程提供资金，并资助妇女建设和平者。[1]

除了联合国系统制定的相关评价指标，学术机构和民间组织也编制了独立的评价体系。乔治城大学妇女、和平与安全研究所（Georgetown University's Institute for Women, Peace & Security）与奥斯陆和平研究所（Peace Research Institute of Oslo）一起，借助普遍认可的国际数据来源，编制的妇女、和平与安全指数（Women, Peace, and Security Index, WPS Index）包括包容（Inclusion）、公正（Justice）和安全（Security）三个维度。[2]其中，"包容"维度设有"议会""手机使用""就业""金融包容性""教育"五个指标；"公正"维度有"歧视性规范""男孩偏好""法律歧视"三个指标；"安全"维度下设"亲密伴侣暴力""社区安全""有组织暴力"三个指标。[3]

不同指标体系中的具体内容差异表明国际社会对评估"妇女、和平与安全"议程落实情况的认识的发展变化，也表明不同指标体系之间存在一定的

---

1. 联合国安理会：《妇女与和平与安全——秘书长的报告》，2019年10月9日，https://digitallibrary.un.org/record/3832713/files/S_2019_800-ZH.pdf，最后访问日期：2021年2月17日。
2. 乔治城大学妇女、和平与安全研究所位于乔治城的沃尔什外交学院内，由美国前全球妇女问题大使梅兰妮·韦维尔（Melanne Verveer）负责。该研究所致力于促进一个更加稳定、和平和公正的世界，着重关注妇女在预防冲突和建设和平、经济增长、应对气候变化和暴力极端主义等全球威胁方面发挥的重要作用。国际学术界对该机构和奥斯陆和平研究所共同设计的这一指标体系较为认可，但也存在对其指标选择的疑问。"Women, Peace, and Security Index," http://giwps.georgetown.edu/the-index/, accessed February 17, 2021.
3. GIWPS, "Women, Peace, and Security Index," 2019, http://giwps.georgetown.edu/the-index/, accessed February 17, 2021.

张力。这种张力具体体现在不同行为体对于落实"妇女、和平与安全"议程的不同理解和落实行动中。

(五)"妇女、和平与安全"议程的意义与代表性研究成果

关于"妇女、和平与安全"议程的重要意义,国际社会和学术界有很多分析和评价。澳大利亚学者莎拉·戴维斯(Sara E. Davies)和雅基·特鲁(Jacqui True)指出,在我们生活的世界里,暴力冲突的规模在扩大,严重程度在增加,而且所有证据都表明,这些冲突对妇女和女童的人权不仅影响恶劣,而且其恶劣程度正在加剧。在这一关键时刻,"妇女、和平与安全"议程能够保护妇女免受冲突的伤害,促进她们从冲突和不安全中得以恢复,带来知识和社会转变的潜力。[1]中国学者李英桃、金岳嵘认为,第1325(2000)号决议的通过,无论是对于全球性别平等运动发展还是对于联合国安理会改革都具有标志性意义。从将妇女、和平与安全议题纳入安理会议程,到第1325(2000)号决议和后续一系列决议通过,再到各国制订国家行动计划以及在联合国系统、联合国和平行动中实践决议精神,这一进程清晰地展示了女性主义理念是如何成为国际规范的。[2]"妇女、和平与安全"议程也是2030年全球可持续发展议程不可或缺的组成部分。

在主流国际关系研究领域,性别议题长期受到忽视,很少被纳入学术讨论。20世纪七八十年代,女性主义国际关系理论逐步发展起来,国际妇女运动和学

---

1. Sara E. Davies, Jacqui True, "Women, Peace, and Security A Transformative Agenda?" in Sara E. Davies, Jacqui True, eds., *The Oxford Handbook of Women, Peace, and Security*, New York: Oxford University Press, 2019, p. 22.
2. 李英桃、金岳嵘:《妇女、和平与安全议程——联合国安理会第1325号决议的发展与执行》,《世界经济与政治》2016年第2期。

术研究的发展共同推动了国际社会理念与实践的变化。维护国际和平与安全是联合国的主要目的，联合国安理会对维护世界和平与安全负有主要责任。联合国安理会第1325（2000）号决议的通过标志着通常被归类为人权或经济社会问题的性别议题正式提上联合国安理会的议事日程，成为国际安全问题，其在国际政治舞台上的重要性得以强化。这一进程反过来又推动了相关学术研究的发展。2000年以来，国际学术界涌现了一批研究"妇女、和平与安全"议程的学者，例如前文已提到的莎拉·戴维斯、雅基·特鲁，还有斯瓦尼·亨特（Swanee Hunt）、劳拉·J.谢泼德（Laura J. Shepherd）、J.安·蒂克纳（J. Ann Tickner）、托伦·L.崔吉斯塔（Torunn L. Tryggestad）、马德琳·里斯（Madeleine Rees）、路易丝·奥尔森（Louise Olsson）、克里斯蒂娜·钦金（Christine Chinkin）、阿努拉德哈·蒙德库（Anuradha Mundkur）、尼古拉·普拉特（Nicola Pratt）、劳拉·索伯格（Laura Sjoberg）、罗尼·亚历山大（Ronni Alexander）等；相关研究成果丰硕，包括专著、论文、研究报告等。到2020年6月，安理会先后共发布了6份研究报告，牛津大学出版社于2019年出版了《牛津妇女、和平与安全手册》（*The Oxford Handbook of Women, Peace, and Security*）。[1]同期，拉特里奇出版社出版了《社会性别与安全拉特里奇手册》（*The Rougledge Handbook of Gender and Security*）。[2]目前，"妇女、和平与安全"议程已成为能够跻身于主流国际关系研究的最主要的性别研究议题，同时，它也是与女性主义学术联系最紧密的"高级政治"议题。相较之下，中国学术界对此议题的研究仍非常有限。

---

1. Sara E. Davies, Jacqui True, eds., *The Oxford Handbook of Women, Peace, and Security*, New York: Oxford University Press, 2019.

2. Caron E., Gentry, Laura J. Shepherd and Laura Sjoberg, eds., *The Rougledge Handbook of Gender and Security*, Routedge, 2019.

当今世界正面临百年未有之大变局。[1] 2020年是联合国成立75周年、第四次世界妇女大会召开25周年的重要年份。对于"妇女、和平与安全"议程来说，2020年也是关键的一年。[2] 在这样一个特殊的时间节点，加强对"妇女、和平与安全"议程这一具有实践推动力和学术前沿性的课题的研究，无论是对中国的全球政治研究、联合国研究和性别研究，还是对更好地推动落实"妇女、和平与安全"议程的区域、国别实践，都具有巨大的学术价值和重要的现实意义。

四 "妇女、和平与安全"研究丛书的整体设计与主要特点

"妇女、和平与安全"研究丛书是北京外国语大学"双一流"建设重大标志性科研项目（项目编号：2020SYLZDXM033）成果。该选题顺应人类对于和平、安全与性别平等的不懈追求，为重大全球治理与可持续发展议题，符合构建人类命运共同体的基本价值导向，是国际组织、区域和国别研究的重要生长点，与北京外国语大学"双一流"学科建设目标相吻合。

首先，"妇女、和平与安全"议程关系到联合国系统、各区域和联合国所有会员国，覆盖范围广，涉及行为体的层次、数量都很多。根据国际发展和国内研究状况，本项目确定聚焦联合国系统、重要区域、联合国安理会常任理事国和其他相关国家，分析各行为体所持有的立场和采取的措施，探讨其在落实"妇女、和平与安全"议程中的最佳实践及这些实践为中国落实"妇女、和平与安全"议程带来的参考价值。根据国际妇女争取和平与自由联盟

---

1. 《习近平谈治国理政》第3卷，外文出版社，2020，第460页。
2. 联合国安理会：《与冲突有关的性暴力——秘书长的报告》，S/2020/487，2020年6月3日，https://digitallibrary.un.org/record/3868979/files/S_2020_487-ZH.pdf，最后访问日期：2021年2月17日。

（Women's International League for Peace and Freedom）的统计，截至2021年4月，全世界已有92个国家制订了本国落实安理会第1325（2000）号决议的国家计划，占全部联合国会员国的近48%。[1]

其次，"妇女、和平与安全"研究丛书兼具研究主题集中、研究对象层次多样和丛书内容具有开放性的特点。鉴于"妇女、和平与安全"议程涉及联合国、区域、国家等不同层次的行为主体，"妇女、和平与安全"研究丛书的最终成果将是一个具有开放性质的丛书系列。随着研究的深入和团队的扩大，其研究主题将逐步深化，涵盖范围也将逐步拓展。丛书第一期的研究对象主要包括联合国这一最重要的国际组织、欧洲和非洲、联合国安理会的五个常任理事国，以及德国和日本这两个在国际舞台上扮演重要角色的国家。除此之外，第一期成果还包括联合国和中国关于"妇女、和平与安全"议程的两本重要文件汇编。

最后，"妇女、和平与安全"研究丛书有助于推进国内相关研究。目前，国内学术界对"妇女、和平与安全"议程的研究尚不充分，《女性主义国际关系学》和《女性主义和平学》是国内出版的少数设有专门章节讨论妇女、和平与安全问题的教材、专著。其中，《女性主义和平学》系统梳理了国内外关于性别与和平问题的历史与理论，立足中国本土，提出了具有中国特色的性别平等、和平与安全的理论。该书是国内学术界的代表性著作，荣获2015年第七届高等学校科学研究优秀成果奖（人文社会科学）三等奖。这两部著作的作者多来自北京外国语大学。国内还有少量学术论文发表于相关专业刊物，

---

1. WILPF, "National-Level Implementation," as of August 2020, http://www.peacewomen.org/member-states, accessed May 18, 2021.

如《妇女、和平与安全议程——联合国安理会第1325号决议的发展与执行》[1]《英国妇女和平与安全国家行动计划探析》[2]《联合国安理会1325号决议框架下的德国国家行动计划探析》[3]《法国和平安全合作中的女权主张及其实施》[4]《联合国安理会第1325号决议对妇女在联合国和平行动中的影响研究——以非洲地区为例》[5]等，作者也主要来自北京外国语大学。这些作者多已会集到本项目团队中。在本丛书每一卷的撰写团队中，都有既精通英语又精通对象国或地区的语言的作者，能够用对象国或地区的语言进行研究。这种突出的国别和区域研究专业、语言双重优势，为研究的前沿性和信息的准确性提供了保障。

因此，作为北京外国语大学"双一流"建设重大标志性科研项目，"妇女、和平与安全"研究丛书的立项与成果出版将丰富国际学术界关于"妇女、和平与安全"议程的研究，推动中国学者在这一领域的深耕。丛书中的每一部成果都将探讨与性别平等、和平与安全议题密切相关的历史背景、该议题的当代发展和未来趋向，及其与"妇女、和平与安全"议程之间的具体联系。

在设计和论证"妇女、和平与安全"研究丛书各卷具体内容时，项目组就写作要求达成了以下相对统一的意见。

---

1. 李英桃、金岳嵘：《妇女、和平与安全议程——联合国安理会第1325号决议的发展与执行》，《世界经济与政治》2016年第2期。
2. 田小惠：《英国妇女和平与安全国家行动计划探析》，《当代世界与社会主义》（双月刊）2015年第1期。
3. 张晓玲：《联合国安理会1325号决议框架下的德国国家行动计划探析》，《当代世界与社会主义》（双月刊）2015年第1期。
4. 李洪峰：《法国和平安全合作中的女权主张及其实施》，《当代世界与社会主义》（双月刊）2015年第1期。
5. 么兰：《联合国安理会第1325号决议对妇女在联合国和平行动中的影响研究——以非洲地区为例》，《武警学院学报》2017年第7期。

第一,将"妇女、和平与安全"议程作为本丛书每一卷成果的切入点,但并不意味着每卷内容都仅局限于探讨对象国、区域和组织落实该议程过程中的立场、行动或相关内容。

第二,尽可能地将每卷主题置于具有历史纵深感的宏阔时空背景下,通过回顾人们对性别平等、和平与安全的具体理解,为讨论落实"妇女、和平与安全"议程的当下行动提供历史文化和政治制度环境。

第三,在寻求历史连续性的同时,兼顾当代各个行为体落实"妇女、和平与安全"议程实践的共性与个性,凸显差异性,体现多样性。对于性别平等、和平与安全含义理解上的差异,以及概念内部存在的紧张关系,可能正是体现本研究价值的知识生发点。

第四,鼓励各卷作者充分挖掘每一研究对象的具体特点,分析其历史、社会文化特质和个人因素对落实"妇女、和平与安全"议程情况的直接、间接和潜在影响。

"妇女、和平与安全"议程是维护国际和平与安全,促进妇女发展和性别平等,构建性别平等的人类命运共同体的一项综合工程。作为一个开放的研究项目,在可预见的将来,"妇女、和平与安全"研究丛书的覆盖面将进一步扩大,对议题普遍性和独特性的探索势必更加深入。让我们一起开展面向未来的学术研究,切实推动实现全球与地方的和平、安全、妇女发展与性别平等,为构建人类命运共同体而贡献微薄的力量。

李英桃

2021 年 3 月

目 录

导 论 … 1

上编 历史进程

引 言 … 7

第一章 改革开放前中国妇女为和平与安全努力的历史进程 … 13
  第一节 改革开放前中国妇女为和平与安全努力的背景 … 13
  第二节 改革开放前中国妇女为和平与安全努力的行动 … 20
  小 结 … 37

第二章 中国妇女运动先驱的妇女解放思想与和平主张 … 39
  第一节 中国妇女运动先驱的妇女解放思想与和平主张的产生 … 40
  第二节 战争与和平：中国妇女热爱和平但不惧怕战争 … 53
  第三节 和平共处：团结起来的妇女是世界和平的基础 … 60
  小 结 … 68

第三章 改革开放后中国妇女为和平与安全努力的历史进程 … 71
  第一节 改革开放后中国妇女为和平与安全努力的背景 … 72
  第二节 改革开放初期中国妇女为和平与安全努力的行动 … 77
  第三节 北京世妇会前后中国妇女开拓平等、和平与安全新领域 … 88
  小 结 … 103

下编 当代实践

引 言 … 107

第四章 中国落实"妇女、和平与安全"议程的立场与实践 … 113
  第一节 中国落实"妇女、和平与安全"议程的基本立场 … 114
  第二节 中国落实"妇女、和平与安全"议程的主要实践 … 125
  第三节 中国落实"妇女、和平与安全"议程的多边合作 … 136
  第四节 中国落实"妇女、和平与安全"议程的多重挑战 … 145
  小 结 … 150

第五章	中国妇女参与外交实践与和平安全合作	153
第一节	中国妇女通过外交实践维护国际和平与安全	154
第二节	中国女外交官的和平安全与性别平等实践	167
第三节	中国妇女促进和平安全的多维参与	180
小　结		191

第六章	中国妇女参与联合国维和行动	193
第一节	中国妇女参与联合国维和行动的整体状况	193
第二节	中国妇女参与联合国维和行动的贡献实例	204
第三节	中国妇女参与联合国维和行动的影响因素	210
小　结		217

第七章	中国治理家庭暴力与人口贩运问题	219
第一节	家庭暴力问题与中国《反家庭暴力法》的实施	220
第二节	人口贩运问题与中国打击拐卖妇女儿童犯罪的行动	230
第三节	中国家庭暴力与人口贩运的治理方向与工作思路	248
小　结		259

第八章	中国建构性别平等的和平文化	261
第一节	中国的和平研究、和平城市与和平文化	262
第二节	中国的和平教育与性别平等教育	277
第三节	将性别平等纳入中国和平教育与和平文化建构	290
小　结		300

结　论	303
参考文献	307
索　引	317
后　记	325

导 论

实现和平与安全是世界人民的美好愿望。在西方，无论是德·圣皮埃尔（Charles Irenee Castel de Sanit-Pierre）提出的欧洲永久和平方案、伊曼努尔·康德（Immanuel Kant）对"走向永久和平"的期冀，还是托马斯·霍布斯（Thomas Hobbes）对"大炮指向四邻国"的国际无政府状态的正视，在东方，无论是道家的"和天下，泽及百姓"、[1]儒家的"百姓昭明，协和万邦"，[2]还是印度的非暴力不合作思想，都体现出人类对和平与安定生活的渴求。于中世纪后期零星出现、在近代西方资产阶级革命后逐步发展起来的女权思想和妇女运动将女性的平等权利问题引导至世界各国的政治社会运动中，使性别平等成为人类的另一核心诉求。

在分析1949年前国际舞台上的中国与中国妇女运动时，李英桃在《社会性别视角下的国际政治》中表达了如下观点：在国际社会中，中国作为西方世界的对立物被边缘化、"女性化"了，当时中国妇女不仅是本国封建专制统

---

1. 方勇译注《庄子·杂篇·天下第三十三》，中华书局，2015，第568页。
2. 王世舜、王翠叶译注《尚书·尧典》，中华书局，2016，第6页。

治、父权制的受害者，也是国际父权制的受害者；与此同时，中国的男子同样是本国封建统治和国际父权制的受害者。反对国际父权制和国内父权制成为中国妇女的双重任务，中国妇女和男子的联合也成为一种历史发展的必然。[1]宋少鹏曾如此分析近代中国妇女与民族国家命运的关系："在中国的历史语境中，我们不能简单化地下论断，认为女权话语完全被革命话语所掩盖，妇女运动是运动妇女，把女性完全看成一个客体和工具，而看不到首先是民族革命和社会革命开启了女权运动的空间，以及女性通过这种新政治空间和对男性主流话语的策略性利用建构了女性的主体身份和论证了女权运动的正当性，从而彰显了女性的主体性和能动性。"[2]

确实，肇始于19世纪末的中国妇女运动伴随着中国反对帝国主义和封建主义、追求民族独立与解放的中国民族民主运动的发展而壮大，中国妇女运动兴起并表现出鲜明的半殖民地半封建国家的特点，即中国妇女与中国男子一起加入反对帝国主义和封建主义的革命斗争中，并在这一斗争中寻求妇女解放和男女平等。秋瑾、唐群英、何香凝、宋庆龄、向警予、蔡畅、邓颖超和康克清等中国妇女运动的先驱者对此问题的认识基本一致。中华人民共和国成立以后，中国的革命和建设进入了一个崭新的时代。在新的国际形势和国内背景之下，中国妇女追求平等、和平与安全的努力，也进入一个崭新的阶段。

以中国妇女争取性别平等、和平与安全的努力为主轴，本书将新中国的妇女运动分为三个发展阶段。第一阶段（1949~1978年），通过反对帝国主

---

1. 李英桃：《社会性别视角下的国际政治》，上海人民出版社，2003。
2. 宋少鹏：《民族国家观念的建构与女性个体国民身份确立之间的关系》，《妇女研究论丛》2005年第11期。

义、封建主义的民族民主革命赢得国家独立、民族解放之后，捍卫来之不易的独立和主权就成为中国外交的首要任务。在此背景下，中国妇女运动的一个主要目标就是将已经写入宪法的男女平等原则贯彻到社会生产与生活中。"用和平的劳动创造着美满幸福的新生活"[1]同样"需要有一个和平安定的国际环境"。[2]寻求和平与安全的国际环境的努力在这一阶段的中国妇女运动史上留下格外醒目的印记。第二阶段（1979~2000年），中国共产党第十一届中央委员会第三次全体会议（以下简称"十一届三中全会"）之后，因为"中国需要至少二十年的和平，以便聚精会神地搞国内建设"，[3]中国领导人对时代的判断也从"战争与革命"转变为"和平与发展"。平等、和平与发展密切联系，没有性别平等与可持续发展就没有和平。[4]中国确定改革开放政策，致力于脱贫致富、促进发展的努力同样是实现平等、和平与安全的重要组成部分，中国妇女既是致力于平等、发展与和平的主力军，又是其受益者。这一时期，中国妇女与国际社会的联系增多、参与对外交往更加频繁，同时反对战争、争取和平安定的国际环境的运动形式与第一阶段有很大不同。第三阶段（2001~），中国以联合国安理会第1325（2000）号决议为基础，为落实"妇女、和平与安全"议程而付出努力。第三阶段建立在前两个阶段的基础上，并处于中国妇女和中国人民为实现和平与安全而努力的整个过程之中，与之前所有的努力一脉相承，形成一个整体。妇女运动在不同的历史阶段呈现不

---

1. 宋庆龄：《在庆祝十月社会主义革命三十七周年大会上的讲话（一九五四年十一月六日）》，载《宋庆龄选集》（下卷），人民出版社，1992，第54页。
2. 丁雪松口述，杨德华整理《中国第一位女大使丁雪松回忆录》，江苏人民出版社，2000，第37页。
3.《邓小平文选》第3卷，人民出版社，1993，第50页。
4. 李英桃：《女性主义和平学》，上海人民出版社，2012，第43页。

同的特点，人们对和平与安全的理解也有很大的不同。

基于历史阶段划分和与"妇女、和平与安全"议程的直接关联，本书将分成上、下两编。上编为"历史进程"，主要进行历史梳理，总结中国妇女在中国革命与建设进程中追求性别平等、和平与安全的努力的基本样貌、主要特点、观念发展变化，以及宋庆龄、蔡畅和邓颖超等中国妇女运动先驱者的妇女解放思想与和平观念。下编为"当代实践"，以"妇女、和平与安全"议程为研究对象，分析中国政府关于该议程的立场，并将第1325（2000）号决议中提出的四个支柱分为"参与"和"保护、预防、救济与恢复"两个部分，探讨中国在落实该议程过程中取得的成果，强调了和平文化建构和和平教育对落实"妇女、和平与安全"议程，创建性别平等、和平与安全的人类命运共同体的意义。在深入挖掘中国推动性别平等，充分发挥妇女在实现和平、安全与发展中的重要作用的过程中，本书也将着意讨论中国在落实"妇女、和平与安全"议程过程中面临的挑战，并为推动中国加速并引领落实"妇女、和平与安全"议程提出建设性意见，勾勒其未来发展方向。

上编 历史进程

引 言

"中国妇女运动是国际妇女运动的组成部分。中国妇女运动为成为国际妇女运动的中坚和劲旅,'乘长风破万里浪'……"[1]中国妇女争取平等、和平、安全的努力是中国妇女运动的重要组成部分,处于中国与世界、中国国内问题与国际关系问题的交叉点上。

中华人民共和国对外关系的历史大致可以分为六个阶段。第一阶段为中华人民共和国成立初期的外交工作(1949~1955年),这个阶段的主要任务就是独立自主,保障安全。第二阶段为逐步发展的新中国外交(1956~1965年),这个阶段以处理新的外交矛盾关系和反美统战为特点。第三阶段为特殊时期的中国外交(1966~1977年),在这个阶段前期,中国外交以"反帝反修"和"反对两霸"为主导思想,在中国恢复联合国合法席位和中美关系正常化后,中国提出"联美反苏"和"三个世界划分"的战略思想。第四阶段为进入改革开放历史新时期的中国外交(1978~1989年),不结盟与和平、发展成为这一阶段的主题。第五阶段为维护和平、促进经济发展的中国外交

---

1. 中华全国妇女联合会编《中国妇女运动百年大事记》,中国妇女出版社,2003,"序言"第3页。

(1990~2002年),这一阶段,中国遵循"韬光养晦、有所作为"的战略方针,积极推动世界多极化,强调国际关系民主化。第六阶段致力于推动建设持久和平、共同繁荣的和谐世界与人类命运共同体(2003~),在日益走近世界舞台中央的过程中,中国在不断发展的国际形势下为构建"和谐世界"和人类命运共同体而努力。[1]中国妇女运动和中国妇女争取和平、安全的努力,即在此时代背景下展开。

1949年以来的中国妇女运动史与中华人民共和国对外关系史的阶段划分基本一致。罗琼在《〈中国妇女运动百年大事记〉导读》中,将从中华人民共和国成立到2000年的中国妇女运动分为四个阶段:新中国成立和社会主义制度建立时期妇女运动蓬勃发展阶段(1949~1956年),社会主义全面建设时期妇女运动在曲折中前进阶段(1957~1977年),改革开放新时期妇女运动加速发展阶段(1978~1991年),社会主义市场经济体制建立后妇女运动全面发展阶段(1992~2000年)。[2]孙晓梅编著的《中外妇女运动简明教程》则把1949年以来中国妇女运动的发展分为五个阶段:新中国成立至1956年的妇女运动(1949~1956年),曲折发展中的妇女运动(1957~1965年),"文化大革命"时期的妇女运动(1966~1976年),改革开放时期的妇女运动(1977~1990年),社会主义市场经济条件下的妇女运动(1991~2007年)。[3]这两种对历史阶段的划分具有较强的相似性,仅在各阶段的时间起始点选择上略有不同。

---

1. 这一部分内容的梳理参考、综合了以下文献。谢益显主编《中国当代外交史(1949—2001)》,中国青年出版社,2002;张历历:《当代中国外交简史》,上海人民出版社,2009;牛军:《中华人民共和国对外关系史概论(1949—2000)》,北京大学出版社,2020;《当代中国外交》编写组编《当代中国外交》,高等教育出版社,2019。
2. 中华全国妇女联合会编《中国妇女运动百年大事记》,中国妇女出版社,2003,第5~10页。
3. 孙晓梅编著《中外妇女运动简明教程》,天津大学出版社,2008。

引 言

在国际关系的风云变幻和中国社会主义革命与建设的宏阔背景中,本书上编的主要任务是呈现从新中国成立到2000年前后中国妇女运动中关于性别平等、和平与安全的观点主张、重要实践及其发展变化,并为本书下编分析中国落实"妇女、和平与安全"议程的具体实践奠定基础。

发端于19世纪末的中国妇女运动是一幅波澜壮阔的历史长卷,新中国妇女运动与19世纪末到20世纪中期的中国妇女运动既有密切关系,又有明显不同。本编将依据《中国妇女运动百年大事记》[1]《中华全国妇女联合会四十年(1949~1989)》[2]《全国妇联对外活动大事记(1949年至1994年)》[3]《中华人民共和国日史》[4]《国务院妇女儿童工作委员会及办公室文件汇编(1990—2003)》[5]和历次中国妇女代表大会决议等重要文献资料和政策文件,[6]以及《陈慕华妇女儿童工作文集》[7]《平等 发展 和平:彭珮云论妇女工作》[8]《当代中国外交》[9]等历史资料与相关教科书,系统梳理从新中国成立到2000年中国妇女为争取和平与安全而奋斗的历史进程。

---

1. 中华全国妇女联合会编《中国妇女运动百年大事记》,中国妇女出版社,2003。
2. 全国妇联办公厅:《中华全国妇女联合会四十年(1949~1989)》,中国妇女出版社,1991,第494页。
3. 国际联络部:《全国妇联对外活动大事记(1949年至1994年)》,国际联络部,1995。
4.《中华人民共和国日史》编委会编《中华人民共和国日史》(第1~50卷),四川人民出版社,2003。
5. 国务院妇女儿童工作委员会办公室编《国务院妇女儿童工作委员会及办公室文件汇编(1990—2003)》,国务院妇女儿童工作委员会办公室,2004。
6. "中国妇女网·数据中心",http://www.cnwomen.com.cn/cnwomen/sjzx/index.shtml;"中国网·中国妇女",http://www.china.com.cn/aboutchina/zhuanti/zgfn/node_7054700.htm,最后访问日期:2021年3月1日。
7. 中华全国妇女联合会编《陈慕华妇女儿童工作文集》,中国妇女出版社,1999。
8. 彭珮云:《平等 发展 和平:彭珮云论妇女工作》,中国妇女出版社,2005。
9.《当代中国外交》编写组编《当代中国外交》,高等教育出版社,2019。

参考中华人民共和国对外关系史和中国妇女运动史的阶段划分方法，以1978年召开的党的十一届三中全会为分界点，本书上编将从新中国成立到2000年前后的历史分为两个部分进行讨论。作为中国妇女运动跨时代的先驱和领导者，宋庆龄、蔡畅、邓颖超等亲历了从20世纪初到20世纪八九十年代中国妇女运动的"全过程"。她们对于妇女解放与和平问题的看法，随着时代背景和思想认识的发展变化而发展变化，并对中国妇女运动产生不同程度的影响。她们的妇女解放思想与和平主张跨越了历史阶段，连接着前后两个阶段，具有承前启后的作用。因此，本编第一章将在两极格局及其变化的国际形势之下，基于当时对战争与和平问题的基本看法，总结从新中国成立前后到改革开放前中国妇女为争取和平与安全所做的努力。第二章将根据《宋庆龄选集》，[1]《宋庆龄选集》（上下卷），[2]《邓颖超文集》[3]和中华全国妇女联合会编的《蔡畅、邓颖超、康克清妇女解放问题文选（1938—1987）》[4]等第一手资料和《宋庆龄年谱》[5]《邓颖超传》[6]等大量研究文献，探讨以宋庆龄、蔡畅和邓颖超为代表的中国革命先驱者的妇女解放思想与和平主张。第三章将在中国改革开放政策指导下，基于对和平与发展的时代主题的认识，分析从改革开放至21世纪初中国妇女为维护和平与安全、实现性别平等所做的努力。

毫无疑问，仅三章内容不足以呈现新中国成立以来中国妇女运动及中

---

1. 宋庆龄：《宋庆龄选集》，中华书局，1966。
2. 宋庆龄：《宋庆龄选集》，人民出版社，1992。
3. 中共中央文献研究室编《邓颖超文集》，人民出版社，1994。
4. 中华全国妇女联合会编《蔡畅、邓颖超、康克清妇女解放问题文选（1938—1987）》，人民出版社，1988。
5. 尚明轩、陈民、刘家泉、赵楚云：《宋庆龄年谱》，中国社会科学出版社，1986。
6. 金凤：《邓颖超传》，人民出版社，1993。

国妇女为和平与安全而努力的历史全貌。但是，这些记录对于理解中国妇女运动和中国妇女争取和维护和平与安全、实现性别平等的历史进程具有重要意义。

第一章　改革开放前中国妇女为和平与安全努力的历史进程

章百家将从新中国成立到改革开放之前的中国外交特点概括为"革命的中国与苏美冷战的碰撞（1949~1978）"，"独立自主"与"和平"这两个词集中体现了中国在外交方面最基本的诉求。[1]中国妇女对男女平等、外部世界、战争与和平问题的观点与中国当时所处的国际环境、中国对外政策的基本原则密不可分。本章主要探讨从新中国成立到改革开放前中国妇女致力于实现和平与安全的奋斗历程。

第一节　改革开放前中国妇女为和平与安全努力的背景

在反对帝国主义、封建主义的中国革命中，"面对共同的敌人，妇女与男

---

1. 章百家：《改变自己　影响世界——20世纪中国外交基本线索刍议》，《中国社会科学》2002年第1期。

子建立起了联盟——共同反对帝国主义、专制统治的联盟",[1]中国妇女的命运与中华民族的命运紧密联系在一起。新中国成立初期,中国实行"一边倒"、"另起炉灶"和"打扫干净屋子再请客"三条基本外交方针,与以苏联为首的社会主义国家站在一起,共同反对帝国主义、殖民主义,保卫世界和平。中国共产党在艰苦卓绝的革命斗争中形成的和平思想与新中国成立后所面临的国际国内形势,共同构成了中国妇女为实现和平与安全而努力的背景。

一 新中国成立前中国妇女对和平与安全的基本看法

抗日战争结束后,中国妇女在中国共产党的领导下反对内战、反对分裂、呼吁和平,为争取和平解放做出重要贡献。

1946年10月,由联合国社会经济委员会妇女小组提议、美国总统富兰克林·罗斯福(Franklin Delano Roosevelt)的夫人埃莉诺·罗斯福(Anna Eleanor Roosevelt)倡议、美国19个妇女团体共同组织的国际妇女会议在纽约举行,但应邀参会的邓颖超由于受到国民党政府的阻挠而未能成行。邓颖超在《致国际妇女会议的信(一九四六年十月七日)》中解释了受阻的原因:"我就向我国政府请发出国护照,但是到今天已经两月,几经交涉,国民党政府仍不发给护照。外交部与社会部完全用了相互推诿和拖延的办法,以无理的借口来阻碍我的成行。……这使我不能不向你们——为了世界和平民主,正在庄严工作着的国际妇女领袖们呼吁,要求你们给以同情和援助,要求你们特别关切今天中国是怎样一个没有和平,只有进攻解放区的内战;没有民主,只有压迫人民的独裁的国家,并给予中国人民所需要的和平民主以有效的支

---

1. 李英桃:《社会性别视角下的国际政治》,上海人民出版社,2003,第276页。

第一章
改革开放前中国妇女为和平与安全努力的历史进程

援。"她还介绍了自己为国际妇女会议所做的准备工作：号召解放区各妇女团体响应与拥护大会，并广泛组织妇女讨论议题；向妇女界征求意见；在北平（北京）、重庆、香港的报纸上也刊载了这则消息。"我这样做，完全是为了使中国妇女了解国际妇女会议的活动，使中国妇女运动能和国际妇女所共同奋斗的和平民主事业结合起来，以加强中国妇女与国际妇女的团结与合作。"[1]

因此，邓颖超向世界各国妇女发出了中国妇女的大声呼吁：

> 她们申诉中国正在发展与延长着的严重的全面内战带给她们的灾难，她们失去了丈夫和儿子，遭受到颠沛流离。由于内战造成的农村破产、工业停滞、通货膨胀、物价激增以及政治的腐败，法西斯反动统治集团的压迫，极端的缺乏民主，使人民没有自由，甚至性命的安全都没有保障，使她们没有法子生活下去，因此她们明确地提出了中国妇女对于战争和独裁的憎恨，要求制止中国的内战，急切地需要和平、民主和安定的生活。中国的内战能否迅速停止，决定于中国人民的斗争，决定于中国国民党政府能否立即放弃内战与一党独裁的现行方针，亦决定于美国政府能否立即改变它现行的错误的对华政策。她们要求美国政府立即改变其片面援助内战一方的政策，立即停止对国民党政府的一切援助和鼓励，立即撤退美国在华驻军；请求美国的姐妹们召回她们的丈夫和儿子，不要参加中国内战作无谓的牺牲，不要损害中美两国人民的友谊，为了这，中国人民除了

---

1. 邓颖超：《致国际妇女会议的信（一九四六年十月七日）》，载中华全国妇女联合会编《蔡畅、邓颖超、康克清妇女解放问题文选（1938—1987）》，人民出版社，1988，第91~94页。

依靠自己的努力奋斗，更对同盟国寄以极大的希望，特别是要求美国妇女和人民，给以同情和援助，督促美国政府终止其现行对华政策，恢复已故罗斯福总统的传统政策。中国的内战，正在严重地威胁着世界和平！她们要求世界各国友好合作，认为只有在互信互谅互让的原则下，坚决遵守联合国的宪章，和罗斯福总统的四大自由，才是团结合作的基础……

虽然我不能来出席会议，但为了世界和平民主的伟大事业，我愿和你们共同奋斗到底。为了中国的独立、和平、民主、统一的事业，我正在此加倍的努力。

请在大会开过后把大会详情和一切文件寄给我，我必努力转述于中国妇女大众，为维护和执行大会的决议而奋斗。

请接受我对你们的崇高敬意。

为巩固世界和平，防止战争，全世界妇女团结起来！[1]

中国妇女为实现民族独立、国家解放做出巨大的贡献。1947年2月，蔡畅在《为争取独立、民主、和平而奋斗的中国妇女（一九四七年二月）》中围绕中国妇女阐述如下内容：第一，"中国经过八年的抗日战争，此八年中，中国人民遭受了莫大的损失，尤以妇女所受的苦难更重"；第二，"中国各阶层人民为了战后的和平民主，为了国家的独立建设，为了避免内战的祸害，在'八一五'后，曾在多方面尽了最大的努力与忍让……中国的妇女积极的参加

---

1. 邓颖超：《致国际妇女会议的信（一九四六年十月七日）》，载中华全国妇女联合会编《蔡畅、邓颖超、康克清妇女解放问题文选（1938—1987）》，人民出版社，1988，第91~94页。

第 一 章
改革开放前中国妇女为和平与安全努力的历史进程

了这些努力……都竭诚拥护政协会的决议并愿为它的实现而奋斗";第三,"中国解放区妇联会不仅是解放区妇女的最高领导机关,同时也是全国妇女的好朋友,我们在每一个重要关头提出的主张和号召,成为妇女们行动的指针";第四,"在蒋管区,虽然言论集会都没有自由,但妇女们仍积极的参与反对内战,实现民主和平的运动","在解放区,妇女们热烈地动员起来参加反对国民党军队向解放区进攻的自卫战争"。妇女不仅送夫送子参军,而且自己参加到自卫队、民兵组织中;妇女组织担架队,运输伤员;赶制军衣军鞋,捐出财物供应前线。她们勇敢地参加惩奸反恶霸的清算运动及土地改革运动;担负起生产的重担,代替出征男子;担负各级政权工作,成为不可或缺的管理国事的主人。妇女获得与男子受同等教育的机会;妇女刊物得到发展。"全国不论解放区蒋管区的人民、妇女,在各方面积极工作,艰苦奋斗,为的是一个目标——保卫民族独立,实现民主和平!"[1]蔡畅指出:"中国人民,中国的妇女是为自己祖国的独立,国家的和平民主而奋斗不息,也是全世界人民争取和平民主的一支巨大的力量。我们有义务来参加全世界人民和平民主的斗争,同时也有权利要求全世界的人民,全世界的妇女给中国人民独立民主和平的斗争、妇女的解放以有力的援助!"[2]

蔡畅、邓颖超所表达的观点,代表了新中国成立前中国妇女对妇女解放、和平与安全问题的基本看法。

---

1. 蔡畅:《为争取独立、民主、和平而奋斗的中国妇女(一九四七年二月)》,载中华全国妇女联合会编《蔡畅、邓颖超、康克清妇女解放问题文选(1938—1987)》,人民出版社,1988,第102~111页。
2. 蔡畅:《为争取独立、民主、和平而奋斗的中国妇女(一九四七年二月)》,载中华全国妇女联合会编《蔡畅、邓颖超、康克清妇女解放问题文选(1938—1987)》,人民出版社,1988,第116页。

二 改革开放前中国妇女为和平与安全努力的国内外环境

第二次世界大战结束后,社会主义阵营对国际形势的基本判断是:"五十年代是一个风云变幻的年代,是帝国主义者不断地图谋反对社会主义和其他友好和平国家的年代。"[1] 与对冷战初期国际形势的判断相一致,新中国奉行"一边倒"的外交方针,其保卫和平运动带有浓厚的反对帝国主义和反对殖民主义的色彩。

中国是一个饱受侵略和战争灾难的国家,格外珍视国内安定与国际和平。首先,1949年9月21日,中国人民政治协商会议第一届全体会议通过了具有临时宪法作用的《中国人民政治协商会议共同纲领》(以下简称《共同纲领》),将维护世界和平作为国家的基本对外方针。其次,中国在国际舞台上为维护世界和平而努力,如在日内瓦会议上争取和平,倡导和践行和平共处五项原则;与世界反战反核民主力量一起保卫和平,积极参与世界保卫和平运动及世界和平理事会(World Peace Council,WPC)相关机构组织的活动;进行了大量反战示威游行、签名等活动,抗美援朝也属于世界保卫和平运动的重要部分。最后,在民间对外交往领域,除积极参与世界和平理事会的活动,中国于1949年10月成立了以郭沫若为主席的中国人民保卫世界和平委员会。该委员会在当时十分活跃,积极参与并配合世界和平理事会的活动;以该委员会为纽带,中国人民与社会主义、民族主义国家和资本主义国家中的进步力量进行了一系列的交流活动。与此同时,中国人民对外文化协会、中国人民外交学会等组织在中国的对外交流中也发挥了十分重要的作用。

---

1. 〔苏〕A. C. 阿尼金等编《外交史》(第五卷下),生活·读书·新知三联书店,1983,第900页。

第 一 章
改革开放前中国妇女为和平与安全努力的历史进程

从20世纪60年代中期开始，随着中苏关系破裂、国内政治运动接踵而至，中国的对外交流合作受到很大影响。由于中苏关系破裂，中国于1966年退出世界和平理事会。但是，中国在这个阶段为和平而付出的努力也并非没有成效：在双边关系中，中国与美国实现了关系正常化，与日本恢复了邦交，并形成了新中国外交史上第二个建交高潮；在多边关系上，中国恢复了联合国安理会常任理事国的席位，积极参与第三世界国家建立国际政治经济新秩序的斗争，并将此作为实现世界持久和平的重要内容。

改革开放之前，中国妇女组织基本是中华全国妇女联合会（以下简称"全国妇联"）的一枝独秀。胡传荣在《中国妇女运动与国际政治——浅析我国妇联组织对外交往》一文中梳理了新中国成立后妇联对外交往的基本脉络。她指出："我国妇女运动在国家内忧外患的年代中兴起和基本上在中国共产党领导下开展的特点，使之作为我国社会主义事业的一部分存在和发展。身为党的助手，妇联对国际政治的组成部分——国际妇女运动的参与相应起到扩大我国国际影响、为政府外交铺路架桥的重要作用。"[1]作者对中国妇女运动与中国社会主义事业之间的关系定位是准确的。进入20世纪90年代特别是北京"世妇会"以后，随着中国妇女组织发展走向多样化，国际妇女运动中新话语、新思考的引进也为中国妇女运动带来了一些新的变化，这种变化同样影响着妇女运动与国家决策、对外交往之间的关系。

在和平研究的视角下，改革开放之前中国妇女的对外交流合作历程可简单划分为两个阶段。第一阶段从1949年到1967年，是保卫和平阶段。与这个

---

1. 胡传荣：《中国妇女运动与国际政治——浅析我国妇联组织对外交往》，载李秋芳主编《半个世纪的妇女发展——中国妇女五十年理论研讨会论文集》，当代中国出版社，2001，第116～117页。

阶段中国外交的特点相一致，中国妇女与社会主义阵营中的民主和平力量站在一起，积极支持、参与世界和平理事会和国际民主妇女联合会（Women's International Democratic Federation，以下简称"国际民主妇联"）的和平行动，并起到重要的领导作用。第二阶段从1968年到1978年，是全面停滞阶段。这个阶段的起点与新中国外交的阶段划分相差一年。因为《中国妇女》杂志于1967年3月16日暂时停刊，全国妇联于1968年2月正式停止了业务活动，所以1968年被视为第二阶段的起点。

第二节　改革开放前中国妇女为和平与安全努力的行动

国内外学术界对于1949年后的中国是否有妇女运动都有一些讨论，却很少见到对这一时期中国是否有妇女和平运动的研究。纵观新中国成立后的中国妇女运动发展史，在新中国成立初期的特定国际国内形势下，中国妇女和平运动相对凸显，且与当时中国的对外政策基本原则与对外关系发展走向一致。

全国妇联是中国妇女和平运动的领导者。1949年3月24日至4月3日，中国妇女第一次全国代表大会在北平（北京）举行，通过了《中国妇女运动当前任务的决议》和《中华全国民主妇女联合会章程》这两个文件，同时选举蔡畅、邓颖超、何香凝、张琴秋、康克清等51人为执行委员，正式宣告中华全国民主妇女联合会成立。中华全国民主妇女联合会于1957年9月改名为中华

---

1. 思晓：《中国妇女第一次全国代表大会》，《中国妇运》2013年第2期。

第一章
改革开放前中国妇女为和平与安全努力的历史进程

人民共和国妇女联合会，1978年9月又改名为中华全国妇女联合会。全国妇联的基本职能是：团结、动员广大妇女参与经济建设和社会发展，代表和维护妇女利益，促进男女平等。妇联组织的产生有其特殊的历史背景，它的社会角色与功能主要是由政治制度自上而下安排决定的。组织性质的特殊性决定了全国妇联从成立之日起，在承担较多行政职能的同时，也在一定程度上扮演了妇女利益代表者的角色。从60年的发展历程看，改革开放可以被视为全国妇联角色与功能发生转变的一个明显界线。[1]

编年体工具书《中华全国妇女联合会四十年（1949~1989）》[2]《中国妇女运动百年大事记》[3]是对中国妇女运动发展记录得比较全面的文献。

一 中国妇女为和平与安全努力的指导思想与基本内容

整体上看，在参与新中国对外交流的过程中，中国妇女对于国际事务的立场与对于和平的看法，与中国政府外交政策的基本原则和方针政策完全一致。在中苏关系破裂之前，中国妇女将战争视为和平的对立面；追求民主和平，反对殖民主义占重要地位；认为美国等西方帝国主义、殖民主义国家是战争爆发的原因，以苏联为首的社会主义阵营是维护和平民主的力量。在此基础上，在国内拥护《共同纲领》，在国际上认同国际民主妇联的主张，谴责对进步妇女的迫害；并非反对一切战争，支持反侵略的正义战争；承认宗教在对外宣传中的作用。

---

1. 马焱：《妇联组织职能定位及其功能的演进轨迹——基于对全国妇联一届至十届章程的分析》，《妇女研究论丛》2009年第9期。
2. 全国妇联办公厅：《中华全国妇女联合会四十年（1949~1989）》，中国妇女出版社，1991。
3. 中华全国妇女联合会编《中国妇女运动百年大事记》，中国妇女出版社，2003。本书对中国妇女运动历史事件的引证、分析的主要依据即该书，涉及具体历史事件的部分，不再一一注释。

(一)《共同纲领》以保卫和平为基本任务

1949年9月21日,中国人民政治协商会议在北平(北京)正式举行。在《中华人民共和国宪法》实施前,会议通过的《共同纲领》起到了临时宪法的作用。在中国人民政治协商会议第一届全国委员会的198名全国委员会委员中,有许广平、谢雪红、李凤莲、邓颖超、李德全、史良、陈少敏、张琴秋、沈兹九、李秀真、方光宇、宋庆龄等女性委员,邓颖超被选为常务委员。[1]

《共同纲领》第六条规定:"中华人民共和国废除束缚妇女的封建制度。妇女在政治的、经济的、文化教育的、社会的生活各方面,均有与男子平等的权利。实行男女婚姻自由。"第十一条规定:"中华人民共和国联合世界上一切爱好和平、自由的国家和人民,首先是联合苏联、各人民民主国家和各被压迫民族,站在国际和平民主阵营方面,共同反对帝国主义侵略,以保障世界的持久和平。"第七章外交政策部分规定了新中国的外交政策。第五十四条指出:"中华人民共和国外交政策的原则,为保障本国独立、自由和领土主权的完整,拥护国际的持久和平和各国人民间的友好合作,反对帝国主义的侵略政策和战争政策。"[2]由沈吉苍编写、于1951年出版的《世界人民的和平斗争》一书在第三章"新中国的和平政策"中指出,《共同纲领》"就以保卫和平为基本任务"。[3]

1949年10月1日的《人民日报》第2版刊登社论《中华人民共和国万

1.《中国人民政治协商会议第一届全国委员会委员名单(198名)》,中国政协传媒网,http://zl.zgzx.com.cn/2013-12/12/content_8606740.htm,最后访问日期:2021年2月20日。
2.《中华人民共和国共同纲领》(1949年9月29日),人民出版社,1952。
3.沈吉苍编《世界人民的和平斗争》,中华书局,1951,第26页。

第 一 章
改革开放前中国妇女为和平与安全努力的历史进程

岁》,在回答"放在我们全国人民面前的任务是什么"的问题时,社论强调"是爱护我们新生的祖国,加强人民民主政府的力量,和以苏联为首的爱好和平民主的国家和人民团结在一起,以保障中国人民革命胜利的果实,并促进世界的和平与自由"。[1] 在新中国成立的第二天,中国保卫世界和平大会成立并通过了大会宣言。[2]

《共同纲领》与《人民日报》社论都向国际社会阐述了新中国的外交思想和和平理念。显然,当时中国对和平的理解,仍然属于传统的"战争与和平"的范畴,和平被看作战争的对立面。同时,其中也体现了当时"一边倒"的外交政策,即认为苏联是和平民主的捍卫者,美国则是挑拨者,新中国"拥护国际的持久和平和各国人民间的友好合作,反对帝国主义的侵略政策和战争政策"。妇女组织的行动与政府的立场是一致的,组织建设、民众行动、宣传报道都为此服务。当时在国内,解放全国的军事行动仍在继续,中国妇女与妇女组织的和平行动与这一具体背景相符合。

(二)中苏两国妇女发展友好关系

新中国成立之初,发展与苏联以及其他社会主义国家的友好关系是中国外交的重中之重,这一点在中国妇女对外交往中得到鲜明体现,从宋庆龄、蔡畅和邓颖超这一时期的妇女解放思想与和平主张中也可以清晰地看到此特点。

新中国成立后不久,全国妇联即于1949年10月8日举行茶话会,招待苏

1.《人民日报》社论:《中华人民共和国万岁》,《人民日报》1949年10月1日,第2版。
2.《中华人民共和国日史》编委会编《中华人民共和国日史(1949年10月~1950年)》(第1卷),四川人民出版社,2003,第16~17页。

联文化艺术科学工作者代表团全体女团员及朝鲜代表团女代表。全国妇联主席蔡畅号召中、苏、朝姊妹携手,反对新战争挑拨者,保卫和平。[1]

1950年2月14日《中苏友好同盟互助条约》签订后,首都各界妇女庆祝《中苏友好同盟互助条约》签订大会于2月22日在北京召开。全国妇联副主席李德全主持大会并讲话。她说,《中苏友好同盟互助条约》及其协定的缔结,是两国人民经过几十年艰苦奋斗流血牺牲所结的果实,是来之不易的,要珍惜它,保护它,使其巩固和发展。[2]1953年11月2日,应苏联妇女反法西斯委员会的邀请,以许广平副主席为团长的中国妇女代表团一行20人赴苏联参加十月革命36周年纪念活动。1953年3月5日,苏联宣布斯大林同志去世。7日,全国妇联致苏联反法西斯委员会唁电,沉痛悼念斯大林逝世。3月8日,全国妇联发出通知,为悼念世界劳动人民的伟大领袖、中国人民敬爱的朋友和导师约·维·斯大林逝世,全国一律停止举行"三八"国际劳动妇女节纪念活动。

国际民主妇联于1945年11月在法国巴黎召开了第一次国际妇女代表大会,致力于团结各国进步妇女,争取和平、民主与妇女权利,保卫儿童和支持民族独立的国际妇女组织。1955年11月2日,全国妇联书记处书记罗琼代表蔡畅主席出席了在莫斯科召开的国际民主妇联执行局会议,会后受苏联妇女反法西斯委员会的邀请,同杨蕴玉一起,参加了苏联老妇女工作者座谈会,听取了苏联集体化运动中的妇女工作经验。[3]

1.《全国民主妇联举行茶会 招待苏联朝鲜女代表 蔡畅号召和苏朝姊妹携手,反对新战争挑拨者,保卫和平》,《人民日报》1949年10月9日,第1版。
2. 全国妇联办公厅:《中华全国妇女联合会四十年(1949~1989)》,中国妇女出版社,1991,第16页。
3. 全国妇联办公厅:《中华全国妇女联合会四十年(1949~1989)》,中国妇女出版社,1991,第76页。

第一章
改革开放前中国妇女为和平与安全努力的历史进程

1959年2月14日《人民日报》发表题为《中苏团结永远是牢不可破的》的社论。社论中说:"我们中国人民将永远同苏联人民一起,为加强以苏联为首的世界社会主义体系的力量和团结,为世界和平和社会主义事业而奋斗到底!"[1]但随着中苏关系恶化,中苏两国妇女之间的交往明显减少,到1965年,双方的民间交往特别是妇女民间交往受到严重影响。

(三)中国妇女促进双边和平友好关系发展

以全国妇联为代表的中国妇女为加深中国与各国人民之间的相互理解、增进友谊,做出了积极努力。从新中国成立到"文化大革命"之前,中国妇女的对外交往涉及缅甸、捷克斯洛伐克、波兰、日本、阿尔巴尼亚、朝鲜、越南、锡兰、埃及、印度、巴基斯坦、突尼斯、民主德国、印度尼西亚、比利时、美国、阿根廷、巴西、巴拉圭、英国、特立尼达和多巴哥、伊拉克、保加利亚、匈牙利、蒙古国、罗马尼亚、芬兰、丹麦、新加坡、瑞典、法国、古巴、比利时、马里、苏丹、老挝、卢旺达、玻利维亚、莫桑比克、坦桑尼亚、肯尼亚、安哥拉、刚果(利)、[2]刚果(布)、中非共和国、智利、菲律宾、法国和阿富汗等许多国家。无论是出访、接待来访,还是其他形式的活动,妇女在增进中国与这些国家的相互了解、促进和平友好关系的发展等方面都发挥了积极作用。

1.《人民日报》社论:《中苏团结永远是牢不可破的》,《人民日报》1959年2月14日,第1版。
2. 刚果共和国于1960年6月30日宣告独立,简称刚果(利),1964年8月改国名为刚果民主共和国。1966年,刚果(利)首都利奥波德维尔改名为金沙萨,同年刚果(利)改名为刚果(金),1971年10月改国名为扎伊尔共和国,1997年恢复国名为刚果民主共和国,简称刚果(金)。

二　中国妇女支持抗美援朝　反对重新武装日本

从对中华人民共和国成立前妇女运动和中国人民的反帝反殖民斗争关系的分析中可以清晰地看到，个人和国家是紧密联系在一起的。新中国成立后，这种个人与国家命运的联系在妇女支持抗美援朝和反对重新武装日本的行动中得到进一步体现。

（一）中国妇女积极支持抗美援朝

朝鲜战争爆发后，中国妇女积极开展声援朝鲜人民、反对美国侵略台湾的活动。1950年7月17日，全国妇联通知各级妇联，为反对美国侵略台湾、为响应世界工会联合会支援朝鲜人民解放战争的号召，各级妇联要积极参加"反对美国侵略台湾朝鲜运动周"的活动，并结合保卫世界和平的签名运动，在当地人民特别是妇女群众中广泛而深入地开展反对美国侵略中国台湾、朝鲜的宣传教育活动。[1] 11月11日，全国妇联发表宣言《号召全国妇女开展抗美援朝保家卫国运动》。[2] 1951年1月22日，全国妇联为声援朝鲜民主妇女总同盟致全世界妇女的呼吁书，响应中国人民保卫世界和平反对美国侵略委员会所发出的《关于慰劳中国人民志愿军和朝鲜人民军并救济朝鲜难民的通知》，特向全国妇女发出号召：号召各级妇联及全国妇联所属会员团体的姊妹们，更进一步开展抗美援朝保家卫国运动，深入开展爱国主义与国际主义的思想教育。[3]

---

1. 中华全国妇女联合会编《中国妇女运动百年大事记》，中国妇女出版社，2003，第136页。
2. 中华全国妇女联合会编《中国妇女运动百年大事记》，中国妇女出版社，2003，第138页。
3. 中华全国妇女联合会编《中国妇女运动百年大事记》，中国妇女出版社，2003，第138~139页。

第一章
改革开放前中国妇女为和平与安全努力的历史进程

1951年3月7日,在首都各界妇女举行纪念"三八"国际劳动妇女节大会上,全国妇联主席蔡畅发表题为《热爱祖国,保卫和平》的讲话,号召全国妇女深入开展抗美援朝运动,支援中国人民志愿军赴朝作战。1951年3月9日,中国人民保卫世界和平反对美国侵略委员会在北京召开大会,成立了中国人民赴朝慰问团中央总团。以全国妇联常委雷洁琼、执委刘清扬为首的妇联代表共26人参加了中央赴朝慰问团。[1]

1951年6月9日,全国妇联发布《响应中国人民抗美援朝总会发出的三项爱国号召的决定》,指出中国人民抗美援朝总会发出的关于在全国推行爱国公约,捐献飞机、大炮,优待烈属、军属的三项号召是十分重要且切合时宜的;号召各级妇联和妇女团体,深入妇女群众进行宣传教育,启发广大妇女在民主与自愿的原则基础上开展这三项工作。[2]

1951年6月14日,北京市各界妇女代表1300余人集体通过《号召全市妇女捐献"北京妇女"号飞机的决议》。会议当场有13家单位、270人捐献9000万元(旧人民币),小米2000余斤,首饰、黄金、银圆若干。自6月1日发起捐献飞机大炮运动至12月26日为止,抗美援朝总会共收到捐款47280多亿元(旧人民币),可购买战斗机3152架。著名豫剧女演员常香玉在西北、中南和华南等地义演,将全部收入用于捐献"香玉剧社"号战斗机,被誉为"爱国艺人"。[3]

---

1. 中华全国妇女联合会编《中国妇女运动百年大事记》,中国妇女出版社,2003,第139页。
2. 全国妇联办公厅:《中华全国妇女联合会四十年(1949~1989)》,中国妇女出版社,1991,第33页。
3. 中华全国妇女联合会编《中国妇女运动百年大事记》,中国妇女出版社,2003,第141、143页。

1952年2月23日，全国妇联主席蔡畅致电国际民主妇联主席欧仁妮·戈登（Eugénie Cotton）夫人，控诉美国侵略者在朝鲜使用细菌战的滔天罪行。[1] 12月14日，中国外交部部长周恩来复电联合国大会主席皮尔逊（Lester B. Pearson），反对联合国大会根据印度提案通过的《朝鲜：联合国朝鲜统一复兴委员会报告》议程的决议案。[2] 12月16日，全国妇联发表《坚决拥护我中央人民政府周恩来外交部长12月14日给联合国大会主席皮尔逊复电的声明》。该声明指出，复电中所答复的各项问题和重申的我国关于和平解决朝鲜问题的正义要求，是完全代表全中国妇女的意志和愿望的。[3] 12月20日，全国妇联发表《抗议美军屠杀我国战俘的声明》。该声明对美军屠杀我国手无寸铁的战俘的暴行表示无比的愤怒和严重的抗议，呼吁全世界的舆论对美国侵略者的无耻暴行加以声讨。[4]

1959年6月24日，1500名首都各界代表举行隆重集会，表示6.5亿中国人民坚决支持朝鲜人民要求美军撤出南朝鲜[5]和实现祖国和平统一的正义斗争。这次集会是响应亚非人民团结理事会、世界和平理事会和世界工会联合会关于举行"要求美军撤出南朝鲜日"的号召，由中国人民保卫世界和平委员会、中国亚非团结委员会、中国对外友好协会、中华全国总工会、中华人民共和

---

1. 中华全国妇女联合会编《中国妇女运动百年大事记》，中国妇女出版社，2003，第143页。
2. 《中华人民共和国日史》编委会编《中华人民共和国日史（1952年）》（第3卷），四川人民出版社，2003，第315页。
3. 中华全国妇女联合会编《中国妇女运动百年大事记》，中国妇女出版社，2003，第146页。
4. 中华全国妇女联合会编《中国妇女运动百年大事记》，中国妇女出版社，2003，第146页。
5. 在当时的国际形势和中国外交原则下，"朝鲜"和"南朝鲜"分别是我国当时对朝鲜民主主义人民共和国和大韩民国的称呼。

第一章
改革开放前中国妇女为和平与安全努力的历史进程

国全国妇女联合会和中华全国青年联合会共同发起的。[1] 1965年12月25日,中国人民保卫世界和平委员会、中国亚非团结委员会、中国朝鲜友好协会、中华全国总工会、中华人民共和国全国妇女联合会等8个团体联合发表声明,谴责美国利用联大推行对朝鲜的侵略政策,支持朝鲜反对关于"朝鲜问题"的非法决议。[2]

在妇女积极支持抗美援朝的工作中,个人、国家、国际关系与争取世界和平的事业紧密联系在一起。

(二)中国妇女坚决反对重新武装日本

1945~1951年,美国对日本实施了长达6年的单独军事占领。美苏冷战开始后,美国调整了对日政策,完成了对日政策从限制、削弱到扶持和利用的演变,由把日本视为美国的潜在敌手转变为把日本当成其与苏联进行冷战的助手,最终形成了美国对日单独媾和政策。1950年12月4日,中国外长周恩来发表关于对日和约问题的声明,强调"对日和约的准备和拟制如果没有中华人民共和国的参加,无论其内容与结果如何,中央人民政府一概认为是非法的,因而也是无效的"。[3] 1951年1月,杜勒斯(John Foster Dulles)作为美国总统特使访日,商讨美国政府的媾和草案"有关对日媾和七原则"。

1951年1月28日,北京市各界妇女4万多人举行抗美援朝、反对美帝

1.《中华人民共和国日史》编委会编《中华人民共和国日史(1959年)》(第10卷),四川人民出版社,2003,第233页。

2.《中华人民共和国日史》编委会编《中华人民共和国日史(1965年)》(第16卷),四川人民出版社,2003,第254页。

3. 周恩来:《关于对日和约问题的声明(一九五〇年十二月四日)》,载中央文献研究室、中央档案馆编《建国以来周恩来文稿》(第三册),中央文献出版社,2008,第587页。

国主义重新武装日本的盛大集会。全国妇联主席蔡畅出席并发表讲话，号召北京妇女和全国妇女一道，进一步开展抗美援朝运动，反对美帝国主义片面对日媾和并重新武装日本；会后举行游行示威活动。2月8日，全国妇联同全国总工会、青年团中央、全国学生联合会发出《关于纪念"三八"国际劳动妇女节的通知》。该通知要求：在广大妇女群众中继续进行爱国主义和国际主义教育，扩大深入抗美援朝运动，坚决反对美国帝国主义重新武装日本的阴谋，动员妇女更积极地参加祖国的各种建设事业。2月9日，全国妇联、全国学联致函日本妇女和日本学生，表示反对美帝国主义对日片面媾和及重新武装日本。[1]

1951年3月8日，全国妇联名誉主席何香凝发表"三八"节告侨胞姊妹书，坚决反对美帝国主义重新武装日本的行动。她号召华侨妇女"一方面积极团结当地民族妇女，加强巩固我们的斗争力量；另一方面配合全国人民的总行动，为世界千千万万的母亲，也为世界千千万万的儿女，坚决反对重新武装日本，制止扩大侵略战争的阴谋活动"。[2] 8月15日，周恩来发表关于美英对日和约草案及旧金山会议的声明，重申中国政府的立场，主张"应该根据苏联政府的提议，召开曾以军队参加对日战争的一切国家的代表的和会，来商定共同对日和约问题"。[3] 9月2日，全国妇联同中国人民政协、中国共产党

---

1. 全国妇联办公厅：《中华全国妇女联合会四十年（1949～1989）》，中国妇女出版社，1991，第27~28页。
2. 全国妇联办公厅：《中华全国妇女联合会四十年（1949～1989）》，中国妇女出版社，1991，第29页。
3. 周恩来：《关于美英对日和约草案及旧金山会议的声明（一九五一年八月十五日）》，载中华人民共和国外交部、中共中央文献研究室编《周恩来外交文选》，中央文献出版社，1990，第46页。

第一章
改革开放前中国妇女为和平与安全努力的历史进程

以及中国国民党革命委员会等民主党派和人民团体为纪念抗日战争胜利6周年发表联合宣言。该宣言表示：我们坚决支援朝鲜人民的反侵略战争直至取得胜利，不达目的，誓不罢休。我们绝对不承认没有中华人民共和国参加准备、拟制和签订的任何对日和约。[1]

1951年9月4日，美国不顾中国等国家人民的反对，单方面邀请了52个国家在旧金山召开所谓的"对日和会"。9月8日，日本与美国在旧金山美国陆军第六军司令部签订军事同盟条约。1959年10月21日，中国人民保卫世界和平委员会、全国妇联等同日本各界庆祝中华人民共和国建国10周年代表团共同声明的签字仪式在北京举行。该声明表示，日本人民必须使日本政府摆脱美国控制，阻止修改并进一步废除《日美安全保障条约》，实现日本的完全独立，民主自由，永久的和平、中立，必须排除岸信介政府敌视中国的政策和制造"两个中国"的阴谋。[2] 1959年11月27日，全国妇联发电报给全日本妇女团体联合会和阻止修改日美"安保条约"的国民会议，表示中国妇女全力支持日本妇女和人民反对修改《日美安全保障条约》的斗争。[3]

三 中国妇女积极参与保卫世界和平运动

新中国成立前后，中国共产党领导下的中国妇女与国际和平力量建立了密切的联系。1946年，蔡畅当选为国际民主妇联理事、副主席。1951年9月

---

1. 全国妇联办公厅：《中华全国妇女联合会四十年（1949~1989）》，中国妇女出版社，1991，第36页。
2. 《中华人民共和国日史》编委会编《中华人民共和国日史（1959年）》（第10卷），四川人民出版社，2003，第383页。
3. 《中华人民共和国日史》编委会编《中华人民共和国日史（1959年）》（第10卷），四川人民出版社，2003，第428页。

18日，中华人民共和国副主席、全国妇联名誉主席宋庆龄接受"加强国际和平"斯大林国际奖金典礼在北京举行。全国妇联主席蔡畅、副主席邓颖超参加了授奖典礼。宋庆龄决定将奖金10万卢布全部用于发展我国儿童和妇女福利的事业。[1] 中国妇女从多个方面参与到保卫世界和平的运动中。

（一）中国妇女参与保卫和平国际会议

1949年4月，第一届世界和平大会在法国巴黎和捷克斯洛伐克的布拉格同时召开，大会决定设立世界拥护和平大会常设委员会，并将10月2日定为"国际和平（和民主自由）斗争日"[The International Peace (with Democratic Freedom) Struggles the Date]。郭沫若率中国代表团赴布拉格出席了大会。为了响应"国际和平斗争日"的号召，全国妇联于9月24日通知各地妇联，要积极组织广大妇女参加10月2日"国际和平斗争日"的大示威活动，以表示中国人民和世界人民紧密团结，共同保卫世界和平、反对帝国主义侵略。[2]

1949年11月9日，为迎接亚洲妇女代表会议，全国妇联主席蔡畅在北京新华广播电台发表演讲时指出，"我们不仅要关心和拥护这个会议，而且今后要更加高度地发挥国际主义和爱国主义相结合的精神，关心全亚洲与全世界被压迫妇女的痛苦，并且用极大的力量来支援她们的斗争。我们要和全世界的民主妇女加强团结，共同为世界和平与妇女解放而奋斗"。[3] 12月10~16日，亚洲妇女代表会议在北京召开。以全国妇联副主席邓颖超为团长的中国

---

1. 中华全国妇女联合会编《中国妇女运动百年大事记》，中国妇女出版社，2003，第141页。
2. 中华全国妇女联合会编《中国妇女运动百年大事记》，中国妇女出版社，2003，第132页。
3.《中华人民共和国日史》编委会编《中华人民共和国日史（1949年10月~1950年）》（第1卷），四川人民出版社，2003，第50页。

第一章
改革开放前中国妇女为和平与安全努力的历史进程

妇女代表团共110人,同来自全球23个国家的197名代表共同参加会议。国际民主妇联副主席蔡畅致开幕词,国际民主妇联总书记瓦扬-古久里夫人(Marie-Claude Vaillant-Courturier)做了《国际民主妇联为民族独立与和平而斗争》的报告。会议通过了《致亚洲各国妇女姊妹书》《关于国际民主妇联援助亚洲国家的妇女团体的活动的决议》《关于争取妇女权利的决议》《告美国、英国、法国、荷兰妇女书》等宣言和决议。[1]

对于中国妇女乃至亚洲妇女,民族独立一直与民主、和平密不可分,反殖民主义、争取民族独立居于重要地位,妇女权利与儿童权利紧密相连,世界和平与妇女解放是统一的整体。

(二)中国妇女参与反对原子武器签名活动

1950年4月18日,国际民主妇联在赫尔辛基召开执行委员会议,会议通过了《关于国际民主妇联各国会员团体为扩大保卫和平的行动所进行活动的决议》。6月12日,为了响应世界拥护和平大会常设委员会的《和平呼吁书》的签名运动,全国妇联发布《为继续深入广泛宣传并发动妇女参加和平签名运动的通知》。1950年8月16日,蔡畅发表题为《把和平签名运动再扩大!再加强!》的广播讲话。1950年11月11日,全国妇联发表宣言《号召全国妇女开展抗美援朝保家卫国运动》,指出"为争取世界持久和平,为中国和全世界的妇女与儿童的永久的幸福,我们有决心有勇气进行更坚强的斗争"。[2]

---

1. 全国妇联办公厅:《中华全国妇女联合会四十年(1949~1989)》,中国妇女出版社,1991,第12页。
2. 全国妇联办公厅:《中华全国妇女联合会四十年(1949~1989)》,中国妇女出版社,1991,第19~23、25~26页。

1950年11月16~22日，郭沫若率领中国代表团出席了在波兰首都华沙举行的第二届世界保卫和平大会。中华基督教女青年会派代表参加。通过参加各种活动，中华基督教女青年会和一些国家的宗教界人士之间加深了了解并促进了友谊。[1] 1951年1月31日，国际民主妇联第四届理事会在柏林召开。以全国妇联国际工作部部长陆璀为团长的中国妇女代表团一行6人出席会议，并在会议上做了《中国妇女为贯彻和大决议，保卫世界和平而斗争》和《中国妇女运动中的统一战线工作》的报告。[2]

1955年1月19日，世界和平理事会常委会发布《世界和平理事会常委会告全世界人民书》：

> 今天有一些国家的政府正在准备发动原子战争。它们正在竭力使各国人民相信原子战争是不可避免的。
>
> 使用原子武器将造成一场毁灭性的战争。我们宣布，任何发动原子战争的政府将失去它的人民的信任，并且将遭到全世界一切国家的人民的谴责。
>
> 在现在和将来，我们都要反对原子战争的策划者。
>
> 我们主张毁掉储存的全部原子武器，不管它们储存在哪里，并且立即停止制造原子武器。
>
> 1955年1月19日于维也纳[3]

---

1. 中华全国妇女联合会编《中国妇女运动百年大事记》，中国妇女出版社，2003，第138页。
2. 中华全国妇女联合会编《中国妇女运动百年大事记》，中国妇女出版社，2003，第139页。
3. 世界和平理事会常委会：《世界和平理事会常委会告全世界人民书》，《科学通报》1955年第2期。

第一章
改革开放前中国妇女为和平与安全努力的历史进程

1955年2月15日,全国妇联副主席章蕴发表广播讲话,号召全国妇女热烈响应世界和平理事会的号召,拥护中国人民政治协商会议全国委员会和中国人民保卫世界和平委员会与常务委员会联席扩大会议的决议,积极参加反对使用原子武器的签名运动,踊跃地在世界和平理事会常委会《告全世界人民书》上签名,以表达英雄的中国妇女们、母亲们反对原子战争的坚强意志。[1]

(三)中国妇女通过国际民主妇联发出和平声音

新中国成立后,全国妇联定期参加国际民主妇联举办的各种会议,并通过该组织向世界妇女发出自己的和平声音。1950年2月23日,蔡畅主席通过国际民主妇联书记处致函象牙海岸非洲民主大会妇女部,对非洲人民和妇女的英勇斗争致以诚挚的慰问和最大的支援;1952年3月7日,她致电国际民主妇联,要求国际民主妇联号召全世界妇女立刻行动起来,发动世界性的反对细菌战运动,制止美国侵略者在朝鲜和中国进行细菌战的罪行。[2]

1953年6月5日,国际民主妇联在哥本哈根召开世界妇女大会。全国妇联致贺电称:中国妇女衷心拥护并热烈祝贺世界妇女大会的召开,我们相信,这次大会对于加强各国妇女的友谊与团结,对于保卫和平、争取妇女权利以及争取我们的孩子的光明未来,都会有重大的贡献。[3]全国妇联副主席李德全为团长、章蕴副主席为副团长的中国妇女代表团应邀出席大会。李德全在会

---

1. 全国妇联办公厅:《中华全国妇女联合会四十年(1949~1989)》,中国妇女出版社,1991,第71页。
2. 中华全国妇女联合会编《中国妇女运动百年大事记》,中国妇女出版社,2003,第134、143页。
3. 《中华人民共和国日史》编委会编《中华人民共和国日史(1953年)》(第4卷),四川人民出版社,2003,第124页。

上做了《为争取和保卫妇女作为母亲、劳动者和公民的权利而斗争》的报告，章蕴做了题为《关于中国妇女拥护和平解决国际问题》的发言，蔡畅继续当选为国际民主妇联副主席。[1]

1953年6月7日，《人民日报》发表社论《世界妇女运动的强大发展》。社论说，建设祖国与保卫世界和平的事业是两个不可分割的光荣任务。中国妇女已经派遣了自己的代表团出席这次世界妇女大会，将和世界各国的妇女加强联系，积极地为争取国际和平和友谊而努力。我国的广大妇女是世界一切爱好和平的妇女的忠实的朋友，将保证忠实地执行世界妇女大会的决议，与世界一切爱好和平的妇女团结一致，共同为争取国际和平和妇女儿童的权利和幸福而斗争。[2]

1955年11月30日，首都各界妇女举行隆重集会，庆祝国际民主妇联成立十周年，邓颖超发表题为《世界妇女为保卫和平、保卫妇女儿童权利而斗争的十年》的讲话。1956年4月27日，邓颖超在国际民主妇联北京理事会上做了题为《把和平事业掌握在自己手里》的发言。发言的最后指出："亲爱的朋友们，我们相信，只要各国人民和妇女更进一步地加强团结，把和平的事业掌握在自己的手里，我们就一定能够赢得和平，赢得更大的胜利！"[3]

值得特别提及的是，1953年9月16日，国际民主妇女联合会主席欧仁妮·戈登明确指示，在1954年的"三八"国际劳动妇女节，各国将要总结开展保卫妇女权利运动的初步经验，全世界妇女届时将再度表达其为和平，为她们

---

1. 中华全国妇女联合会编《中国妇女运动百年大事记》，中国妇女出版社，2003，第147页。
2. 《人民日报》社论：《世界妇女运动的强大发展》，《人民日报》1953年6月7日，第1版。
3. 邓颖超：《把和平事业掌握在自己手里》，载中华全国妇女联合会编《蔡畅、邓颖超、康克清妇女解放问题文选（1938—1987）》，人民出版社，1988，第274页。

孩子们的幸福，为赢得她们作为母亲、工人和公民的正义要求而斗争的意志。保卫妇女权利与保卫世界和平这两个口号，一直被不可分离地一道提及。[1] 从新中国成立到"文化大革命"之前，中国妇女组织与国际民主妇女联盟的关系，充分体现了中国妇女对世界和平的看法，以及中国对国际民主妇联观点与立场的认同。

中国妇女还参加了一系列其他保卫和平的活动。例如，1952年4月12～16日，全国妇联常委、中国人民保卫儿童全国委员会秘书长康克清率领中国妇女代表团出席国际保卫儿童会议并做了《关于和平对于我们的孩子意味着什么》的发言。1956年2月2日，国际母亲保卫儿童常设委员会成立大会在瑞士洛桑召开，以全国妇联书记处书记曹孟君为团长的中国妇女代表团一行2人出席了会议。1956年9月26日，全国妇联名誉主席宋庆龄致电国际母亲保卫儿童常设委员会，支持母亲们保卫孩子、反对战争危险的宣言。[2]

随着后来中苏关系恶化和"文化大革命"爆发，全国妇联开展的民间对外交往受到了极大的冲击。1967年3月16日《中国妇女》杂志暂时停刊。1968年2月，全国妇联停止了机构运行，妇联的活动也随之停滞。

小　结

从1949年新中国成立到"文化大革命"前这一阶段中国妇女为和平与安

---

1. 余华：《妇女保卫本身权利与保卫世界和平的斗争》，《世界知识》1954年第5期。
2. 全国妇联办公厅：《中华全国妇女联合会四十年（1949～1989）》，中国妇女出版社，1991，第43～44、81、87页。

全而努力的特点来看，追求民族独立一直与实现和平与安全处于所有任务的优先位置；妇女权利与儿童权利紧密相连；世界和平与妇女解放是一个整体。妇女与政府立场一致：将和平视为战争的对立面；追求民主和平，反对殖民主义占重要地位；认为美国等西方帝国主义、殖民主义国家是战争爆发的原因，以苏联为首的社会主义阵营是和平民主的力量。在此基础上，中国妇女在国内拥护《共同纲领》，在国际上认同国际民主妇联的主张，谴责对进步妇女的迫害；她们并非反对一切战争，支持反侵略的正义战争；重视宗教在对外宣传中的作用。

在21世纪已经过去了20年的今天，人们虽然见证了海湾战争、阿富汗战争、"9·11"恐怖袭击、南斯拉夫内战、卢旺达种族屠杀等一系列国际武装冲突和恐怖事件，但从传统的战争与和平的角度来看，战争已经逐渐远离人们，中国处于和平建设时期。而在新中国成立初期，刚获得独立解放的中国妇女仍可以真切地感受到战争的残酷与伤害，抗美援朝、日本重新武装问题等都与中国的独立、和平与安全息息相关。这一历史阶段的国内外形势决定了中国妇女争取和平与安全努力的特点。

第二章 中国妇女运动先驱的妇女解放思想与和平主张

鸦片战争以来,中国妇女始终不渝地加入中国人民反对帝国主义和封建主义的革命斗争中,加入新中国社会主义革命与建设的浩瀚洪流中,"妇女能顶半边天"正是其伟大力量的真实写照。秋瑾、唐群英、何香凝、宋庆龄、向警予、蔡畅、邓颖超和康克清等中国妇女解放的先驱者,是广大中国妇女的杰出代表,为中华民族的独立解放、新中国的建设发展和中国的男女平等事业做出重要贡献。伴随着中国妇女运动的进程,她们的妇女解放思想和关于和平的主张得以不断发展和完善;她们对战争与和平关系的认识又反过来作用于中国妇女运动,影响着中国妇女为实现男女平等而进行的具体实践。

本章将集中探讨从20世纪初到改革开放前宋庆龄、蔡畅和邓颖超等妇女运动先驱的妇女解放思想与和平主张,包括其思想主张产生的背景、她们对战争与和平关系的看法、对和平与建设关系的认识,在此基础上总结她们的国际和平观,进一步分析这三位中国妇女解放先驱对于妇女解放、中国独立与建设以及世界和平的贡献,展示中国妇女为实现和平而努力的历史进程。尽管三人的家庭背景、人生经历有很大差异,但她们实现妇女解放与保卫世界和平的主张却是一致的。

第一节　中国妇女运动先驱的妇女解放思想与和平主张的产生

宋庆龄、蔡畅和邓颖超这三位革命先驱的妇女解放思想与和平主张直接起源于她们的家庭教育和个人成长历程，植根于她们对人生、对中国与世界发展前途与命运的深刻理解，和中国革命与建设紧密联系在一起，具有鲜明的时代性。

一　宋庆龄妇女解放思想与和平主张的产生

宋庆龄（1893~1981年），出生于中国上海的一个基督教家庭。邓小平在宋庆龄追悼会上所致悼词中称宋庆龄是"中华人民共和国的缔造者之一，中华人民共和国名誉主席，中国各族人民包括台湾同胞和海外侨胞衷心敬爱的领导人，举世闻名的爱国主义、民主主义、国际主义、共产主义的伟大战士，保卫世界和平事业的久经考验的前驱，中国共产党优秀党员"。[1]

宋庆龄"从青年时代就追随伟大的革命家孙中山先生，致力于民主革命事业"，"把毕生精力献给中国人民民主和社会主义事业，献给世界和平和人类进步事业"。[2] 宋庆龄的自传、来往书信、公开讲话以及大量宋庆龄研究成果

1.《邓小平同志在宋庆龄同志追悼大会上致的悼词》，《中华人民共和国国务院公报（一九八一年第十一号）》，2020年8月30日，http://www.gov.cn/gongbao/shuju/1981/gwyb198111.pdf，最后访问日期：2021年2月18日。
2.《邓小平同志在宋庆龄同志追悼大会上致的悼词》，《中华人民共和国国务院公报（一九八一年第十一号）》，2020年8月30日，http://www.gov.cn/gongbao/shuju/1981/gwyb198111.pdf，最后访问日期：2021年2月18日。

第二章
中国妇女运动先驱的妇女解放思想与和平主张

表明,宋庆龄的妇女解放思想与和平主张早期主要来源于家庭环境及后天教育,成年后受孙中山的和平思想影响颇深,共产主义思想对她的启迪作用亦不容忽视。在参加中国革命的过程中,对中国国情的把握使宋庆龄逐步形成了最深切、最符合中国人民利益的思想和主张。[1]

(一)家庭环境及教育的熏陶

1893年,宋庆龄出生于上海的一个基督教家庭。她的父亲宋嘉树青年时期曾在美洲做工,在美国接受过教育,回国后在上海任基督教牧师,后来又经营工商业,[2]是国内最早受到孙中山革命宣传影响的人物之一。母亲倪桂珍是我国最早皈依基督教的明朝著名科学家徐光启的后代,是一位虔诚的基督教徒,一位思想上受西方影响较深的、杰出的东方知识女性。[3]

宋庆龄从小就深受西式教育的影响。7岁时,宋庆龄进入上海的新式女子学校读书,于1908年和妹妹宋美龄一起离开上海赴美求学,16岁时考入美国威斯利安女子学院(Wesleyan College)文学系读书。入学后,宋庆龄对哲学课程特别感兴趣,在和父亲的书信来往中,她表达了对国内历史和局势的关注。

1912年4月,在国内辛亥革命取得胜利后,宋庆龄在威斯利安女子学院院刊上发表政论性文章《二十世纪最伟大的事件》,高度评价了辛亥革命的伟

---

[1]. 关于宋庆龄妇女解放思想与和平主张的相关内容,本部分参考了王蔚《建国初期宋庆龄和平外交思想述论》,载上海孙中山故居宋庆龄故居和陵园管理委员会、上海宋庆龄研究会编《纪念宋庆龄文集》,上海人民出版社,1993,第169~190页。
[2]. 尚明轩、陈民、刘家泉、赵楚云编《宋庆龄年谱》,中国社会科学出版社,1986,第4页。
[3]. 尚明轩、陈民、刘家泉、赵楚云编《宋庆龄年谱》,中国社会科学出版社,1986,第23页。

大意义。她写道，辛亥革命"这一非常光辉的业绩意味着四万万人民从君主专制制度的奴役下解放了出来，这一制度已持续四千多年……这一业绩也标志着一个王朝的覆灭，这个王朝所进行的残酷的剥削和自私自利，使得一度兴盛的国家沦于极度贫困。推翻满清政府就是铲除了一个充斥着野蛮习俗的、道德败坏的朝廷"。[1]她写道，"指出通向博爱之路的任务可能就落在中国这个最古老的国家身上"，"中国以它众多的人口和对和平的热爱——真正的本质意义上的热爱——将作为和平的化身站起来。它必将推动那个人道主义运动，即实现世界和平，使权利无需依靠军队和'无畏'战舰作后盾，一切政治分歧都将最后由海牙法庭来裁决"。[2]宋庆龄于1913年4月在威斯利安女子学院院刊上发表《现代中国妇女》一文。她满怀信心地表示，"用不着一个世纪的时间中国就会成为世界上教育程度最高的国家之一；中国妇女也将成为同男人们地位相等、平起平坐的伙伴"。[3]这一阶段可以看作宋庆龄思想形成的萌芽期。

（二）孙中山和平思想的影响

宋庆龄的父亲是孙中山的支持者和挚友，曾多次在家里接待孙中山，宋庆龄在童年时代就见过这位不凡的来访者。她非常爱戴和仰慕孙中山，深受其革命思想的影响。在辛亥革命胜利后，宋庆龄就对孙中山领导革命、建立中华民国、用共和国取代君主专制的政治主张感到由衷的喜悦。毕业回国后，

---

1. 宋庆龄：《二十世纪最伟大的事件（一九一二年四月）》，载《宋庆龄选集》（上卷），人民出版社，1992，第1页。
2. 宋庆龄：《二十世纪最伟大的事件（一九一二年四月）》，载《宋庆龄选集》（上卷），人民出版社，1992，第3~4页。
3. 宋庆龄：《现代中国妇女（一九一三年四月）》，载《宋庆龄选集》（上卷），人民出版社，1992，第7页。

第二章
中国妇女运动先驱的妇女解放思想与和平主张

她开始担任孙中山的英文秘书,开始了革命生涯,与孙中山在患难中建立了深厚的革命情谊。1915年10月25日,宋庆龄力排家庭和亲友的阻挠,和孙中山在东京结婚;婚后她继续担任秘书一职。她既是孙中山的生活伴侣,又是孙中山革命事业忠实的战友和助手。[1]

孙中山的和平思想,其一源于他青少年时期接受的基督教博爱思想的教育;其二源于中国传统道德仁爱思想的浸润。孙中山的和平思想不仅体现在实现和维护和平的手段上,也体现在和平建国的政治目标上。[2]宋庆龄的理想就是参加孙中山领导的"为求中国自由平等"的革命运动,她始终坚持孙中山的"必须唤起民众,及联合世界上以平等待我之民族,共同奋斗"遗嘱,始终坚持孙中山的中苏"两国在争取世界被压迫民族自由之大战中,携手并进以取得胜利"的理想,始终坚持"亚洲一家"、互相支援的主张,尤其坚持和发展了孙中山毕生为之奋斗的最崇高的理想:实现人类永久和平的大同世界。[3]这一时期是宋庆龄和平思想的成长期。

（三）宋庆龄和平思想进入成熟期

从孙中山去世到新中国成立,是宋庆龄和平思想的成熟期,这一时期的和平思想与她对一百年来中国国情和国际形势发展大势的把握以及对中华民族渴望和平的深刻理解密不可分。"九一八"事变拉开了中国人民艰苦抗战的序幕,也激发了宋庆龄强烈的爱国情怀,她面向英美等国民众发表文章和讲

---

1. 尚明轩、陈民、刘家泉、赵楚云:《宋庆龄年谱》,中国社会科学出版社,1986,第5~6页。
2. 史艺军、徐旭:《孙中山和平思想解析》,《辽宁师范大学学报》(社会科学版)2015年第3期。
3. 王蔚:《建国初期宋庆龄和平外交思想述论》,载上海孙中山故居宋庆龄故居和陵园管理委员会、上海宋庆龄研究会编《纪念宋庆龄文集》,上海人民出版社,1993,第171页。

话，揭露日本的侵略野心，表达中国人民坚持抗战的决心，以争取国际上对中国的同情和援助。

在1949年9月举行的中国人民政治协商会议第一届全体会议上，宋庆龄以激动的心情赞颂"这是一个历史的跃进，一个建设的巨力，一个新中国的诞生"。她指出"让我们现在就着手工作，建立一个独立、民主、和平与富强的新中国，和全世界的人民联合起来，实现世界的持久和平"。她认为中国人民的成就已经把整个世界的形势改变了，这种力量是不能毁灭的，"这种力量是未来世界安全的核心，它是世界和平力量的团结所产生的"。[1]

宋庆龄始终坚信在追求和平的道路上人民的力量是巨大的。1949年12月11日，宋庆龄在亚洲妇女代表会议上发表讲话指出，"在走向和平的道路上，全世界的妇女是极伟大的力量，就是她们，以国际民主妇联为代表，发起了今年四月在巴黎和布拉格召开的世界和平大会……争取同一个目的——世界和平"。[2]

早年留学美国，在美国的生活和学习经历、所见所闻，以及当时中国及世界的形势发展塑造了宋庆龄早年的妇女解放与和平思想；与孙中山结为夫妻后，孙中山的民族、民主主义思想对她的革命人生产生极为深远的影响。宋庆龄的一生有两个主要的奋斗目标：争取中国的独立、民主和富强；维护世界和平。对宋庆龄而言，"世界和平以及中国在实现这一目标中的作用后来

---

1. 宋庆龄：《在中国人民政治协商会议第一届全体会议上的讲话（一九四九年九月）》，载《宋庆龄选集》（上卷），人民出版社，1992，第468、470~471页。
2. 宋庆龄：《在亚洲妇女代表会议上的讲话（一九四九年十二月十一日）》，载《宋庆龄选集》（上卷），人民出版社，1992，第495页。

第二章
中国妇女运动先驱的妇女解放思想与和平主张

一直是她漫长的一生中所最关心的事情,此外就是国家复兴和社会公正"。[1]

二 蔡畅妇女解放思想与和平主张的产生

蔡畅(1900~1990年),出生于中国湖南。她在青年时代投身革命,在中国革命的各个历史时期都站在斗争的前列。她是红军长征队伍中年龄最大的女红军,长期致力于党领导下的妇女解放事业,为中国人民和中国妇女解放做出了巨大贡献。新中国成立以后,蔡畅长期担任党、国家和全国妇女组织的领导职务,曾任中国共产党第七至第十一届中央委员会委员,第四、第五届全国人民代表大会常务委员会副委员长,全国妇联第一、第二、第三届主席,第四届名誉主席,为中国的革命事业和社会主义建设事业、为中国妇女解放和国际进步妇女运动做出了卓越的贡献。蔡畅是国际进步妇女运动著名活动家,曾多次担任国际民主妇联领导职务,主持国际进步妇女运动大会,为保卫世界和平而努力。中共中央、全国人大常委会发表的讣告中称蔡畅为"中国共产党优秀党员,久经考验的、忠诚的共产主义战士,杰出的无产阶级革命家,中国妇女运动的先驱和卓越领导者,国际进步妇女运动的著名活动家"。[2]

(一)受母亲葛健豪的深刻影响

蔡畅的母亲葛健豪(时名葛兰英)是一位伟大的女性,她生长在封建的中国,却有着超越时代的刚强的个性和坚定的政见,与唐群英、秋瑾并称

---

1. 〔美〕伊斯雷尔·爱泼斯坦:《宋庆龄:20世纪的伟大女性》(上册),沈苏儒译,新星出版社,2015,第4页。
2. 《杰出的无产阶级革命家妇女运动的先驱 蔡畅同志在京逝世 中共中央、全国人大常委会发表讣告(1990年9月12日)》,《人民日报》1990年9月12日。

"潇湘三女杰"。蔡畅、蔡和森兄妹之所以能成为共产党人，母亲的影响功不可没。

根据《葛健豪传》，1913年，接受革命思想影响的葛健豪变卖自己的衣物和金银首饰等妆奁，带着儿子蔡和森、女儿蔡畅及蔡畅的姐姐蔡庆熙一起进学校求学，高级小学毕业后回到家乡办了一所"二女校"并自任校长，年仅14岁的蔡畅（时名蔡咸熙）在女校当起了教员。葛健豪不仅自己不断地寻求进步，还给予年轻人必要的理解和帮助。蔡畅的父亲蔡蓉峰素来认为女孩子应遵守"娘家做女，莫出闺门"的古训，不喜女孩子读书，自作主张地将蔡畅卖给一位地主做妾。葛健豪对丈夫的行为极为愤慨，悄悄帮助女儿逃走，从而改变了蔡畅的命运。不久，葛健豪带着女儿和外孙女前往长沙继续学习，结识了儿子蔡和森的密友毛泽东、萧子升等，开始了自己的革命生涯。1919年，葛健豪成为第九届赴法勤工俭学的学生中最年长的一位，她以顽强的毅力刻苦学习，激励着身边的革命青年。出生在封建社会的葛健豪用"叛逆"和精彩的一生，给儿女们树立了榜样。[1]

蔡畅的秘书蔡阿松在回忆文章中写道："蔡畅的成长离不开母亲的支持和影响，她身上流淌着母亲的血，而又不仅仅是母亲的血……"她将葛健豪对蔡畅的影响简单概括为：由于葛健豪敢于向封建传统挑战，蔡畅从小便多了些自由和欢乐；葛健豪把家搬到长沙，不仅支持儿女上学，而且支持儿女们的革命活动；54岁的葛健豪毅然和子女们远涉重洋，赴法勤工俭学；儿女们献身革命事业，葛健豪则在长沙办起女子学校，还担起了抚养后代的重任。全

---

1. 李伶伶：《葛健豪传》，中国妇女出版社，2005。

第二章
中国妇女运动先驱的妇女解放思想与和平主张

国人大常委会原副委员长许德珩给葛健豪的题词是"母仪是式,亮节高风"。[1]

美国女作家尼姆·威尔斯(Nym Wales)在《续西行漫记》中写道:"蔡畅至今还很崇拜她的母亲,这位老人五十岁才进小学,在她的影响下,孩子们日后成了共产党员。"[2]蔡畅将母亲的反抗精神内化为自己的思想,一生为妇女解放而斗争。

(二)在周南女校[3]的思想萌芽阶段

在母亲的支持下,蔡畅考入长沙的周南女校音乐体育专修科,自己改名为蔡畅,1916年春毕业后留校任体育教员。

周南女校由教育家朱剑凡创办,是湖南第一所正规的女子中学,其办学宗旨是"启迪民智,救亡图存,解放妇女"。[4]朱剑凡思想进步,他提倡的教育救国、解放妇女等主张对蔡畅影响至深。蔡畅很珍惜在这里接受良好的新式教育的机会。留校任教之后,蔡畅严格要求自己,以母校的办校宗旨培育学生。在这里,她还结识了向警予、陶毅、劳君展、周敦祥等进步学生。

蔡畅从自己的人生经历和母亲身上体悟出朴实的女权思想,而这一思想在周南女校的学习工作生活中得以进一步发展,最终孕育、萌发出系统的妇

---

1. 蔡阿松:《蔡畅和她的母亲》,《湖南党史月刊》1993年第7期。
2. 〔美〕尼姆·威尔斯:《续西行漫记》,陶宜、徐复译,解放军文艺出版社,2002,第171页。
3. 周南女校的校名经过多次变化,从1905年初建,历经周氏家塾、湖南私立周南女子师范学校(1905~1916年)、湖南私立周南女子中学(1916~1920年)、湖南代用女子中学(1920~1927年)、湖南私立周南女子中学(1928~1938年)等阶段(万琼华:《近代女子教育思潮与女性主体身份建构——以周南女校(1905—1938)为中心的考察》,中国社会科学出版社,2010)。
4. 万琼华:《近代女子教育思潮与女性主体身份建构——以周南女校(1905—1938)为中心的考察》,中国社会科学出版社,2010,第99页。

女解放思想。在其后的革命岁月里,她积极参加新文化运动等各种社会进步运动,与向警予共同组织成立了"湖南女子留法勤工俭学会",于1919年12月赴法国勤工俭学。到法国后,蔡畅进入蒙达尼女子中学学习,还在电灯厂、橡皮鞋厂、印刷丝手巾厂做过工。她于1920年加入新民学会,1922年加入中国社会主义青年团(旅欧支部),第二年转为中国共产党员(旅欧支部)。[1]青年时代的经历让蔡畅的妇女解放思想生根发芽。

尼姆·威尔斯这样评价道:蔡畅是中国共产党领导核心中唯一的一位妇女,自从向警予遇难后,她就成了中国最主要的女共产党员、最活跃的女革命家。她是世界上最出色的女革命家和最完美的女性。[2]

(三)赴苏联学习后的思想成熟阶段

1924年12月,蔡畅受中国共产党组织派遣前往苏联,进入培训中国早期共产主义志士的摇篮——东方劳动者共产主义大学[3]中国班学习,同时考察、研究苏联妇女儿童工作。她在后来担任中共两广区委妇委副书记、书记等职时的实践工作,都表明其深受在苏联时期的学习经历的影响。早在1925年11月,蔡畅就发表了《俄国革命与妇女》一文,介绍了俄国妇女运动的经验。她将在苏联的所见所闻和中国实际相结合,将中国妇女运动的状况与十月革命胜利后的苏联妇女状况进行比较,对中国妇女解放的方向有了初步的认识。

1.《蔡畅简介》,载中华全国妇女联合会编《蔡畅、邓颖超、康克清妇女解放问题文选(1938—1987)》,人民出版社,1988,第1页。
2.〔美〕尼姆·威尔斯:《续西行漫记》,陶宜、徐复译,解放军文艺出版社,2002,第182~183页。
3. 王琦:《东方劳动者共产主义大学——培养中国早期共产主义志士的摇篮》,"中俄关系的历史与现实学术讨论会"论文,2003。东方劳动者共产主义大学简称"莫斯科东方大学",其存在时期为1921~1938年。

第二章
中国妇女运动先驱的妇女解放思想与和平主张

《俄国革命与妇女》一文呼吁"中国妇女若求彻底的解放，只有团结起来！积极参加革命运动"！[1] 随后，她又发表《苏俄之妇女与儿童》，向妇女们宣传马克思主义妇女观，指出妇女被压迫的根源是私有制，要推翻旧制度才能获得妇女的解放："努力参加国民革命！推翻现制度，建设有利于妇女全人类的社会！"[2] 蔡畅对苏联妇女解放和中国妇女解放的思考，成为其妇女解放思想形成的标志。

在苏联期间，蔡畅认真学习苏维埃政府颁布的《劳动法》中关于女工的法律法规，结识当地的农工、农妇，这也促成她回国之后提出对中国女工的要求和希冀："妇女解放主要的内容，就是要在经济上翻身，所以我号召妇女起来分土地，分房子，生产。我们对劳动生产是看成最高贵，最有价值，最荣誉的事情，希望妇女能劳动致富，从经济上翻过身来"。[3]

在苏联的生活和斗争经历，也影响了她后来对中苏两国关系的判断。在抗日战争时期，蔡畅一再强调和呼吁中国妇女与苏联妇女一道结成一条世界妇女反法西斯的铁链，提出"中苏两国妇女有着共同一致的利害，血肉相连的联系"；"苏联妇女的胜利，可以促成中国抗战的成功"。[4] 蔡畅曾参

---

1. 蔡畅：《俄国革命与妇女（一九二五年十一月）》，载广东省档案馆、广东妇女运动历史资料编纂委员会编《广东妇女运动史料（1924—1927）》，广东妇女运动历史资料编纂委员会，1983，第28页。
2. 蔡畅：《苏俄之妇女与儿童（一九二五年十二月十日）》，载广东省档案馆、广东妇女运动历史资料编纂委员会编《广东妇女运动史料（1924—1927）》，广东妇女运动历史资料编纂委员会，1983，第31、33页。
3. 蔡畅：《一个女人能干什么（一九四七年八月三十日）》，载中华全国妇女联合会编《蔡畅、邓颖超、康克清妇女解放问题文选（1938—1987）》，人民出版社，1988，第119~120页。
4. 蔡畅：《妇女团结到反法西斯统一战线上来（一九四一年十月十二日）》，载中华全国妇女联合会编《蔡畅、邓颖超、康克清妇女解放问题文选（1938—1987）》，人民出版社，1988，第71~72页。

加红军长征；在漫长的征途中，政治宣传和鼓舞士气起到了很大作用，而蔡畅本人曾身体力行地在行军途中用讲故事的办法来振奋战士们的精神，"使他们听得入了神儿就忘记了行军的疲劳"。她最爱讲的就是有关苏联革命战争的故事。[1]

在苏联的学习和经历，开阔了蔡畅的视野，净化了她的思想，也使她明确了中国未来要走的道路。蔡畅从一个稚嫩的女学生成长为一个坚定的共产主义者、一个坚定的无产阶级革命战士。

三　邓颖超妇女解放思想与和平主张的产生

邓颖超（1904～1992年），出生于广西南宁。邓颖超是伟大的无产阶级革命家、政治家，著名社会活动家，坚定的马克思主义者，党和国家的卓越领导人，中国妇女运动的先驱。[2]邓颖超在青年时代便投身于中国的革命运动，在70多年的革命生涯中，她有50多年从事妇女工作。她紧密地将马克思主义妇女观和中国革命实践相结合，提出了很多符合中国国情的妇女解放理论观点。

（一）五四运动和天津妇女运动的影响

邓颖超出身于没落的封建官僚家庭，自幼丧父，靠母亲行医、教书过着清贫的生活。她于1913年至1920年接受小学和师范教育，后任小学教员。[3]早

---

1. 邵雍：《长征中的女红军》，《上海师范大学学报》(哲学社会科学版)2014年第4期。
2.《邓颖超同志病重弥留之际 党和国家领导人前去看望（1992年7月11日）》，《人民日报》1992年7月12日。
3.《邓颖超简介》，载中华全国妇女联合会编《蔡畅、邓颖超、康克清妇女解放问题文选（1938—1987）》，人民出版社，1988，第5页。

第 二 章
中国妇女运动先驱的妇女解放思想与和平主张

年的生活经历加深了她对旧社会妇女地位的不公平、不合理状况的了解，使她很小就懂得了一个道理：做人要自立自强，尤其是女性。在天津直隶第一女子师范学校，邓颖超结识了刘清扬、郭隆真、张若名等一批优秀的妇女运动组织者、领导者。

1919年五四运动爆发后，天津妇女运动进入了新阶段，先后出现了天津女界爱国同志会、天津女权请愿团、女权运动同盟会直隶支部、女星社、天津妇女国民会议促成会、天津各界妇女联合会、妇女协会等进步妇女团体。邓颖超等一批青年马克思主义者和先进分子以这些团体为核心，争取团结广大妇女群众，紧密结合当时社会的主要问题，与压迫妇女的封建礼教和社会恶势力、帝国主义和反动军阀展开了英勇无畏的斗争。[1] 其中，女星社是由邓颖超等进步知识女性创办的、从事妇女运动的进步团体，她们通过《女星》《妇女日报》等出版物，宣传妇女经济独立、妇女解放与改造社会的思想；开办女星第一补习学校，推进女子教育；积极参加各种变革社会和维护妇女权益的实践活动；组织了讲演队，讲演内容包括呼吁妇女爱国，唤醒女子求学、求业的欲望，争取妇女独立，反对封建婚姻等。婚姻自由思想在五四时期得到了迅速发展。[2]

五四时期思想界的大变革，开启了中国妇女意识觉醒的新纪元，而邓颖超领导的天津早期妇女运动成为妇女意识觉醒的典型。虽然妇女解放意识的发展形势喜人，但因为当时中国仍处在半殖民地半封建的社会，妇女意识的

---

1. 中共天津市委党史资料征集委员会、天津市妇女联合会编《邓颖超与天津早期妇女运动》，中国妇女出版社，1987。
2. 张璐璐：《"五四"时期中国妇女意识觉醒之表现——以邓颖超领导的天津早期妇女运动为例》，《黑龙江史志》2009年第3期。

觉醒还是受到了客观环境的种种限制。五四运动后，随着马克思主义妇女观在中国的传播和中国共产党的成立，妇女解放运动发展到了新的阶段。邓颖超的妇女解放思想和中国的妇女解放运动一起发展。

（二）妇女解放思想与和平主张在抗战时期发展成熟

抗日战争全面爆发后不久，国共两党抗日民族统一战线的正式建立促进了妇女界统一战线的形成。这一时期，邓颖超为妇女运动的开展做了大量工作，她的妇女解放思想也在这一时期基本形成。

当时，邓颖超在武汉、重庆等地开展抗日民族统一战线工作，先后任中共中央长江局妇委委员，中共中央南方局委员、妇委书记，主要负责国统区的妇女统战工作。为扩大抗日民族统一战线，动员各界妇女群众起来参加抗日救亡运动，邓颖超在建立和发展妇女抗日统一战线方面所做的工作，促进了国统区各阶层妇女的抗日大团结。[1]

1938年2月7日，邓颖超在《新华日报》上发表《反对日寇侵略与中国妇女》一文，提出"中国妇女，只有在积极参加抗战中，求得国家的独立、民族的解放，才能获得妇女的解放"；提出战时中国妇女的主要工作和任务，应从妇女当时所处的社会现状出发，号召中国妇女团结抗日。[2]1938年5月18日，邓颖超以陕甘宁边区各界妇女联合会代表团团长的身份，出席了宋美龄在庐山主持的妇女谈话会，在会上做了《陕甘宁边区妇女运动概况》的报告，汇报

---

1. 李瑗：《邓颖超与抗日民族统一战线中的妇女运动》，《中共党史研究》1988年第3期。
2. 邓颖超：《反对日寇侵略与中国妇女（一九三八年二月七日）》，载中华全国妇女联合会编《蔡畅、邓颖超、康克清妇女解放问题文选（1938—1987）》，人民出版社，1988，第1页。

了边区的抗战概况并提出"陕甘宁边区妇女运动，不只是边区抗日救亡运动中的一部分，而且是全国抗日救亡运动与妇女运动的一部分。边区妇女运动的方针与发展，是在确定的国策——'贯彻抗战到底，争取国家民族最后胜利'的总方针之下，动员与组织全边区的广大妇女群众，为了保卫边区，保卫西北，保卫中国而奋斗，参加抗战动员工作的各方面，在神圣的民族自卫的抗战建国胜利中，求得妇女的解放"。[1]

这一时期是邓颖超妇女解放思想形成的重要阶段。通过妇女运动的实践，她已经对妇女解放有了明确认识，对妇女解放的方向、道路和原则也有了正确把握，邓颖超的妇女解放思想在解放战争和中国社会主义建设中逐步发展并日臻成熟。

第二节　战争与和平：中国妇女热爱和平但不惧怕战争

从抗日战争到解放战争，妇女解放先驱们始终认为妇女解放运动要融入国民革命和民族革命中，与整个国家的解放联系在一起。

一　抗战时期——呼吁妇女积极投身革命

抗日战争全面爆发后，在沦陷区、战区和大后方的女工们都经历了残酷的剥削与蹂躏。她们是日本资本家压榨、打骂与凌辱的对象，女工、童工没

---

[1] 邓颖超：《陕甘宁边区妇女运动概况（一九三八年五月十八日）》，载中华全国妇女联合会编《蔡畅、邓颖超、康克清妇女解放问题文选（1938—1987）》，人民出版社，1988，第16页。

有享受到任何被保护的待遇。女工被禁止参加任何组织,也不被允许参加抗日活动,并被限制接受文化教育等,而这些都是与"团结全民族坚持抗战"的国策,与抗战建国纲领所规定的"注意改善人民生活"的方针相违背的,[1]只有在陕甘宁边区、晋察冀边区等地,女工们才真正获得了全国未有的胜利。面对抗战大背景下中国妇女的悲惨遭遇,以宋庆龄、蔡畅和邓颖超为代表的中国妇女解放先驱,根据自己的革命经历对抗战时期的中国妇女提出了要求,呼吁妇女积极投身革命,加入抗战队伍,为实现民族解放而共同斗争。

宋庆龄在1924年就发表了关于妇女解放问题的演说,她指出:"妇女地位是一个民族发展的尺度。当今世界上,只有意识到这点的民族,才能成其为伟大的民族。""我恳切呼吁:东方和西方的妇女,为改造世界而联合起来!联合起来要求普遍裁军,废除歧视政策,废除不平等条约。我们妇女必定会取得成功。"[2]

抗日战争时期,宋庆龄多次呼吁受压迫的各国建立民族统一战线,恢复世界和平。宋庆龄认为,中国的命运是同世界和平的命运紧密相连的,对于消灭法西斯主义,世界各国政府和人民责无旁贷;抗日战争是包括广大妇女参加的人民战争,妇女应该加入抗战的洪流中,做抗战的先锋模范。她指出,"妇女解放和世界大多数大众的解放有共同的命运","争取和平与反侵略斗争是不可分离的。我们为着全人类的理性与幸福而战,为着全女性的解放和自

---

1. 蔡畅:《抗战中的中国女工(一九四〇年五月一日)》,载中华全国妇女联合会编《蔡畅、邓颖超、康克清妇女解放问题文选(1938—1987)》,人民出版社,1988,第39页。
2. 宋庆龄:《在神户高等女子学校的讲演(一九二四年十一月二十八日)》,载《宋庆龄选集》(上卷),人民出版社,1992,第22~23页。

第二章
中国妇女运动先驱的妇女解放思想与和平主张

由而战,打倒法西斯侵略强盗,和全世界被侵略的千万大众,站在一起"![1]在《双十节告全国妇女界》一文中,宋庆龄指出:"没有中国全民族的解放,妇女的解放是谈不到的。实在说起来,中国妇女肩上的任务,是比男子们更重些。所以中国妇女应当怎样加倍努力,团结在一起,以争取民族国家的独立自由,因而获得自己的解放。"[2]

蔡畅的妇女解放思想从一开始就坚持了马克思主义妇女解放思想的正确方向,在长达半个多世纪的革命生涯中,她为中国的妇女解放事业做出了卓越贡献,为国际妇女运动留下了宝贵的精神财富。当日本帝国主义的铁蹄踏上中国大地时,蔡畅指出,"法西斯主义是世界和平的敌人,法西斯铁蹄踏上地球的一天,就是世界和平受到威胁的一天";"我们全中国妇女,必须继续发展妇女界抗日统一战线,反对一切反苏反共的分子,更加紧自己内部团结,用我们妇女界的模范的行动,以推动全国人民的合作,全世界妇女的团结"。[3]

蔡畅认为女子和男子一样,同样可以成为抗日的一分子,必须"地无分南北,人无分老幼",团结全民族,发挥全民族每个人的力量,与全国同胞完成抗战建国事业,与全国妇女完成妇女解放事业;用女工们所愿意的各种适当的组织形式,把女工群众组织起来;要发挥女工的力量,就必须适当改善女工现在非常苛虐的生活;在即将召开的国民大会上,希望三民主义的宪法

---

1. 宋庆龄:《向全世界的妇女申诉(一九三八年三月七日)》,载《宋庆龄选集》(上卷),人民出版社,1992,第222页。
2. 宋庆龄:《双十节告全国妇女界(一九三八年十月九日)》,载《宋庆龄选集》(上卷),人民出版社,1992,第257页。
3. 蔡畅:《妇女团结到反法西斯统一战线上来(一九四一年十月十二日)》,载中华全国妇女联合会编《蔡畅、邓颖超、康克清妇女解放问题文选(1938—1987)》,人民出版社,1988,第71~72页。

必须有保护劳工、保护女工、允许工人有一切抗日的政治权利的规定，在宪法促成运动中切莫忽视中国女工的地位与权利；教育女工、组织女工，团结积蓄工人阶级的力量，准备配合争取民族解放的最后胜利。[1]

1939年9月，邓颖超在延安中国女子大学学生大会上做了《抗日民族统一战线中的妇女运动》报告，在报告中阐明了她的妇女运动观，即"妇女运动是人类解放的一部分，而不能把它孤立起来，不能把它与整个人类的解放的事业分开。在今天民族的观点上去看，又是民族解放的一部分，又是与民族解放互相关联而不能分开的"。[2]邓颖超还以中共中央南方局妇女运动委员会委员、妇委书记和国民参政会参政员的合法身份，结合动员妇女参加抗战的实践，积极为国统区妇女争取合法权益与自身解放，如推动劳动妇女文化普及工作、为妇女争取平等就业权、争取改善妇女生存福利条件、为妇女争取参政权等。

抗日战争全面爆发后，宋庆龄、蔡畅和邓颖超等中国妇女解放运动的先驱们，立足中国、放眼世界，将中国的民族独立与妇女解放、中国的抗日战争与世界人民的反法西斯运动视为一个有机整体，表现了战略家的气魄。在抗战的艰苦岁月里，她们结合时代背景和妇女运动现状，提出了一系列丰富的妇女解放思想和关于和平问题的主张，为国际妇女运动留下了宝贵的财富。

二 解放战争时期——反对内战、维持和平

建立和发展广泛的妇女统一战线是追求和平的一个重要方面，妇女始终

---

1. 蔡畅：《持久抗战中的中国女工（一九四〇年五月一日）》，载中华全国妇女联合会编《蔡畅、邓颖超、康克清妇女解放问题文选（1938—1987）》，人民出版社，1988，第40~41页。
2. 邓颖超：《抗日民族统一战线中的妇女运动（一九三九年九月）》，载中华全国妇女联合会编《蔡畅、邓颖超、康克清妇女解放问题文选（1938—1987）》，人民出版社，1988，第26页。

第二章
中国妇女运动先驱的妇女解放思想与和平主张

不渝地参加到中国各个时期的伟大的民族独立与人民民主斗争中,妇女运动也随着整个革命的发展而发展。在解放战争时期,国家在政治、经济、文化等各方面都面临新任务,中国妇女运动的先驱们认识到需要在原有的发展基础上建立更为广泛的妇女统一战线,服务于新的历史时期的国家发展。

对于中国妇女的地位,宋庆龄一直有深刻的认识。她指出:"军阀武人吸了人民的脂膏,不能保护人民,反为帝国主义做走狗,甘心做帝国主义压迫人民的工具。所以我们民族要在世界上生存,非一致联合打倒帝国主义不可。如要打倒帝国主义,又非先把帝国主义的工具——军阀打倒不可。"妇女的境遇更为可怜,"受了国际上重重压迫之外,还要多受一层男女不平等的压迫"。[1] 她因此主张妇女参加旨在反帝反军阀的国民革命运动,不能置身于国民革命运动之外,妇女解放运动是中国国民革命的一部分。

抗战胜利之后,宋庆龄将工作重点从抗战转向和平时期的建设工作。在给时任行政院善后救济总署负责人蒋廷黻的信中,她谈到中国福利基金会涉及的一些单位的利益:"在过去的战争年代里,它们当然只能从军事需要来考虑。现在,战争结束了,它们和附属于它们的医校、药厂和流动医疗队等都有必要建立在更坚实的、更稳定的基础上,以适应和平时期人民的需要。"[2] 在《保卫中国同盟声明》中,宋庆龄正式宣布将保卫中国同盟改名为中国福利基金会,她指出,战争以法西斯的失败而告终,并且带来和平。中国所遭受的创伤,需要很长时间才能治愈。中国的广大人民需要全世界的朋友和同情者

---

1. 宋庆龄:《为创办湖北妇女党务训练班敬告全国女界同胞书(一九二七年一月二十日)》,载《宋庆龄选集》(上卷),人民出版社,1992,第37页。
2. 宋庆龄:《致蒋廷黻(一九四五年十月二十五日)》,载《宋庆龄选集》(上卷),人民出版社,1992,第390~391页。

的大力援助。¹因此，这一时期，宋庆龄尽一切可能为中国人民医治战争创伤寻求援助。"我们怀着一种希望，靠着大家的努力，中国一定能够走上团结、和平的道路，进而达成天下一家的理想。"²

解放战争时期，蔡畅在多个国际场合揭露国民党的黑暗统治，揭露蒋介石在美帝国主义支持下发动全面内战的真相。1947年2月21～28日，蔡畅参加了国际民主妇联在捷克斯洛伐克首都布拉格召开的第一届理事会，并在大会上做了《为争取独立、民主、和平而奋斗的中国妇女》的报告，积极争取国际朋友的同情和支持。"和平民主正要到来，我们可以用最大的努力来恢复战争中的损失，建设一个和平民主独立的新中国。但是国民党反动派要维持法西斯的独裁统治，更勾结美国反动分子向中国人民及解放区发动大规模内战，战争的灾难又继续降临到全国人民的头上！""中共中央早就提出和平、民主、团结及成立联合政府的主张……各界人民也竭力为和平民主而奔走，乃产生了有名的'双十协定'。"妇女们积极参与反对内战、实现和平民主的运动。蔡畅呼吁全世界爱好和平的妇女团结起来，反对美国政府援助蒋介石打内战："我们有义务来参加全世界人民和平民主的斗争，同时也有权利要求全世界的人民，全世界的妇女给中国人民独立民主和平的斗争、妇女的解放以有力的援助！"³

---

1. 宋庆龄：《保卫中国同盟声明（一九四五年十二月）》，载《宋庆龄选集》（上卷），人民出版社，1992，第393～394页。
2. 宋庆龄：《平剧义演的意义（一九四六年五月三十一日）》，载《宋庆龄选集》（上卷），人民出版社，1992，第414页。
3. 蔡畅：《为争取独立、民主、和平而奋斗的中国妇女（一九四七年二月）》，载中华全国妇女联合会编《蔡畅、邓颖超、康克清妇女解放问题文选（1938—1987）》，人民出版社，1988，第103、116页。

第二章
中国妇女运动先驱的妇女解放思想与和平主张

日本帝国主义投降后,邓颖超一方面为争取国内和平而到处奔走,另一方面把妇女争取民主权利当作工作的重心,努力维护妇女的权利。她积极参加到土地改革中,发动广大劳动妇女群众积极参加土地改革,切实保障广大妇女的实际利益。邓颖超明确提出要改善妇女的生活,提高中国解放区妇女的政治地位。她指出"妇女本身,也只有通过参加民族民主革命运动才能逐渐摆脱使自己处于非人地位的封建束缚,走向解放"。[1] 她还鼓励妇女积极参加选举、参与政治,使自己的个性得到自由发展的机会。

1947年12月,邓颖超发表《土地改革与妇女工作的新任务》,认为妇女是改革土地制度和人民解放战争中一个不可忽视的极重要的力量,在土地改革中发动广大劳动群众积极参加,是整个运动中不可缺少与极重要的组成部分。她强调,"不发动农村劳动妇女群众参加土地改革,就不可能彻底完成消灭封建残余",主张"重视妇女群众的力量,要克服妇女除外的观点及轻视妇女的思想"。[2]

革命先驱们的妇女解放思想和关于和平的主张是马克思主义妇女解放理论与中国具体实际相结合的产物,它们不仅是新民主主义革命时期中国共产党领导妇女运动的思想武器和行动指南,也对中国现阶段加强和改善党对妇女工作的领导具有重要的指导意义。这些妇女解放思想理论性强、内容丰富深

---

1. 邓颖超:《中国解放区妇女的政治地位(一九四六年十一月八日)》,载中华全国妇女联合会编《蔡畅、邓颖超、康克清妇女解放问题文选(1938—1987)》,人民出版社,1988,第95页。
2. 邓颖超:《土地改革与妇女工作的新任务(一九四七年十二月九日)》,载中华全国妇女联合会编《蔡畅、邓颖超、康克清妇女解放问题文选(1938—1987)》,人民出版社,1988,第133~134、137页。

远、与社会实践联系紧密,为中国妇女运动做出了巨大的贡献。

第三节 和平共处:团结起来的妇女是世界和平的基础

新中国成立后,亚非拉国家的民族独立和解放运动进入一个新阶段,但当时的国际形势仍然十分严峻。中国妇女解放运动的先驱们期望民族解放、革命成功后的中国能成为世界和平的典范,她们看到了妇女团结的力量,相信"只要各国人民和妇女更进一步地加强团结,把和平的事业掌握在自己的手里,我们就一定能够赢得和平,赢得更大的胜利"![1]

一 宋庆龄——保卫和平不是任何个人所能够完成的事

在长期的国际活动中,宋庆龄为反对侵略战争,保卫世界和平,发扬进步文化,争取社会进步和人类幸福,增进与各国人民的友好往来,不懈地工作,受到各国友好人士的崇敬与爱戴。1951年,"加强国际和平"斯大林国际奖金委员会决定将1950年"加强国际和平"斯大林国际奖金颁发给宋庆龄,以表彰她在维护与巩固和平的斗争中做出的卓越贡献。[2] 通过《在"加强国际和平"斯大林国际奖金授奖典礼上的答词》,宋庆龄表达了"保卫和平不是任何个人所能够完成的事","我是以中国人民的一个代表来接受这个奖金的",中国人民"坚决地和全世界的和平战士团结在一起"的主张。她同时表示,中

---

1. 邓颖超:《把和平事业掌握在自己手里(一九五六年四月二十七日)》,载中华全国妇女联合会编《蔡畅、邓颖超、康克清妇女解放问题文选(1938—1987)》,人民出版社,1988,第274页。
2. 陈漱渝:《宋庆龄传》,人民日报出版社,2012,第364页。

第二章
中国妇女运动先驱的妇女解放思想与和平主张

国人民衷心希望生活在一个长久和平的环境里,也具有保卫和平的决心和勇气。[1] 宋庆龄在给时任全国妇联主席蔡畅的电报中写道:"让我们趁着斯大林国际和平奖金颁发的机会,重申保卫世界和平的决心。"[2]

新中国成立后,宋庆龄通过各种途径、以不同形式来表达自己对国际形势的看法与和平主张。她的论述已形成一个完整的体系。

第一,军事行动与和平、安全的关系。"我们决心全力支援我们的人民解放军,为使它能尽速完成解放战争,把帝国主义永远赶出中国,并消灭封建势力的最后残余。为把台湾还给它的合法主人——中国人民——而放射的每颗子弹,为解放西藏而采取的每个步骤,都意味着加强世界的安全……这种武装斗争的结果是有利于和平的。"[3]

第二,新中国对国际和平与安全的意义。"自一九四九年十月一日中华人民共和国成立那天起,获取世界和平的可能性已经大大地增加了。"[4] "中国人民的成就,已经把整个世界的形势改变了。反动势力如果挑起第三次世界大战,唯一结果,就是他们本身的灭亡。这种力量是不能毁灭的,它比之帝国主义的庞大军事力量,要大过无数倍。这种力量是未来世界安全的核心,它

---

1. 宋庆龄:《在"加强国际和平"斯大林国际奖金授奖典礼上的答词(一九五一年九月十八日)》,载《宋庆龄选集》(上卷),人民出版社,1992,第656~657页。
2. 宋庆龄:《致蔡畅(1951年4月13日)》,载上海宋庆龄故居纪念馆编《宋庆龄书信选编》,上海辞书出版社,2012,第175页。
3. 宋庆龄:《中国人民签名拥护世界和平——为〈真理报〉作(一九五〇年六月八日)》,载《宋庆龄选集》(上卷),人民出版社,1992,第551~552页。
4. 宋庆龄:《与〈红色权利报〉记者的谈话(一九五一年六月十日)》,载《宋庆龄选集》(上卷),人民出版社,1992,第647页。

是世界和平力量的团结所产生的。"[1]

第三，国家独立与和平的关系。"我们要争取和平，但不是说我们因此就降低我们争取国家独立的要求；降低我们应有充分自由选择和建立我们认为最适合我们国情和人民的任何政权形式的要求。"[2] "人民的政权与和平——这是中国今天两根坚强的柱子。"[3] "我们必须支持争取国家独立的一切正当要求，从而有利于各国人民的和平和安全。"[4]

第四，中苏关系对和平的意义。"中苏两国人民的这种兄弟般的友谊，乃是世界和平的坚强堡垒。中苏两国人民正在和平建设的大道上并肩前进，我们有充分的力量创造繁荣幸福的生活，也有充分的力量保卫祖国、保卫和平。"[5] 中苏"两国都是和平的国家，我们都在用和平的劳动创造着美满幸福的新生活，我们迫切地需要和平的环境来建设我们自己美好的国家。因而我们都在用一切力量，通过一切途径，来巩固和发展世界和平与国际安全的神圣事业"。[6]

---

1. 宋庆龄：《在中国人民政治协商会议第一届全体会议上的讲话（一九四九年九月二十一日）》，载《宋庆龄选集》（上卷），人民出版社，1992，第470页。
2. 宋庆龄：《在亚洲妇女代表会议上的讲话（一九四九年十二月十一日）》，载《宋庆龄选集》（上卷），人民出版社，1992，第496页。
3. 宋庆龄：《中国人民与和平（一九五二年五月）》，载《宋庆龄选集》（上卷），人民出版社，1992，第696页。
4. 宋庆龄：《和平能够取胜的明证（一九五四年五月）》，载《宋庆龄选集》（下卷），人民出版社，1992，第42页。
5. 宋庆龄：《在中国人民保卫世界和平委员会扩大常务委员会会议上的讲话（一九五三年一月二十六日）》，载《宋庆龄选集》（下卷），人民出版社，1992，第2页。
6. 宋庆龄：《在庆祝十月社会主义革命三十七周年大会上的讲话（一九五四年十一月六日）》，载《宋庆龄选集》（下卷），人民出版社，1992，第53~54页。

第二章
中国妇女运动先驱的妇女解放思想与和平主张

第五,关于和平共处五项原则。"和平共处正是各阶层人民一致行动以争取世界安宁的一个号召","和平共处这一观念是以事实为根据,而且是大多数人类的意志"。"这并不是在软弱的地位来拥护和平的,也不是藉此来争取一些让步或时间的。相反的,和平共处的观念是从对人民大众的实力与能力怀有无比信心,从坚定的信仰中产生的。""敌人为制造战争出一分力量,我们就要为和平出两分力量。"[1] 日内瓦会议成果显示,"各国之间只要互相尊重领土完整与主权,而不是由一个国家统治与剥削另一个国家,和平共处便有可能"。[2] 互相尊重领土和主权完整、互不侵犯、互不干涉内政、平等互利、和平共处这五项原则在印度被称为"潘查希拉","它是维护和平的新力量的最高体现"。[3] "它向全人类宣布:如果把五项原则作为国际行为的标准的话,人们将获得和平,人们将获得合作和友谊。"[4]

第六,世界和平与福利事业的关联。"福利事业在新中国所表现的空前进步,反映了我们对于和平的热切愿望。"[5] 劳动保险、各种福利工作、根治水灾、儿童保育、医疗、工人的住宅和工人区的现代设备,以及各种各样的农村福利工作等,所体现的进步都是从一个个珍视和平并维护国际和平关系的

---

[1] 宋庆龄:《论和平共处——为世界和平理事会杂志〈保卫和平〉作(一九五一年六月一日)》,载《宋庆龄选集》(上卷),人民出版社,1992,第642~643、645页。

[2] 宋庆龄:《关于印度支那停战达成协议的书面谈话(一九五四年七月二十六日)》,载《宋庆龄选集》(下卷),人民出版社,1992,第48页。

[3] 宋庆龄:《维护和平的新力量(一九五五年十月)》,载《宋庆龄选集》(下卷),人民出版社,1992,第137页。

[4] 宋庆龄:《五大原则(一九五五年三月二十五日)》,载《宋庆龄选集》(下卷),人民出版社,1992,第87页。

[5] 宋庆龄:《福利事业与世界和平(一九五一年十月)》,载《宋庆龄选集》(上卷),人民出版社,1992,第673页。

政策中产生的。有了和平才可以进一步发展为人民服务的事业，扩大我们对世界福利的贡献。[1]

第七，世界和平与妇女儿童权利的关系。"保卫和平和保卫妇女儿童的权利都是紧密相连结成一体的。""我们妇女要求一个和平宁静的世界，因为在任何战争中，妇女总是最先和最沉重的受害者。因此，我们是站在斗争的最前线，为改善人类生活条件，为把我们自己全体毫无例外地在社会地位方面提高到与人类科学知识水平相称的高度而奋斗。"[2]

新中国成立后，宋庆龄作为重要的国家领导人，开展了大量国务活动；先后出访印度、缅甸、巴基斯坦、印度尼西亚和锡兰（今斯里兰卡）这五个亚洲国家，就是她为增进中国人民和世界各国人民的友谊所取得的一项丰硕成果。1955~1956年，宋庆龄出访印度、缅甸、巴基斯坦三国，与这三国的重要领导人及各界人士接触，了解了三国的经济、社会和文化状况，也表达了与邻国和平共处、共同发展的愿望。[3]她不论走到什么地方，都受到了盛大而热烈的欢迎。她成为加强中国与各国人民特别是各国妇女之间友谊的纽带。争取妇女的自由和平等权利是宋庆龄一生奋斗的事业，是她革命运动的重要组成部分。而她也以自己的政治身份亲身实践了妇女运动，在国际场合呼吁更多的妇女参与公共事务，使得被边缘化的妇女与妇女团体的声音能够被听到，也给今天的妇女运动带来借鉴和启示。宋庆龄关于妇女、和平与安全的

---

1. 宋庆龄：《福利事业与世界和平（一九五一年十月）》，载《宋庆龄选集》（上卷），人民出版社，1992，第673~676页。
2. 宋庆龄：《我们将尽一切力量维护和平（一九五五年五月三十日）》，载《宋庆龄选集》（下卷），人民出版社，1992，第107页。
3. 陈漱渝：《宋庆龄传》，人民日报出版社，2012，第376页。

论述为当今全球妇女运动留下了宝贵财富。

二 蔡畅与邓颖超——把和平事业掌握在自己手里

蔡畅是中国妇女运动的先驱者和具有国际视野的领导者,长期参与国际民主妇联的领导工作。蔡畅关于战争与和平的论述可以概括为三个主要方面。

第一,为实现人类和平而反对帝国主义、国内反动派。1949年12月10日,亚洲妇女代表会议在北京召开,蔡畅作为国际民主妇联副主席在大会上致开幕词。她指出:"我们要更紧密地团结起来,为了民族解放,为了自身和孩子们的幸福,为了全人类和平美好的将来,毫不犹豫地、机警地、灵活地为反对帝国主义及本国反动政府而斗争不息!"[1]

第二,在抗美援朝运动中对妇女进行爱国主义教育。1951年2月15日,蔡畅在《人民日报》发表题为《在伟大爱国主义旗帜下进一步联系与教育广大妇女》的文章,指出"当前中国妇女运动的中心的政治任务,是要继续发动全体妇女参加抗美援朝、反对帝国主义重新武装日本的运动,使妇女界的抗美援朝运动,能在全国范围内更加扩大和步步深入"。[2]

第三,与各社会主义国家妇女代表和国际民主妇联的代表进行交流,"有助于进一步加强社会主义各国妇女的亲密团结和合作,加强全世界各国妇女

---

1. 蔡畅:《民族解放与妇女解放的关系(一九四九年十二月十日)》,载中华全国妇女联合会编《蔡畅、邓颖超、康克清妇女解放问题文选(1938—1987)》,人民出版社,1988,第164页。
2. 蔡畅:《在伟大爱国主义旗帜下进一步联系与教育广大妇女(一九五一年二月十五日)》,载中华全国妇女联合会编《蔡畅、邓颖超、康克清妇女解放问题文选(1938—1987)》,人民出版社,1988,第209页。

在保卫和平、保卫妇女权利、保卫儿童的事业中的大团结"。[1]

对占世界人口一半的妇女来说,妇女问题历来就是国际问题,妇女解放的最终目标是要实现全世界妇女的解放。新中国成立前邓颖超即指出,"中国妇女对中国以及世界和平应作出她应有的贡献"。[2] 新中国成立后,邓颖超关于和平问题的论述集中体现在1956年4月27日邓颖超在国际民主妇联北京理事会的发言以及其他文献的相关论述中,可简略概括为六个方面。

第一,由于爱好和平的国家、爱好和平的人民和妇女的共同努力,紧张的国际形势有了进一步的缓和,保卫和平的力量更加强大。妇女要同全世界各国人民一起,继续坚持不懈地担负起保卫和平、制止战争的责任。

第二,没有和平就没有民族独立与民主自由,就根本谈不上妇女的权利。在保卫和平、保卫民族独立与民主自由的前提下,应该照顾妇女的具体情况和特殊权益,鼓励妇女更积极地发挥作用、贡献力量,从而更有助于加强和推进整个民族解放和保卫和平的事业。

第三,广大中国妇女正在同全国人民一起,用自己的和平劳动,为发展国民经济、发展科学文化,为建设社会主义的祖国,创造更美好的未来而努力。

第四,热烈拥护中印两国共同提出的和平共处五项原则和万隆会议的精神,以协商的方式解决国际争端。"大家本着求同存异的精神,寻求和扩大我

---

1. 蔡畅:《厉行勤俭建国,勤俭持家(一九五七年九月九日)》,载中华全国妇女联合会编《蔡畅、邓颖超、康克清妇女解放问题文选(1938—1987)》,人民出版社,1988,第303页。
2. 邓颖超:《为出席国际妇女会议事对记者发表谈话(一九四六年九月六日)》,载中华全国妇女联合会编《蔡畅、邓颖超、康克清妇女解放问题文选(1938—1987)》,人民出版社,1988,第90页。

第二章
中国妇女运动先驱的妇女解放思想与和平主张

们的共同点,从具体问题的合作,逐步达到全面合作,用反复协商的办法,来解决可能解决的分歧,互相尊重,平等互利,互相信任,互不干涉,我们就一定能达到友好合作、和平共处。"

第五,通过友好往来,"我们从各国姐妹那里学得了有益的知识和经验,增进了彼此间的了解和信任,我们深信这是有利于和平事业发展的"。[1] 在其他场合,邓颖超也强调中国妇女与世界其他国家的妇女建立联系的重要性,认为其在帮助扩大与加强国际妇女反对战争、保卫和平、保卫妇女儿童权利的统一战线方面,起到一定的作用。[2]

第六,台湾是中国不可分割的领土的一部分,"我们一定要解放台湾。但是我们要努力争取能够用和平的方式解放台湾。这不仅使台湾的姐妹能够早日回到祖国的怀抱,而且有利于亚洲和世界的和平"。[3]

邓颖超的这些有创见性的观点得到了世界各国妇女代表的支持和称赞,加深和促进了国际妇女与中国妇女之间的认识和联系,为中国妇女在国际上加强影响力和提高地位奠定了基础。在发言的最后,邓颖超代表中国妇女发出强有力的声音:"我们相信,只要各国人民和妇女更进一步地加强团

---

1. 以上各点内容主要参见邓颖超《把和平事业掌握在自己手里(一九五六年四月二十七日)》,载中华全国妇女联合会编《蔡畅、邓颖超、康克清妇女解放问题文选(1938—1987)》,人民出版社,1988,第270~274页。

2. 邓颖超:《四年来中国妇女运动的基本总结和今后任务(一九五三年四月十六日)》,载中华全国妇女联合会编《蔡畅、邓颖超、康克清妇女解放问题文选(1938—1987)》,人民出版社,1988,第236页。

3. 邓颖超:《把和平事业掌握在自己手里(一九五六年四月二十七日)》,载中华全国妇女联合会编《蔡畅、邓颖超、康克清妇女解放问题文选(1938—1987)》,人民出版社,1983,第271~272页。

结，把和平的事业掌握在自己的手里，我们就一定能够赢得和平，赢得更大的胜利！"[1]

妇女解放先驱们在各个时期都十分重视中国妇女解放事业与国际妇女运动的密切联系，致力于加强中国妇女与社会主义国家、第三世界和全世界的团结合作，为维护世界和平做出了重要贡献。[2]

小　结

宋庆龄、蔡畅和邓颖超的妇女解放思想与和平主张的主要论述集中在改革开放之前，跨越中国民族民主革命、社会主义革命与建设时期。先驱们充分认识到，无论是在民族解放战争中，还是在维护世界和平中，中国妇女都是一支不容忽视的力量。

先驱们的妇女解放思想与和平主张随着中国革命与建设实践的发展而不断深化，但贯穿其中的基本思想是：妇女解放不是孤立进行的，它是社会解放和革命事业的一部分。在民主革命时期，它与国家独立、民族解放和被压迫阶级的解放相联系；在社会主义建设时期，它与社会主义的物质文明和精神文明建设相联系。她们所提出的"福利事业在新中国所表现的空前进步，反映了我们对于和平的热切愿望"，以及"用自己的和平劳动，为发展国民经

---

1. 邓颖超：《把和平事业掌握在自己手里（一九五六年四月二十七日）》，载中华全国妇女联合会编《蔡畅、邓颖超、康克清妇女解放问题文选（1938—1987）》，人民出版社，1983，第274页。
2. 郑文娟：《蔡畅与陈独秀妇女解放思想比较研究》，《理论与现代化》2016年第2期。

第二章
中国妇女运动先驱的妇女解放思想与和平主张

济、发展科学文化,为建设社会主义的祖国,创造更美好的未来而努力"的洞见,都阐释了社会发展与世界和平之间的关系,是超越了传统战争与和平关系的观点。

以宋庆龄、蔡畅、邓颖超为代表的中国妇女解放先驱们把一生献给了中华民族的解放和和平事业,其间经历了严酷的战争和艰苦的斗争。新中国成立后,轰轰烈烈的社会主义建设新局面让她们感受到只有和平才是一切发展的前提,妇女是世界和平坚定的保卫者。中国妇女解放先驱的妇女解放思想与和平主张展现的深远影响和强大生命力,将不断鼓舞后人为实现全人类的平等、和平与安全而奋斗。

第三章 改革开放后中国妇女为和平与安全努力的历史进程

1978年12月18~22日,中国共产党第十一届中央委员会第三次全体会议召开。这是新中国成立以来在中国和世界历史上都具有深远意义的历史事件。十一届三中全会后,中国进入改革开放的新时代,中国与世界的关系也迈进一个新阶段。章百家将从改革开放到2000年中国外交的特点概括为"改革开放、面向未来的中国外交(1978~2000)",为实行改革开放,中国需要一个更稳定、更有利的国际环境,于是中国告别了以往那种带着浓重意识形态色彩的理想主义的"革命外交",以积极主动的姿态自觉地朝着全面融入现存国际体系的道路前进。[1] 中国坚定不移地走和平发展道路,谋求合作共赢,以渐进的方式推动国际秩序的改进。[2]

伴随着中国对国际形势的基本判断与国家内外政策的调整,以全国妇联为代表的中国妇女组织和中国妇女运动的任务和对外交流合作的内容也发生

---

1. 章百家:《改变自己 影响世界——20世纪中国外交基本线索刍议》,《中国社会科学》2002年第1期。
2. 章百家:《我们怎样走向世界——新中国外交视角与观念的演变》,《史学月报》2019年第9期。

了相应的变化。作为1995年召开的联合国第四次世界妇女大会的承办国，中国对促进全球平等、发展与和平事业做出了重要贡献。在此过程中，中国妇女关于和平与安全的观念也得到进一步的丰富和发展。本章主要探讨从改革开放到21世纪初中国妇女致力于实现和平与安全的奋斗历程。

第一节 改革开放后中国妇女为和平与安全努力的背景

20世纪70年代后期，在中国内外政策逐步调整的同时，中国的妇女工作也开始了相应的调整。随着中国在联合国合法席位的恢复，中国妇女开始参与联合国关于妇女、和平与发展的重大国际妇女活动。1972年，联合国将1975年确定为"国际妇女年"，并决定于该年在墨西哥城举办联合国国际妇女年世界会议（即"第一次世界妇女大会"）。1975年，中国派代表团参加了第一次世界妇女大会。国际、国内环境直接影响到中国妇女对和平安全的看法。

一 20世纪70年代初中国妇女工作的逐步调整

"文化大革命"初期，中国外交受到极大的干扰，遭受很大的损失。到20世纪70年代初期，周恩来等国家领导人开始逐步纠正错误，尽可能减少"文化大革命"给中国外交带来的负面影响。1971年中国恢复在联合国的合法席位，但当时全国妇联的工作仍基本处于停滞状态。1973年3月8日，全国妇联

第三章

改革开放后中国妇女为和平与安全努力的历史进程

主任[1]蔡畅、副主任邓颖超出席中联部、外交部为国外专家及其家属举行的庆祝"三八"国际劳动妇女节茶会,周恩来总理在会上发表了讲话。[2]

1974年1月,联合国妇女地位委员会第二十五届会议在纽约召开,以李毅为团长的中国妇女代表团一行4人代表中国政府参加了此次会议。这是中国首次当选为该委员会成员。1975年2月21日,中国妇女第四次全国代表大会筹备组成立。1975年6月19日至7月2日,中国全国人大常委会副委员长李素文率中国代表团参加在墨西哥城举行的联合国第一次世界妇女大会。1976年1月10日,《中国妇女》杂志恢复出版,先行试刊。[3]

1977年3月24日,中共中央决定由康克清主持全国妇联工作,成立以康克清为组长的全国妇联领导小组。[4] 1978年3月4日,全国妇联在人民大会堂召开首都各界妇女纪念"三八"国际劳动妇女节座谈会,到会代表有200余人。中共中央政治局候补委员、国务院副总理陈慕华,全国人大常委会副委员长、全国妇联主任蔡畅,全国人大常委会副委员长、全国妇联副主任邓颖超及副

---

1. 1966年10月12日,全国妇联发出通知,遵照党中央1966年8月26日的通知,从现在起将全国妇联主席、副主席改称主任、副主任(全国妇联办公厅:《中华全国妇女联合会四十年(1949~1989)》,中国妇女出版社,1991,第181页)。1978年9月8日,中国妇女第四次全国代表大会在北京召开,全国人大常委会副委员长、全国妇联主任蔡畅主持开幕式。9月19日,会议选举康克清为全国妇联主席,史良等为副主席(全国妇联办公厅:《中华全国妇女联合会四十年(1949~1989)》,中国妇女出版社,1991,第197~199页)。这一变化可被视为全国妇联负责人的称谓从主任、副主任改回主席、副主席的标志。
2. 全国妇联办公厅:《中华全国妇女联合会四十年(1949~1989)》,中国妇女出版社,1991,第188页。
3. 中华全国妇女联合会编《中国妇女运动百年大事记》,中国妇女出版社,2003,第179~180页。
4. 全国妇联办公厅:《中华全国妇女联合会四十年(1949~1989)》,中国妇女出版社,1991,第193页。

主任史良、章蕴、康克清出席了会议。这是"文化大革命"结束以后，第一次以全国妇联的名义召开的座谈会。7月15日《中国妇女》杂志正式复刊，宋庆龄副委员长为该杂志复刊写了祝贺词。9月8～17日，中国妇女第四次全国代表大会在北京隆重召开。[1]

根据当时中国对国际形势的认识，中国妇女第四次全国代表大会通过的《中华全国妇女联合会章程》规定："遵循毛主席关于三个世界的理论，加强和发展同世界各国妇女的团结和友谊，支持各国妇女反帝反殖反霸和维护妇女儿童权益的斗争。"[2]

可见，与新中国成立初期的情况相同，当时全国妇联的立场与当时中国政府对国际国内形势的认识是完全一致的。

二 改革开放后中国妇女为和平与安全努力的国内外环境

十一届三中全会后，特别是20世纪80年代前半期，中国的对外政策开始进行调整。1984年2月22日，邓小平在会见美国乔治城大学战略与国际问题研究中心代表团时谈道："中国人不比世界上任何人更少关心和平和国际局势的稳定。中国需要至少二十年的和平，以便聚精会神地搞国内建设。"[3] 1984年5月29日，邓小平指出，"现在世界上问题很多，有两个比较突出。一是和平问题。现在有核武器，一旦发生战争，核武器就会给人类带来巨大的损失。要争取和

---

1. 全国妇联办公厅：《中华全国妇女联合会四十年（1949～1989）》，中国妇女出版社，1991，第194、197～198页。
2. 全国妇联办公厅：《中华全国妇女联合会四十年（1949～1989）》，中国妇女出版社，1991，第508页。
3.《邓小平文选》第3卷，人民出版社，1993，第50页。

第三章
改革开放后中国妇女为和平与安全努力的历史进程

平就必须反对霸权主义,反对强权政治。二是南北问题。这个问题在目前十分突出。发达国家越来越富,相对的是发展中国家越来越穷。南北问题不解决,就会对世界经济的发展带来障碍"。[1] 1985年3月4日,邓小平在会见日本商工会议所访华团时进一步提出:"现在世界上真正大的问题,带全球性的战略问题,一个是和平问题,一个是经济问题或者说发展问题。和平问题是东西问题,发展问题是南北问题。概括起来,就是东西南北四个字。南北问题是核心问题。"[2]

邓小平将和平与发展理解为当今世界需要解决的两大"问题",这一判断使人们逐渐认识到在国际社会维持大国间的整体的和平状态是可能的。这里的和平显然仍是"没有战争"这个传统定义。然而,和平所带来的不仅仅是"没有战争",在和平的背景下,"发展"成为中国这一阶段的中心任务。和平与发展的关系或许可以概括成"以和平求发展""为了发展必须保证和平",发展成为这个阶段的重中之重。和平与发展是当今时代主题,这一重大判断直接影响到中国妇女为和平与安全而努力的进程。

从改革开放政策提出到21世纪初期,参照中国对国际形势的认识、中国对外关系史发展的脉络以及中国妇女运动发展的关键节点,中国妇女为和平与安全而努力的历程可以分为以下两个阶段。

第一阶段为从1978年到1991年。改革开放之后,随着邓小平提出和平与发展的时代主题,中国妇女运动与国家建设一起进入了新的历史阶段,以全国妇联为主体的中国妇女界与世界各国的双边和多边活动不断拓宽与深化,中国

1.《邓小平文选》第3卷,人民出版社,1993,第56页。
2.《邓小平文选》第3卷,人民出版社,1993,第105页。

直接参与了联合国提高妇女地位的重要会议与机制建设工作，致力于实现平等、发展与和平的伟大事业。

第二阶段为从1992年到21世纪初期。从中国政治与外交发展的轨迹来看，中国对时代主题的基本判断仍是"和平与发展"。同时，无论是在中国对外关系史还是在中国妇女发展史上，都出现了一个重大的历史契机。1991年1月28日，中国外交部长钱其琛正式致函联合国秘书长，邀请1995年世界妇女大会在北京召开。1992年3月，联合国妇女地位委员会决定接受中国政府的申请。1995年8～9月，北京承办了联合国第四次世界妇女大会和'95非政府组织妇女论坛，大会通过了《北京宣言》和《行动纲领》，社会性别（gender）、赋权妇女（women's empowerment）、"妇女的权利是人权"（Women's rights are human rights）等观念的影响逐步深入，平等、发展与和平进一步成为全球妇女运动的核心议题，也成为中国妇女参与对外交往活动的主要内容。

在中国妇女对外交往和对和平问题的认识上，20世纪90年代初是一个重要的分界点，对中国妇女与世界建立更密切的联系、大规模地与联合国和国际非政府组织接触、促进中国非政府组织的成长都产生了重大影响。刘伯红总结道："作为东道国，联合国第四次世界妇女大会非政府组织论坛的筹备活动，使中国妇女组织有机会参与了90年代以来联合国一系列有影响的非政府组织活动（NGO论坛），将NGO（非政府组织）的概念和机制较多地介绍到中国来，成功地筹办了95世界妇女大会NGO妇女论坛，并在一定程度上推动了中国妇女非政府组织本土化的过程。"[1]

---

1. 刘伯红：《中国妇女非政府组织的发展》，《浙江学刊》2000年第4期。有关中华全国妇女联合会是不是非政府组织的讨论，参见仉乃华《非政府组织话语及其对中国妇女组织的影响》，《妇女研究论丛》2000年第5期。

第三章
改革开放后中国妇女为和平与安全努力的历史进程

在1990年以前,中国政府没有设立一个专门的妇女儿童工作机构。随着改革开放的深入,中国妇女的主体意识不断增强。从1984年起,首先在上海,继之在一些大中城市,一批以行业、专业甚至是以年龄划分的妇女组织建立起来,到1989年,这类组织在全国已有2000多个。[1] 1990年2月,经国务院总理李鹏批准,中国政府成立了国务院妇女儿童工作协调委员会,取代了原来由全国妇联牵头的全国儿童少年工作协调委员会。1993年8月,该机构更名为国务院妇女儿童工作委员会(以下简称"国务院妇儿工委")。从1993年开始,中国政府与国际社会合作,共同筹备第四次世界妇女大会,中国妇女非政府组织的发展迎来又一次新高潮,中国妇女参与全球政治、致力于世界和平的努力也呈现出新的特点。负责妇女儿童工作协调议事的国务院妇儿工委办公室设在全国妇联。[2]

总的来说,20世纪80年代后,以全国妇联为代表的中国妇女组织与中国妇女直接与战争、和平相关的言论、行动减少,但与联合国建立了密切联系,更加重视国内问题,重视性别平等机制和法律建设,许多新议题被提上日程。在致力于实现平等、发展与和平的历史进程中,中国妇女如何从理论到行动上突破"和平就是'没有战争'"的传统思考方式,是贯穿本阶段梳理与总结的核心问题。

第二节 改革开放初期中国妇女为和平与安全努力的行动

改革开放初期,中国妇女与国际社会的交往更加频繁。1983年,中国妇

---

1. 金一虹:《妇联组织:挑战与未来》,《妇女研究论丛》2000年第2期。
2. "国务院妇女儿童工作委员会",http://www.nwccw.gov.cn/。

女第五次全国代表大会通过的《中华全国妇女联合会章程》规定:"发展同世界各国妇女的友好往来,为反对帝国主义、霸权主义、殖民主义和种族歧视,维护世界和平,促进人类进步,保护妇女儿童权益而共同奋斗。"[1] 同时,此章程中没有再提及毛主席关于三个世界划分的理论。到1988年,中国妇女第六次全国代表大会通过的《中华全国妇女联合会章程》规定:"巩固和扩大各族各界妇女的大团结,促进四化建设和祖国统一大业。积极发展同世界各国妇女的友好交往,增进了解和友谊,维护世界和平。"[2]

这一阶段,以全国妇联为中心的中国妇女对外交流活动集中体现在加强与各国特别是各国妇女组织的交往、维护祖国统一、保护国家安全、与联合国等国际组织发展密切联系,以及保护妇女儿童权益、打击拐卖妇女儿童的犯罪活动等各个方面。中国政府、妇联组织和中国妇女越来越重视健全法律体系在实现男女平等中的作用,中国打击拐卖妇女儿童犯罪活动的力度逐渐加大;也更加注重妇女运动的资料整理工作,并于1988年2月由人民出版社出版《蔡畅、邓颖超、康克清妇女解放问题文选(1938—1987)》一书。

一　中国妇女在传统和平与安全领域的参与

在这一阶段,与战争、和平及中国的领土安全直接相关的重要事件,即20世纪70年代末反击越南武装挑衅的对越自卫反击战,中国妇女以多种形式参与其中。

---

[1]. 全国妇联办公厅:《中华全国妇女联合会四十年(1949~1989)》,中国妇女出版社,1991,第514页。

[2]. 全国妇联办公厅:《中华全国妇女联合会四十年(1949~1989)》,中国妇女出版社,1991,第520页。

第三章
改革开放后中国妇女为和平与安全努力的历史进程

1979年2月，对越自卫反击战开始。3月25日，全国妇联副主席郝建秀、阿沛·才旦卓嘎带着全国各族妇女的深情厚谊，参加中共中央政治局委员、国务院副总理王震、方毅率领的中央慰问团，分赴广西、云南，慰问边防部队、民兵和支前民工。[1]

1985年3月8日，全国政协副主席、全国妇联主席康克清主席代表全国妇女向坚守在云南老山前线的女子卫生队全体指战员发出节日慰问电，高度赞扬她们保卫祖国、保卫人民的献身精神。[2] 10月8日，全国妇联授予中国人民解放军陆军第一军第一师炮团"三八"女子救护队全国"三八"红旗集体称号，表彰她们在对越自卫反击战中冒着生命危险救护伤员，并自编自演节目到阵地巡回演出，鼓舞战士斗志的英雄事迹。[3] 10月9日，康克清在北京接见老山前线英模报告团中的四位女英雄，她们是云南老山前线"三八"女子救护队队长秦蓉、某部医院野战医疗所卫生员钟惠玲、空军某团副团长刘晓莲、兰州军区某部炮团卫生队军医黄彩芳。康克清勉励她们说："你们的事迹鼓舞了全国妇女，也鼓舞了全国人民。没有你们的献身精神和行动，我们就不可能有这样的团结安定的生活和环境。从你们身上看到了我们军队、国家和民族的兴旺。"[4]

"拥军优属"一直是妇联工作的重要内容。1989年8月16日，全国人大常

---

1. 中华全国妇女联合会编《中国妇女运动百年大事记》，中国妇女出版社，2003，第184页。
2. 全国妇联办公厅：《中华全国妇女联合会四十年（1949～1989）》，中国妇女出版社，1991，第293页。
3. 全国妇联办公厅：《中华全国妇女联合会四十年（1949～1989）》，中国妇女出版社，1991，第299页。
4. 全国妇联办公厅：《中华全国妇女联合会四十年（1949～1989）》，中国妇女出版社，1991，第299～300页。

委会副委员长、全国妇联主席陈慕华，全国妇联副主席张帼英、黄启璪、聂力，书记处书记关涛出席由中国妇女杂志社、解放军生活杂志社、中国民政杂志社等单位联合举办的"为边海防军人的优秀妻子挂奖章"授奖大会，并为参加大会的39名获奖代表戴上了奖章。[1]

在传统意义上，没有战争就是和平，如何消弥战争与武装冲突，仍然是人类面临的挑战。而事实上，除了战争，和平还受到多种其他暴力形式的威胁，妇女在保卫和平中的很多贡献被忽视了，而只有一部分被记入史册。例如，1982年8月10日，全国妇联授予中国民航杨继海机组乘务组全国"三八"红旗集体称号，并号召全国妇女学习杨继海机组与劫机歹徒英勇斗争，粉碎劫机阴谋的英雄事迹。[2] 1989年5月9日，为表彰宁波飞往厦门的5568次航班女乘务员张丽萍不顾个人安危，沉着与歹徒搏斗，勇敢机智地制服企图劫机的歹徒，保证旅客和飞机安全的事迹，全国妇联授予张丽萍全国"三八"红旗手称号。[3] 1989年12月25日，面对闯入信用社抢劫的歹徒，潘星兰和她的同事杨大兰用鲜血和生命保卫了国家财产，杨大兰壮烈牺牲，潘星兰身负重伤。1990年2月10日，全国妇联授予潘星兰、追授杨大兰全国"三八"红旗手荣誉称号，并开展向潘星兰、杨大兰学习的活动。[4]

---

1. 全国妇联办公厅：《中华全国妇女联合会四十年（1949~1989）》，中国妇女出版社，1991，第358页。
2. 全国妇联办公厅：《中华全国妇女联合会四十年（1949~1989）》，中国妇女出版社，1991，第256页。
3. 全国妇联办公厅：《中华全国妇女联合会四十年（1949~1989）》，中国妇女出版社，1991，第351页。
4. 中华全国妇女联合会编《中国妇女运动百年大事记》，中国妇女出版社，2003，第234页。

第三章
改革开放后中国妇女为和平与安全努力的历史进程

二 中国妇女在世界舞台上促进平等、发展与和平

改革开放后,中国妇女、妇女组织与以联合国为代表的国际组织之间的联系更加密切。各项活动围绕"联合国妇女十年"、联合国主办的世界妇女大会、联合国消除对妇女歧视委员会与《消歧公约》以及联合国妇女地位委员会、联合国儿童基金会等的会议展开。当时,艾滋病毒/艾滋病、性别统计等议题在中国刚刚起步,中国各界对此还没有足够的了解与充分的实践。

1979年12月18日,联合国大会第34/180号决议通过《消除对妇女一切形式歧视公约》,该公约于1981年9月3日生效。1980年7月14日,以全国政协副主席、全国人大常委会委员、全国妇联主席康克清为团长,全国妇联副主席黄甘英,驻丹麦大使秦加林,对外友协常务理事陆璀为副团长的中国妇女代表团一行23人,出席联合国在丹麦哥本哈根召开的"联合国妇女十年"中期世界会议(即"第二次世界妇女大会"),康克清团长在会上代表中国政府在《消除对妇女一切形式歧视公约》上签字。同日,叶剑英委员长致电"联合国妇女十年"中期世界会议,表示祝贺。[1]

1980年1月1日,根据联合国秘书长库尔特·瓦尔德海姆(Kurt Waldheim)关于邀请中国派人担任联合国妇女地位委员会委员的通知,全国妇联决定派副主席黄甘英担任联合国妇女地位委员会委员,任期四年。[2]这是联合国更加重视中国妇女在国际社会中的作用以及中国进一步密切与联合国的关系的重要标

---

1. 全国妇联办公厅:《中华全国妇女联合会四十年(1949~1989)》,中国妇女出版社,1991,第225~226页。
2. 全国妇联办公厅:《中华全国妇女联合会四十年(1949~1989)》,中国妇女出版社,1991,第218页。

志。1983年11月20日，根据中国与联合国儿童基金会1982～1984年合作方案行动计划中关于经验交流活动的一个项目，全国妇联等相关机构派全国人大代表、全国妇联前副主席李宝光率领的中国儿童、妇女工作考察团一行7人访问了澳大利亚和新西兰。[1]这是改革开放后由全国妇联较早派出的出国考察团。

1984年3月26日，全国妇联国际联络部部长、联合国消除对妇女歧视委员会委员关敏谦赴美国纽约出席该委员会第三届会议。会议审议了中国提交的对《消歧公约》执行情况的报告。[2]

中国政府对"联合国妇女十年"（1976～1985）给予支持和赞助，并委托全国妇联负责主持与中国参与"联合国妇女十年"活动有关的工作。因"审查和评价联合国妇女十年成就世界会议"将于1985年7月在肯尼亚首都内罗毕召开，1984年6月15日，中国筹备委员会在北京成立并举行第一次会议。该筹委会由外交部、卫生部、教育部、全国妇联等11个有关部门和群众团体负责人组成，全国妇联主席康克清被推选为主任委员。[3]这也充分说明，提高妇女地位不是只靠妇联的力量，而是由中国政府牵头、各部门共同参与的事业。

1982年11月16日，第37届联合国大会将1986年确定为"国际和平年"，主题是"捍卫和平和保障人类的未来"。1985年5月10日，国际和平年中国组

---

1. 全国妇联办公厅：《中华全国妇女联合会四十年（1949～1989）》，中国妇女出版社，1991，第273～274、281页。
2. 全国妇联办公厅：《中华全国妇女联合会四十年（1949～1989）》，中国妇女出版社，1991，第278页。
3. 中华全国妇女联合会编《中国妇女运动百年大事记》，中国妇女出版社，2003，第207页。

第三章
改革开放后中国妇女为和平与安全努力的历史进程

织委员会在北京成立,全国妇联副主席黄甘英担任该委员会的副主任委员。[1] 1990年11月28日,全国人大常委会副委员长、全国妇联主席陈慕华出席"世界艾滋病日'妇女与艾滋病'专家座谈会"并发表了讲话。这是国内妇女组织较早举行的与艾滋病有关的活动。12月16~20日,应全国妇联邀请,联合国提高妇女地位司司长萨菲卡·萨拉米-梅斯勒姆(Chafika Selami-Meslem)女士访华,陈慕华主席会见并宴请了她。[2]

三 维护儿童与妇女权益是实现和平与安全的关键

全国妇联和联合国等国际组织交往的核心就是维护妇女儿童的权益。早在1949年第一届妇代会通过的《中华全国民主妇女联合会章程》第二条规定:"本会宗旨在于团结全国各阶层各民族妇女大众,和全国人民一起,为彻底反对帝国主义、摧毁封建主义及官僚资本主义,为建设统一的人民民主共和国而奋斗,并努力争取废除对妇女的一切封建传统习俗,保护妇女权益及儿童福利,积极组织妇女参加各种建设事业,以实现男女平等,妇女解放。"[3]

(一)强调少年儿童工作在妇联工作中的重要性

"文化大革命"结束后,全国妇联恢复工作,中共中央曾指示将妇联工作的重点放在儿童工作上。1981年2月2日,中共中央书记处在第81次会议上讨论了《全国妇联关于四届三次执委扩大会议情况及1981年工作安排的请

---

1. 黄甘英口述,张岱霞、张楠楠整理《客家妹的无悔人生——黄甘英自传》,群众出版社,2013,第213页。
2. 中华全国妇女联合会编《中国妇女运动百年大事记》,中国妇女出版社,2003,第239页。
3. 全国妇联办公厅:《中华全国妇女联合会四十年(1949~1989)》,中国妇女出版社,1991,第494页。

示报告》，同时指出：全国妇联应把抚育、培养、教育三亿以上的儿童和少年作为自己的工作重点，建议全国妇联三、四月份召开一次常委扩大会议，进一步明确妇联工作的重点（以下简称"二·二指示"）。2月6日，中共中央书记处书记宋任穷、中央书记处研究室主任邓力群在听取妇联领导关于"二·二指示"讨论情况的汇报时指出："妇联今后的工作重点要放在少年儿童工作上，不是说其他工作不做了，而是说其他工作要服从这个重点。"[1]

1984年2月16日，中国首次发行儿童附捐（8+2）邮票，为中国儿童少年基金会筹集基金60万元。全国妇联主席、中国儿童少年基金会会长康克清在附捐邮票上题词"为了孩子"，以资纪念。[2] 1989年1月7日，全国妇联向各省、自治区、直辖市妇联发出《关于进一步做好儿童少年工作的意见》，提出："儿童少年工作是提高全民族素质的基础工作，儿童少年工作应面向社会，面向母亲。"[3]

应该说，这一时期对儿童工作的重视程度似已超过了妇女工作本身，让妇联的其他工作服从于儿童工作，这在一定程度上将妇女与母亲的角色等同起来。此做法值得认真反思。

（二）打击拐卖妇女儿童的犯罪活动

维护妇女儿童的合法权益、打击拐卖妇女儿童的犯罪活动的任务在妇联系统的工作定位中凸显。

---

[1]. 全国妇联办公厅：《中华全国妇女联合会四十年（1949~1989）》，中国妇女出版社，1991，第232页。

[2]. 全国妇联办公厅：《中华全国妇女联合会四十年（1949~1989）》，中国妇女出版社，1991，第277页。

[3]. 全国妇联办公厅：《中华全国妇女联合会四十年（1949~1989）》，中国妇女出版社，1991，第343页。

第三章
改革开放后中国妇女为和平与安全努力的历史进程

1982年11月16~20日,全国妇联在北京召开关于坚决打击拐卖妇女儿童等犯罪活动、保护妇女儿童合法权益的座谈会;听取了有关妇女被拐卖的严重情况的汇报;围绕党的十二大报告中"妇联应成为代表妇女、保护和教育儿童的有权威的群众团体"的任务进行了讨论。[1]

1983年2月9日,中共中央办公厅中办发〔1983〕14号文件转发全国妇联党组和公安部党组《关于坚决打击拐卖妇女儿童犯罪活动的报告》并批示:"中央书记处希望各有关地方和部门的党政领导机关在今年内要把打击诱骗拐卖和其他残害妇女、儿童的严重问题列入议事日程,组织各方面的力量,进行坚决打击,积极做好保护妇女、儿童身心健康和合法权益的工作。"[2] 其后,相关工作在全国陆续展开。

维护儿童与妇女权益是实现联合国提出的平等、发展与和平的关键,打击拐卖妇女儿童的犯罪的和平意义也在这一工作中体现。

四 建设保障妇女合法权益的组织机制与法律体系

改革开放以来,中国政府和妇女组织为健全保障妇女合法权益的法律体系做出不懈的努力。妇联工作主要关注国内事务,加强妇女立法;与此同时,妇联与联合国的联系与合作更加紧密了。

---

1. 全国妇联办公厅:《中华全国妇女联合会四十年(1949~1989)》,中国妇女出版社,1991,第259页。

2. 全国妇联办公厅:《中华全国妇女联合会四十年(1949~1989)》,中国妇女出版社,1991,第263~264页。

（一）妇联系统的机构建设

1979年12月19日，全国妇联召开机关工作人员大会，全国妇联副主席、书记处第一书记罗琼宣布妇联的机构和人事安排，经中央批准，妇联机关设办公厅、国内工作部、国际工作部、宣教部、儿童部、中国妇女杂志社、英文中国妇女杂志社、妇女干部学校，另外，当时中国人民保卫儿童全国委员会和国务院托幼工作领导小组办公室设在全国妇联。[1] 经过"文化大革命"期间的停滞，这一系列安排对妇联的组织建设具有重要意义。

1988年11月24日，中国妇女发展基金会在北京成立。1990年2月22日，国务院妇女儿童工作协调委员会成立，国务委员李铁映任主任，国务院秘书长罗干、副秘书长阎颖，国家计委副主任郝建秀，全国妇联副主席黄启璪任副主任。国务院妇女儿童工作协调委员会下设办公室，阎颖任主任。1990年3月16日，国务院妇女儿童工作协调委员会儿童组成立会暨第一次办公会议在北京举行。4月12日，国务院妇女儿童工作协调委员会妇女组在北京成立，其主要任务是：讨论和研究妇女工作的全局性问题；提出解决妇女问题的政策措施和决策建议。1991年1月4日，全国妇联妇女研究所成立，陶春芳、李静之任该所副所长。[2]

（二）建设保障妇女合法权益的法律体系

1982年10月12日，中共中央政治局委员胡乔木、中央书记处候补书记郝

---

1. 全国妇联办公厅：《中华全国妇女联合会四十年（1949~1989）》，中国妇女出版社，1991，第216页。
2. 中华全国妇女联合会编《中国妇女运动百年大事记》，中国妇女出版社，2003，第227、234~236、240页。

第 三 章
改革开放后中国妇女为和平与安全努力的历史进程

建秀到全国妇联机关听取书记处有关维护妇女儿童合法权益方面的情况汇报并做了重要指示,希望妇联领导尽早设立法律顾问组织,制定一个保障妇女权利法,把关系到妇女权利方面最重要的问题用法律的形式确定下来。1983年7月27日,全国妇联法律顾问处正式成立。[1]

1983年1月24日,中共中央总书记胡耀邦就湖北省麻城县女青年陈元凤被封建宗族势力杀害一案在全国妇联的《妇运简况》上批示:"封建宗族势力,利用我们基层党政工作削弱,有所抬头……我相信,这是一个全国性、特别是南方各省的一个严重问题,建议由政法口、宣传口,搞点调查,在此基础上代中央搞个文件加以指导。"这一案件反映了封建宗族势力和封建礼教对妇女的残害。为此,中央政法委员会、中宣部、公、检、法、司和全国妇联、共青团中央共同组建了一个调查组,进一步了解当前封建宗族势力抬头的表现和危害,研究打击封建宗族势力、维护法纪、保障妇女人身权利的措施,并向中央写了《关于封建家族势力活动情况的调查报告》。[2] 1989年5月31日,中国第一部保护妇女权益的专门法律的起草小组在北京宣告成立。[3] 经过三年的立法过程,《中华人民共和国妇女权益保障法》于1992年4月3日由第七届全国人民代表大会第五次会议通过,并自1992年10月1日起实施。

另外,1989年11月6日,中国共产党十三届五中全会通过《中共中央关于

---

1. 全国妇联办公厅:《中华全国妇女联合会四十年(1949~1989)》,中国妇女出版社,1991,第258、270页。
2. 全国妇联办公厅:《中华全国妇女联合会四十年(1949~1989)》,中国妇女出版社,1991,第262~263页。
3. 全国妇联办公厅:《中华全国妇女联合会四十年(1949~1989)》,中国妇女出版社,1991,第352~353页。

进一步治理整顿和深化改革的决定》，推动了中国的改革开放进程。1989年12月21日，中共中央发出《关于加强和改善党对工会、共青团、妇联工作领导的通知》。[1] 这一时期，全国妇联启动了一系列促进男女平等、提高妇女地位和加强妇女问题研究的活动。例如，1990年6月13~15日，"妇女理论研究十年成果信息交流会"在北京召开。这是全国第一次跨地域、跨学科、跨系统的妇女理论研究信息交流会，是妇女理论界十年成果的一次展示。1990年9月7日，全国妇联召开在京部分女教授座谈会，就高等学校如何培养高层次的女性人才和怎样教育女大学生成为"四有""四自"精神的女性这两个问题进行了座谈。[2]

第三节　北京世妇会前后中国妇女开拓平等、和平与安全新领域

20世纪90年代以来，承办联合国第四次世界妇女大会的历史机遇使中国妇女、妇女组织在中国外交中的独特作用更加鲜明地体现出来，越来越呈现其独特的风格。在国家对外关系总原则之下，中国妇女和妇女组织从新的角度丰富和发展中国外交，开拓了为平等、发展、和平与安全而努力的新领域。

一　中国妇女反对战争与维护国家安全的正义行动

这一阶段，国际社会发生了两件与中国国家安全、海外华侨华人权益直接相关的事件。对于这两个事件的应对，充分展现了中国妇女实现平等、发

---

1. 中华全国妇女联合会编《中国妇女运动百年大事记》，中国妇女出版社，2003，第233页。
2. 中华全国妇女联合会编《中国妇女运动百年大事记》，中国妇女出版社，2003，第237~238页。

第三章

改革开放后中国妇女为和平与安全努力的历史进程

展、和平与安全的意愿和行动。

第一件是1998年5月在印度尼西亚发生的迫害华侨华人事件。中国政府、妇联组织都十分关心广大海外华侨华人的生活。1998年8月5日,《中国妇女报》以"骇人听闻 印尼华人被血洗 惨无人道 大批妇女遭强奸"为标题,揭露了印尼五月骚乱中最血腥、最野蛮的一幕,同时发表了该报评论员的文章——《还华裔妇女以公道》。[1] 8月6日,全国妇联对印尼华人妇女惨遭强暴表示强烈关注并向受害妇女表示慰问,强烈要求印尼政府正视事实,立即采取有效措施,彻底查处、严惩凶手,为受害的华人妇女伸张正义,并保证不再出现类似事件,确保华人妇女正当权益受到合法保护。[2]

第二件是1999年5月7日北约的美国B-2轰炸机轰炸中国驻南斯拉夫联盟大使馆事件。1999年5月9日,北京各界妇女代表500余人举行集会,强烈地谴责、声讨美国对中国驻南斯拉夫联盟大使馆进行野蛮轰炸的侵略行为。会议开始时,全体与会者向邵云环、许杏虎和朱颖三位烈士默哀,表示沉痛的哀悼。会上,全国妇联副主席、书记处书记沈淑济宣读了全国妇联对美国轰炸中国驻南斯拉夫联盟大使馆的抗议书,妇女代表在集会上发表声讨演说。各族各界妇女一致表示,要和全国人民以及世界人民一起,支持正义,反对战争,维护世界和平。[3]

---

1. 中华全国妇女联合会编《中国妇女运动百年大事记》,中国妇女出版社,2003,第284页。
2. 《骇人听闻 印尼华人被血洗 惨无人道 大批妇女遭强奸》,《中国妇女报》1998年8月5日;《还华裔妇女以公道》,《中国妇女报》1998年8月5日。
3. 中华全国妇女联合会编《妇女信息·正义的呼声愤怒的抗议各地妇联最强烈》第16期,1999年5月12日;中华全国妇女联合会编《中国妇女运动百年大事记》,中国妇女出版社,2003,第291页。

拥军优属是妇联工作的有机组成部分。1991年1月31日,全国人大常委会副委员长、全国妇联主席陈慕华在北京接见了爱国拥军模范刘金鱼,育兵教子模范邵林嫒,优秀光荣院院长韩淑珍,拥军模范庄印芳,优秀军人妻子郑昌芬、何开花等。[1] 1995年1月4日,"好军嫂韩素云事迹报告会"在北京举行,陈慕华及全国妇联书记处全体书记接见了韩素云同志。[2]

全国妇联在中国对外友好关系中同样起到重要作用。以当时外交关系恢复正常化不久的中俄关系为例,1991年10月2~12日,应全国妇联邀请,以苏联妇女委员会副主席、俄罗斯妇联副主席加尔基娜·加里娜·尼科拉耶夫娜(Galkina Galina Nikolaevna)为团长的苏联妇女代表团访华,参加了"中苏妇女讨论会",并访问了京、津、沪三座城市。在京期间,陈慕华会见并宴请了该代表团。[3]

---

[1] 中华全国妇女联合会编《中国妇女运动百年大事记》,中国妇女出版社,2003,第240页。
[2] 中华全国妇女联合会编《中国妇女运动百年大事记》,中国妇女出版社,2003,第263页。韩素云,女,山东省汶上县南旺镇十里闸东村人,初中文化程度。1983年底,韩素云积极支持未婚夫倪效武参军广西边防部队。为使倪效武安心服役,她未成亲就过了门。此后,服侍80多岁的奶奶、护理多病的父母、照料未成年的弟妹、耕种十多亩责任田……她将家庭重担全搁在自己肩上。过度辛劳使她患上股骨头缺血性坏死症。可每次给丈夫去信,她都说自己很好,家里都好,要他安心在部队工作。为了支持倪效武安心戍边、建功立业,韩素云把自己全部的爱融进了祖国的边防事业,被人们誉为"好军嫂"。韩素云曾被评为广西省、山东省"三八"红旗手,山东省济宁市"爱国拥军模范",被誉为"新时期拥军模范",曾荣获"广西壮族自治区劳动模范""巾帼建功先进个人"等荣誉称号;被授予"全国先进工作者""全国劳动模范"称号;1994年被中共山东省委、省政府授予"模范军属"称号;1995年1月被授予山东省首届"关心国防建设新闻人物"称号;1995年2月当选为"广西十大女杰";1995年3月被民政部、解放军总政治部授予"优秀军人妻子"荣誉称号,并获得二级英模奖章,同年被评为全国先进工作者、全国劳动模范。1994年11月,全国妇联决定授予韩素云全国"三八"红旗手荣誉称号;1995年1月4日,中宣部、解放军总政治部和全国妇联联合举行韩素云爱国拥军先进群体事迹报告会(上述材料由笔者根据相关报道整理)。
[3] 中华全国妇女联合会编《中国妇女运动百年大事记》,中国妇女出版社,2003,第244页。

第三章
改革开放后中国妇女为和平与安全努力的历史进程

二 中国北京成功承办联合国第四次世界妇女大会

"中国在广泛参加国际妇女双边和多边活动中,始终坚持联合国提出的平等、发展与和平的主题。"[1] 1991年1月28日,中国外交部部长钱其琛正式致函联合国秘书长,邀请1995年世界妇女大会在中国北京召开:"我以中国政府的名义,谨向你转达中国邀请有关各方于1995年在北京举办这次妇女问题世界大会。与此同时,中国政府也愿意担任非政府组织论坛的东道国,根据上几次妇女问题世界会议的传统,它是妇女问题会议的辅助会议。"[2] 1992年3月,联合国决定第四次世界妇女大会将于1995年9月4~15日在中国北京召开。

中国妇联和妇女组织为筹备世妇会做了大量工作,其中包括接待来访、前往曾经承办世界妇女大会的国家参观取经、开展国内的各项筹备活动等。筹备工作在中国催生了许多妇女非政府组织,全国妇联也将自己定位为非政府组织。在1995年世界妇女大会召开之前,全国妇联的主要工作就是围绕如何成功承办世界妇女大会展开的。

1995年8月31日至9月8日,"'95北京非政府组织妇女论坛"在北京怀柔召开。1995年9月4~15日,联合国第四次世界妇女大会在北京国际会议中心召开。在大会的欢迎仪式上,时任国家主席江泽民代表中国政府向国际社会宣布:"中国政府一向认为,实现男女平等是衡量社会文明的重要尺度。新中国成立后,我国广大妇女成为国家和社会的主人。我们十分重视妇女的发展

---

1. 国务院新闻办公室:《中国妇女的状况》(1994年6月),国新网,http://www.scio.gov.cn/zfbps/ndhf/1994/Document/307996/307996.htm,最后访问日期:2021年3月20日。
2. 第四次世界妇女大会、'95北京非政府组织妇女论坛丛书编委会编《第四次世界妇女大会重要文献汇编》,中国妇女出版社,1998,第1页。

与进步，把男女平等作为促进我国社会发展的一项基本国策。我们坚决反对歧视妇女的现象，切实维护和保障妇女在国家政治、经济和社会生活中的平等地位和各项权益。"[1]

世妇会对中国政府与中国性别平等事业的影响是深远的。从国际关系方面来看，这次大会由中国承办，使中国获得了一次前所未有的举办大型国际会议的机会，得到了一个扭转当时在国际社会中相对孤立的不利局面的契机。世妇会是中国向全世界展示改革开放成果的舞台，让并不真正了解中国的世界各国妇女眼见为实地知道"中国妇女不再裹小脚、中国男人不再留辫子"的生活现状。从中国男女平等事业的发展来看，中国政府不仅在大会上向全世界庄严承诺将"把男女平等作为促进我国社会发展的一项基本国策"，而且将其写入2001年发布的《中国妇女发展纲要（2001—2010）》，这一举措赢得了国际社会的赞誉。大会也使实现性别平等、保障妇女权益成为国内普遍关注的热点问题，起到了通过国际社会影响国家政府进而影响国内社会的作用，而国内社会反过来又可以影响国家政府乃至国际社会。

来自近200个国家和地区的2000多个组织的31549人参加了"'95北京非政府组织妇女论坛"。[2] 代表们在讨论中提出的建议和意见为世妇会《行动纲领》的制定做出了巨大的贡献，妇女非政府组织的活动也达到了空前的规模。这些努力推动国际社会将社会性别意识纳入联合国决策的主流。

世妇会通过的《北京宣言》和《行动纲领》充分体现了妇女的愿望和要

---

1. 江泽民：《在联合国第四次世界妇女大会欢迎仪式上江泽民主席的讲话（一九九五年九月四日）》，《中国妇运》1995年第11期。
2. 中华全国妇女联合会编《中国妇女运动百年大事记》，中国妇女出版社，2003，第268页。

第三章
改革开放后中国妇女为和平与安全努力的历史进程

求,成为全球妇女运动的里程碑。《北京宣言》申明:"民间社会所有行动者,特别是妇女团体和网络以及其他非政府组织和社区组织,在其自主获得充分尊重的情况下,与各国政府合作作出参与和贡献,对有效执行《行动纲领》并采取后续行动十分重要。"[1]所以,世妇会及非政府论坛对中国妇女组织的发展所起到的促进作用是显而易见的。

世妇会给中国妇女参与国际交流合作也带来了不少变化。改革开放前中国政府代表参加联合国会议的情形曾被描写成"他们来了,他们笑了,他们走了";[2]而中国妇女组织的代表参加国际会议也有"溜边儿、扎堆儿、不发言"的特点。为什么中国人在国际会议上不发言?刘伯红如此分析:一是过去很多参加国际会议的中国代表外语不行,没法跟人家交流;二是有的人外语尽管不错,但是话语体系不同,咱们张口闭口谈的是"双学双比",这是只有中国人自己明白的术语,人家外国人说的是gender(社会性别),这可是全球通用的理论。[3]随着社会性别分析进入中国和第四次世界妇女大会的推动作用,现在这种状况已经发生了转变。中国妇女的代表不仅能够积极地听说、辩论,而且开始把中国妇女的声音、特点、成绩与问题带到国际论坛上,与各国代表分享经验。世妇会为中国政府和妇女组织以此为主题开展相关的、

---

1. 第四次世界妇女大会、'95北京非政府组织妇女论坛丛书编委会编《第四次世界妇女大会重要文献汇编》,中国妇女出版社,1998,第161、164页。

2. Elizabeth C. Economy, Michel Oksenberg, *Shaping U.S.-China Relations: A Long Term Strategy*, Council on Foreign Relations, January, 1997, https://docuri.com/download/cfr-us-china-long-term_59ae48e8f581710a62015008_pdf, accessed February 20, 2021.

3. 王尧:《中国NGO亮相联合国》,《青年参考》2005年3月23日。1989年,为使农村妇女更好地适应农村经济改革的新形势,帮助妇女依靠科学文化知识发展生产、摆脱贫困,全国妇联牵头并推动农业部等12个部委在农村妇女中开展了"双学双比"(学文化、学技术,比成绩、比贡献)活动。

各种形式的活动提供了一个"可持续的"舞台和"可持续的"主题。

除了世妇会提出的"社会性别""赋权"等术语逐渐被人们接受，北京《行动纲领》所涉及的12个重大关切领域迅速在中国的相关学术研究、非政府组织的建设中生根发芽，中国的相关妇女组织在国内外也参加了一系列与此相联系的活动。而且，由于联合国在第四次世界妇女大会后并没有接着召开第五次世界妇女大会，所以对北京世妇会的相关纪念活动也为中国在国际舞台上进一步展示自己提供了机会。

承办会议工作与会议的成功召开为中国提高妇女地位的事业带来巨大变化。戴锦华认为，1995年北京世界妇女大会的召开，是中国女性主义历史的一个重要转折点。这一历史事件造成了女性主义、社会性别理论在中国大陆的广泛传播，并相当有效地将中国劳动妇女、农村妇女的议题带回到女性主义的论域与实践之中。[1]

1995年以后，全国妇联活动的一个关键词是"后续行动"。妇联的很多活动都是围绕世妇会的后续行动展开的。2005年重新修订的《中华人民共和国妇女权益保障法》在总则中明确规定"实行男女平等是国家的基本国策"，这是中国首次以法律形式确立了男女平等的基本国策。[2]

---

1. 戴锦华：《性别中国》，麦田出版社，2006，第25页。
2. 《中华人民共和国妇女权益保障法》，1992年4月3日第七次全国人民代表大会第五次会议通过，根据2005年8月28日第十届全国人民代表大会常务委员会第十七次会议《关于修改〈中华人民共和国妇女权益保障法〉的决定》修正，国家法律法规数据库，https://flk.npc.gov.cn/detail.html?MmM5MDlmZGQ2NzhiJE3OTAxNjc4YmY2MzJhOTAzMDc%3D，最后访问日期：2021年2月23日。此法已根据2018年10月26日第十三届全国人民代表大会常务委员会第六次会议《关于修改〈中华人民共和国野生动物保护法〉等十五部法律的决定》第二次修正。

第三章
改革开放后中国妇女为和平与安全努力的历史进程

三 中国妇女所关注和平与安全议题的逐步扩展

进入第四次世界妇女大会的准备阶段后,中国在国际上全面践行平等、和平与发展目标;在国内持续强化提高妇女地位的组织与机制,逐步完善保障妇女、儿童权利的法律体系。无论是中国政府还是以全国妇联为中心的妇女组织,都更加重视妇女在非传统安全领域中的角色、地位及其面临的挑战。学术交流与探讨范围更加广泛,问题更加多样化,性别平等与和平议题得到进一步拓展。

(一)践行平等、和平与发展目标

进入20世纪90年代后,中国基本上每年都派代表团参加联合国在美国纽约联合国总部举行的联合国妇女地位委员会年会(以下简称"妇地会")。例如,2000年2月28日到3月17日,联合国第四十四届妇地会在美国纽约召开,中国政府代表团团长、中国常驻联合国副代表沈国放率团出席,并在会上宣布《中国妇女发展纲要(1995—2000)》确定的目标已经达成。[1]

1990年8月29日,中国签署联合国《儿童权利公约》。1992年3月2日,中国常驻联合国大使向联合国递交了中国的批准书,该公约于1992年4月2日对中国生效。中国与联合国儿童基金会关系密切,除定期参加联合国儿童基金会执行局年会,还举行各种相关活动。其中,1999年1月7日,联合国儿童基金会专家伊丽莎白·克莱尔(Elisabeth Croll)教授应邀访华,双方就中国儿童问题以及全国妇联与联合国儿童基金会合作开展消除对女童歧视战略等

---

1. 中华全国妇女联合会编《中国妇女运动百年大事记》,中国妇女出版社,2003,第300页。

问题进行讨论。¹ 1999年4月22日，联合国儿童基金会执行主席卡罗尔·贝拉米（Carol Bellamy）女士应邀访华。全国人大常委会副委员长、全国妇联主席彭珮云会见客人，并向联合国儿童基金会对中国妇女事业的支持表示感谢。贝拉米女士表示，中国在执行《儿童权利公约》中已取得了一定的成果，在世界上树立了一个里程碑。² 2000年3月18日，国务院妇儿工委与联合国儿童基金会在湖南长沙共同举办"母亲安全"项目暨县级部门行动计划培训班。³

中国政府同全国妇联等中国妇女组织积极参与联合国大会、联合国安理会、联合国消歧委员会、联合国教科文组织、联合国开发计划署等联合国系统以及其他国际、区域组织的相关活动，与国际社会建立了广泛的联系。其中，1993年11月14～22日，全国妇联副主席黄启璪率团前往菲律宾马尼拉参加亚太区域非政府组织妇女大会；⁴ 1994年3月24～30日，全国妇联副主席王淑贤、书记处书记华福周出席了在厦门召开的中国—加拿大国际发展署1990～1993年合作项目周期评审会；⁵ 1998年10月26～30日，全国妇联与欧盟共同主办中国欧洲妇女问题研讨会，与会人员就妇女人权、消除贫困、经济参与、参政、教育、生殖健康、环境等专题进行了大会主旨发言和自由讨论，全国人大常委会副委员长、全国妇联主席彭珮云出席了闭幕式。⁶

---

1. 中华全国妇女联合会编《中国妇女运动百年大事记》，中国妇女出版社，2003，第288页。
2. 中华全国妇女联合会编《中国妇女运动百年大事记》，中国妇女出版社，2003，第291页。
3. 中华全国妇女联合会编《中国妇女运动百年大事记》，中国妇女出版社，2003，第301页。
4. 中华全国妇女联合会编《中国妇女运动百年大事记》，中国妇女出版社，2003，第256页。
5. 中华全国妇女联合会编《中国妇女运动百年大事记》，中国妇女出版社，2003，第258页。
6. 中华全国妇女联合会编《中国妇女运动百年大事记》，中国妇女出版社，2003，第286页。

第三章
改革开放后中国妇女为和平与安全努力的历史进程

（二）加强妇女理论研究

新时期的中国妇女研究始于改革开放后，是在中国社会转型、中国妇女和妇女组织的主体和群体意识的自觉、中国政府的支持和国际社会的促进等力量的共同推动下发展的。1982年，《国外社会科学》杂志刊登了何培忠摘译的日本学者白井厚的《争取女权运动的历史和妇女学》一文，其中使用了"妇女学"一词。[1] 同年，陈荣佩在《毛泽东社会学思想初探》一文中也提出"妇女学"的概念。1984年，全国妇联举办第一次全国妇女理论研讨会，会上有人提出要建立中国的妇女学。此后，全国妇联先后于1986年、1991年和1996年召开了第二、第三和第四次全国妇女理论研讨会。[2]

在1996年11月24～26日召开的第四次全国妇女理论研讨会上，陈慕华做了题为《加强妇女理论研究，推动中国妇女解放事业沿着正确的道路前进》的讲话。[3] 1999年12月7～9日，第五次全国妇女理论研讨会——中国妇女50年理论研讨会在北京召开，由全国妇联主管的中国妇女研究会成立，《妇女研究论丛》是妇女研究会会刊。[4] 2000年1月28日，全国妇联发布《关于进一步加强妇女理论研究的意见》，指出"加强妇女理论研究是妇联组织从宏观上驾驭和指导妇女工作的主要前提和基础工作"。[5]

---

1. 〔日〕白井厚、何培忠：《争取女权运动的历史和妇女学》，《国外社会科学》1982年第4期。
2. 孙晓梅：《中国的妇女学研究》，《中华女子学院学报》1996年第2期。
3. 陈慕华：《加强妇女理论研究 推动中国妇女解放事业沿着正确的道路前进》，载中华全国妇女联合国编《陈慕华妇女儿童工作文集》，中国妇女出版社，1999，第396～403页。
4. 中华全国妇女联合会编《中国妇女运动百年大事记》，中国妇女出版社，2003，第297页。
5. 中华全国妇女联合会编《中国妇女运动百年大事记》，中国妇女出版社，2003，第299页。

(三）完善促进性别平等的法律体系

中国促进性别平等、保障妇女儿童权益的多项法律法规是在这一时期出台的，具体情况见表3-1。

表3-1 中国于本阶段出台的关于男女平等的法律法规与重要文件

颁布/实施时间	名称
1992	中华人民共和国妇女权益保障法
1993	九十年代中国儿童发展规划纲要
1994/1995	中华人民共和国母婴保健法
1995	中国妇女发展纲要（1995—2000年）
1997	中华人民共和国刑法*
2001	中国妇女发展纲要（2001—2010年）
2001	中华人民共和国婚姻法（修正）
2001	中华人民共和国母婴保健法实施办法
2001/2002	中华人民共和国人口与计划生育法
2005	中华人民共和国妇女权益保障法(修正)

注：*1997年修订时专门修改和增设了关于拐卖、收买妇女等罪名，提高了有关犯罪的量刑标准。
资料来源：笔者根据现有资料整理。

1994年6月，国务院新闻办公室发布《中国妇女的状况》[1]白皮书，介绍了新中国成立以来中国妇女地位的变化和中国妇女的状况。1998年11月9日，国务院新闻办公室和国务院妇儿工委向新闻界公布了《中国儿童发展状况报告》，该报告总结了中国自加入联合国《儿童权利公约》7年以来，结合本国

---

1. 国务院新闻办公室：《中国妇女的状况》（1994年6月），国新网，http://www.scio.gov.cn/zfbps/ndhf/1994/Document/307996/307996.htm，最后访问日期：2021年3月28日。

第三章
改革开放后中国妇女为和平与安全努力的历史进程

实际实施《九十年代中国儿童发展规划纲要》的进展情况。[1]

(四)重视非传统安全议题

从20世纪80年代末开始,在全国妇联领导下,全国范围的中国妇女工作主要开展了三项活动:"双学双比"活动、"巾帼建功"活动和"五好文明家庭"评选活动。[2] 1995年后,为落实北京世妇会通过的《北京宣言》和《行动纲领》,中华全国妇女联合会在全国推出了五项巾帼系列行动,包括巾帼扶贫行动、巾帼创业行动、巾帼扫盲行动、巾帼成才行动和巾帼文明行动。这些活动体现了赋权妇女的基本内容,同时将提高妇女地位与非传统安全相关的性别平等议题以及联合国于2000年通过的千年发展目标[3]的内容包含在内。

首先,消除贫困问题。1989年,团中央、中国青少年发展基金会发起"希望工程",救助贫困地区失学少年儿童。同年,在全国妇联领导下,中国儿童少年基金会发起"春蕾计划",资助贫困地区失辍学女童继续学业,改善贫困地区办学条件。1997年5月4~7日,全国妇联同国务院扶贫开发领导小组在山西联合召开了全国"巾帼扶贫行动"工作会议暨"双学双比"研讨会。

---

1. 中华全国妇女联合会编《中国妇女运动百年大事记》,中国妇女出版社,2003,第287页。
2. "巾帼建功"活动:1991年全国妇联推动人事部、劳动部、卫生部等13个部委,在全国城镇发起"巾帼建功"活动,号召广大城镇妇女发扬自尊、自信、自立、自强的"四自"精神,在各自的岗位建功立业。"五好文明家庭"评选活动:自20世纪50年代开展的"五好文明家庭"评选活动已有40多年的历史。在此活动基础上发展起来的文明家庭、美好家庭及各类先进家庭的创评活动,已经深入家庭和社会,是全国妇联在推动精神文明建设方面具有特色的工作。
3. 2000年,联合国全体191个成员国一致通过联合国千年发展目标,包括消灭极端贫穷和饥饿,实现普及初等教育,促进两性平等并赋予妇女权能,降低儿童死亡率,改善产妇保健,与艾滋病、疟疾和其他疾病作斗争,确保环境的可持续能力,制订促进发展的全球伙伴关系8个目标。2000年9月,联合国首脑会议上由189个国家签署《联合国千年宣言》,正式做出此项承诺。千年发展目标的主旨即将全球贫困水平在2015年之前降低一半(以1990年的水平为标准)。

1999年12月30日,"下岗女工再就业与创业"项目放贷仪式在天津举行。在放贷仪式上,首批向60名下岗女工发放了小额贷款。"下岗女工再就业与创业"项目由联合国开发计划署提供资金,天津市妇联具体实施,旨在帮助下岗女工实现再就业。[1] 2000年12月22日,由全国妇联、北京市政府、中央电视台共同主办,中国妇女发展基金会承办的"情系西部·共享母爱"世纪爱心行动大型公益活动举行,募捐善款1.16亿元[2]用于设立"大地之爱·母亲水窖"项目专项基金,重点帮助西部地区老百姓特别是妇女摆脱严重缺水带来的贫困和落后。

其次,环境保护问题。1994年6月5～6日,首届"中国妇女与环境"会议暨"世界环境日"纪念大会在北京举行;1997年10月22日,全国妇联、国家环保局在北京召开了"妇女·家园·环境"主题宣传教育活动新闻发布会暨座谈会,开展"妇女·家园·环境"主题宣传教育活动;1998年6月4日,全国妇联和国家环保总局联合召开全国"妇女·家园·环境"宣传教育活动暨第二届"中国妇女环保百佳"表彰大会。[3]陈慕华在讲话中指出:"妇女在实施保护环境基本国策和可持续发展战略中具有非常重要的作用。她们不仅在生产劳动中扮演着重要角色,同时也是生活资料的主要消费者和家庭消费的主要管理者,妇女对生产方式和消费方式的选择直接影响着生产结构的改变和公民自身的健康。由于妇女还承担着家庭教育的重任,其自身的思想言行

---

1. 中华全国妇女联合会编《中国妇女运动百年大事记》,中国妇女出版社,2003,第277、298页。
2. 中华全国妇女联合会编《中国妇女运动百年大事记》,中国妇女出版社,2003,第312页。
3. 中华全国妇女联合会编《中国妇女运动百年大事记》,中国妇女出版社,2003,第260、280、283页。

第三章
改革开放后中国妇女为和平与安全努力的历史进程

遵循什么样的准则,也影响着下一代的环境意识和环境道德的形成与培养。"[1] 2000年6月4日,在"妇女·家园·环境"环保宣传活动中,全国妇联发出了《致全国妇女的倡议书》,号召妇女从自身做起,从生活中的点滴做起,为控制并消除白色污染、改善自己的生存环境做出努力。[2] 2000年6月14日,北京地球村文化中心主任、环保活动家廖晓义女士获得有"诺贝尔环境奖"之称的国际环境与发展奖项——"苏菲奖"。[3]

再次,严厉打击拐卖妇女儿童的犯罪活动。针对拐卖妇女、儿童犯罪活动在一些地方比较严重的情况,1986年11月27日,最高人民法院、公安部、民政部、司法部、全国妇联联合发出《关于坚决打击拐卖妇女儿童犯罪活动的通知》。1989年3月2日,国务院再次发出《关于坚决打击拐卖妇女儿童犯罪活动的通知》[4]。1991年9月4日,第七届全国人民代表大会常务委员会第二十一次会议通过《中华人民共和国未成年人保护法》、《关于严惩拐卖、绑架妇女、儿童的犯罪分子的决定》和《关于严禁卖淫嫖娼的决定》。1999年8月26日,全国妇联发出《关于配合公安局在全国重点地区组织集中解救被拐卖妇女、儿童统一行动的通知》,要求各地妇联全力配合此次行动,特别是重点地区的妇联组织要切实采取措施,积极配合公安部门,把此次"打拐"和

---

1. 陈慕华:《积极发挥妇女在环境保护中的作用》,载中华全国妇女联合会编《陈慕华妇女儿童工作文集》,中国妇女出版社,1999,第539页。
2. 中华全国妇女联合会编《中国妇女运动百年大事记》,中国妇女出版社,2003,第305页。
3. 中华全国妇女联合会编《中国妇女运动百年大事记》,中国妇女出版社,2003,第305~306页。
4. 国务院:《国务院关于坚决打击拐卖妇女儿童犯罪活动的通知》(国发〔1989〕23号),中国政府网,1989年3月2日,http://www.gov.cn/zhengce/content/2011-03/25/content_6831.htm,最后访问日期:2021年3月28日。

"解救"集中统一行动工作做好。[1]另外,根据国务委员、国务院妇儿工委主任彭珮云对《妇女信息》刊登的《塞班岛上的中国女人》一文的批示,1997年10月8日,国务院妇儿工委召开会议,研究解决塞班岛中国卖淫妇女问题。会议提出今后各部门对劳务输出要认真负责,把好审批关;严格加强对外派劳务的管理;对目前从事外派劳务的公司进行清理;对发生问题的地方及所发生的问题要加强沟通、迅速处理等七条意见。[2]

最后,反对针对妇女的暴力问题。筹备北京世妇会为中国反对针对妇女的暴力带来了新契机。1995年6月8日,全国妇联副主席刘海荣就家庭暴力问题接受中央电视台《半边天》栏目记者的采访。[3]1995年8月7日,国务院颁布《中国妇女发展纲要（1995—2000年）》,将"有效遏制对妇女的暴力侵害""坚决制止家庭暴力"写入其中。[4]2000年3月31日,湖南省第九届人民代表大会常务委员会第十四次会议通过《关于预防和制止家庭暴力的决议》。[5]2000年9月9日,"预防和制止家庭暴力"省级培训研究班在北京开办,全国妇联副主席、书记处第一书记顾秀莲到会并发表重要讲话。[6]2000年11月26～27日,"预防和制止家庭暴力"研讨会在北京开幕,全国妇联副主席、书记处书记刘海荣出席会议并做题为《预防和制止家庭暴力是全社会的共同责

---

1. 中华全国妇女联合会编《中国妇女运动百年大事记》,中国妇女出版社,2003,第221、228、243、294页。
2. 中华全国妇女联合会编《中国妇女运动百年大事记》,中国妇女出版社,2003,第279～280页。
3. 中华全国妇女联合会编《中国妇女运动百年大事记》,中国妇女出版社,2003,第266页。
4. 国务院:《中国妇女发展纲要（1995—2000年）》,国务院妇女儿童工作委员会网站,http://www.nwccw.gov.cn/2017-04/05/content_149162.htm,最后访问日期:2021年3月9日。
5. 中华全国妇女联合会编《中国妇女运动百年大事记》,中国妇女出版社,2003,第302页。
6. 中华全国妇女联合会编《中国妇女运动百年大事记》,中国妇女出版社,2003,第308页。

第 三 章
改革开放后中国妇女为和平与安全努力的历史进程

任》的讲话，会议通过了《预防和制止家庭暴力建议书》。[1]

小　结

在从改革开放到21世纪初的历史阶段，中国在实现性别平等方面取得长足进展，通过承办联合国第四次世界妇女大会，为推动实现平等、发展与和平的全球妇女运动目标做出重要贡献。赵少华在《我与妇女外交》中总结道："改革开放30年来，当前的妇女民间外交事业正处于历史最好发展时期。而今已与世界上170个国家和地区的近700个妇女组织、机构建立联系的全国妇联与地方各级妇联，以对话促进了解、以文化促进交流、以合作促进发展，充分发挥妇女民间外交独具的广泛性、灵活性等优势，坚持解放思想、大胆实践，不断开创妇女民间外交工作的新局面，并初步形成了全方位、多层次、宽领域的工作格局。"[2]

在国际政治和中国对外关系方面，妇女的参与水平逐渐提升，涉及的领域也在逐渐拓宽，但总体来说，中国妇女的作用还远没有得到充分发挥。"中国妇女运动成为国际妇女运动中的一支主要力量。同时也清醒地看到中国妇女还面临着许多没有解决的问题，还没有达到与男性平等的地位，还需要与联合国配合，和全世界妇女团结在一起，共同为两性平等发展努力奋斗。"[3] 对

---

1. 中华全国妇女联合会编《中国妇女运动百年大事记》，中国妇女出版社，2003，第311页。
2. 赵少华：《写在前面的话》，转引自中华全国妇女联合会编《我与妇女外交》，中华全国妇女联合会，2008，第1~2页。
3. 孙晓梅：《联合国的妇女政策和活动对当代中国妇女运动的影响》，《中华女子学院学报》2009年第4期。

比从新中国成立到改革开放前中国妇女为实现和平与安全而进行的努力，这一阶段直接与国际安全、战争与和平相关的内容有所减少，而与非传统安全问题、联合国千年发展目标相关的内容增加，贫困、拐卖妇女儿童、家庭暴力等问题凸显。

下编 当代实践

引 言

2000年10月31日,联合国安全理事会第4213次会议通过关于妇女、和平与安全的第1325(2000)号决议,标志着国际社会对妇女、和平与安全议题的认识与实践都迈入了一个新阶段。[1] 国际环境、国内政策及认知理念的连续性与变化,直接或间接地影响着中国对国际形势的基本判断和对和平、安全问题的认识,进而影响到中国落实"妇女、和平与安全"议程的行动。

改革开放以来,中国对原有基本外交观念的继承、发展体现在许多方面:强调维护世界和平的重要性,承诺走和平发展道路、反对霸权主义;坚持独立自主,明确宣布奉行真正的不结盟;坚持在和平共处五项原则的基础上发展与各国的关系;谋求建立更加公正合理的国际政治经济新秩序。重大变化主要表现在:承认现存世界多样化;在处理一系列国际问题时存在共同利益,需要进行合作,也可以进行合作;不再以意识形态划线。其中最根本的一点是,中国改变了以往对现存国际体系和国际秩序的看法,不仅自觉加入其中,

---

1. 相关内容,请见"'妇女、和平与安全'研究丛书总论"部分。

也以积极的姿态推动其改进，以便更好地保障自身的权益，维护和促进世界的和平、稳定、发展与繁荣。[1]

21世纪以来，在延续了对和平与发展时代主题的基本判断的基础上，中国政府发出构建"和谐世界"和"人类命运共同体"的倡议。

2005年4月，中国国家主席胡锦涛参加雅加达亚非峰会，他在讲话中提出，亚非国家应"推动不同文明友好相处、平等对话、发展繁荣，共同构建一个和谐世界"。[2] 同年7月，胡锦涛出访俄罗斯，"和谐世界"被写入《中俄关于21世纪国际秩序的联合声明》，提出"两国决心与其他有关国家共同不懈努力，建设发展与和谐的世界，成为安全的世界体系中重要的建设性力量"。[3] 这是"和谐世界"第一次被确认为国与国之间的共识，标志着这一全新理念逐渐进入国际社会的视野。9月，胡锦涛在联合国总部发表演讲，全面阐述了"和谐世界"的深刻内涵。12月，中国政府发表首份《中国的和平发展道路》白皮书，表示将"坚持和平、发展、合作，与各国共同致力于建设持久和平与共同繁荣的和谐世界"。[4] 和平与和谐在同时期的中国外交的研究与阐释著述中都有所呈现。例如，有作者提出，"和谐外交"理念是中国传统和谐思想与现代互利共赢观念的有机结合，意味着中国的发展更加重视和谐、强调和谐、

---

1. 章百家：《我们怎样走向世界——新中国外交视角与观念的演变》，《史学月刊》2019年第9期。
2. 胡锦涛：《与时俱进，继往开来，构筑亚非新型战略伙伴关系——在亚非峰会上的讲话》，外交部网站，2005年4月22日，https://www.fmprc.gov.cn/123/wjdt/zyjh/t192875.htm，最后访问日期：2020年8月17日。
3. 《中俄关于21世纪国际秩序的联合声明》，中国政府网，2005年7月1日，http://www.gov.cn/zwjw/2005-07/02/content_11701.htm，最后访问日期：2020年8月17日。
4. 国务院新闻办公室：《中国的和平发展道路》（2005年12月），国新网，http://www.scio.gov.cn/zfbps/ndhf/2005/Document/307900/307900.htm，最后访问日期：2021年3月7日。

促进和谐,中国真诚地希望与世界各国携手共建一个持久和平、共同繁荣的和谐世界。这一美好的理想和愿望,既是中国走和平发展道路的要求,也符合世界人民的根本利益。¹

2013年3月,习近平首次在国际场合向世界阐释:"人类生活在同一个地球村里,生活在历史和现实交汇的同一个时空里,越来越成为你中有我、我中有你的命运共同体。"² 2017年10月,习近平在党的十九大报告中先后6次提到"人类命运共同体",呼吁"各国人民同心协力,构建人类命运共同体,建设持久和平、普遍安全、共同繁荣、开放包容、清洁美丽的世界"。报告就"坚持推动构建人类命运共同体"的基本方略指出,"中国人民的梦想同各国人民的梦想息息相通,实现中国梦离不开和平的国际环境和稳定的国际秩序"。³ 2019年发布的《新时代的中国与世界》白皮书总结道:中国为维护世界和平、促进共同发展贡献了中国智慧和中国方案;以实际行动维护世界和平,积极参与重大国际和地区热点问题解决,发挥了建设性作用。"当今世界,既充满机遇和希望,也存在变数和挑战,世界各国的前途命运从来没有像现在这样紧密相连。每个国家都和世界的前途命运休戚相关,只要目标一致、团结起来,共享机遇、共迎挑战,就能构建人类命运共同体,建设更加美好的世界,走向更加光明的

---

1. 肖枫:《世界社会主义:热点·焦点·难点》,当代世界出版社,2016,第62~63页。
2. 习近平:《顺应时代前进潮流 促进世界和平发展——在莫斯科国际关系学院的演讲(2013年3月23日,莫斯科)》,《人民日报》(海外版)2013年3月25日,第2版。
3. 习近平:《决胜全面建成小康社会 夺取新时代中国特色社会主义伟大胜利——在中国共产党第十九次全国代表大会上的报告(2017年10月18日)》,《人民日报》2017年10月28日,第1版。

未来。"[1]

构建"和谐世界"和"人类命运共同体"的理念已经超越了传统的和平概念，具有了国际和平研究中和平概念的含义。特别是"人类命运共同体"倡议，在强调中国积极参与解决重大国际和地区热点问题时，也特别重视积极促进全球共同发展，倡导在全球减贫与发展事业上做出积极贡献。因此，构建"和谐世界"和"人类命运共同体"的中国外交愿景，为中国更好地落实以联合国安理会第1325（2000）号决议为基础的"妇女、和平与安全"议程，关注冲突与暴力中的性别平等议题创造了更为有利的环境。

与着重梳理历史进程的上编不同，本书下编将分主题聚焦中国在各领域的具体实践，讨论分析中国落实"妇女、和平与安全"议程的行动及其面临的挑战，并展望其未来发展。具体安排为：第四章是一个综述性的章节，相对综合地评估2000年以来中国落实"妇女、和平与安全"议程的整体情况；第五章、第六章重点讨论该议程的重要支柱——参与问题，从中国妇女在外交和国际经济领域的参与到中国妇女参与联合国维和行动均有述及；第七章则从该议程的另外三个重要支柱——保护、预防、救济与恢复问题出发，总结中国在打击国际人口贩运与反对家庭暴力方面的工作进展；第八章将着重分析中国和平教育与和平文化建构，梳理已取得的成绩并探讨未来发展方向。中国在将妇女、和平与安全的国际承诺落实到具体行动、实现性别主流化方面已经取得了一定成绩，但未来还有很长的路要走、有大量的工作需要做。

---

1. 国务院新闻办公室：《新时代的中国与世界》（2019年9月），国新网，http://www.scio.gov.cn/zfbps/32832/Document/1665426/1665426.htm，最后访问日期：2021年3月7日。

引 言

　　落实"妇女、和平与安全"议程是一项综合性、整体性的全球事业,具体实践则从地方开始,依赖于每个国家的承诺和国际社会中每一个行为体的切实努力。习近平于2015年在联合国全球妇女峰会上指出:"我们要坚定和平发展和合作共赢理念,倍加珍惜和平,积极维护和平,让每个妇女和儿童都沐浴在幸福安宁的阳光里。"[1]这是中国实现性别平等、和平与安全的目标,也是每一个人的事业。

---

1. 习近平:《习近平在联合国成立70周年系列峰会上的讲话》,人民出版社,2015,第11页。

第四章　中国落实"妇女、和平与安全"议程的立场与实践*

2000年以来，中国落实"妇女、和平与安全"议程的工作建立在中国长期为实现性别平等，为和平与安全而努力的基础上，与新中国成立后中国妇女为实现和平与安全做出的努力是一个不可分割的整体，是中国政府、中国人民特别是广大妇女为实现平等、和平与安全而努力的一个组成部分。

本章着重总结中国落实"妇女、和平与安全"议程的基本立场，整体勾勒2000年以来中国落实议程的实践，为本书后面各章分别聚焦具体议题起到引领作用，包括中国在妇女参与外交、国际经济事务、联合国维和行动方面，以及在打击国际人口贩运和反对家庭暴力方面取得的成绩和面临的挑战；同时涉及"妇女、和平与安全"议程所涵盖的更具广泛意义但其他章节未重点着墨的领域，例如新时期的中国国防等。

---

* 本章部分内容参见李英桃《加速实施妇女、和平与安全议程———对近五年中国落实"妇女与武装冲突"战略目标的评估》，《山东女子学院学报》2020年第3期。

第一节　中国落实"妇女、和平与安全"议程的基本立场

考察2000年以来中国落实"妇女、和平与安全"议程的立场与思路，主要有三个方面的资料来源：一是中国代表在联合国安理会关于妇女、和平与安全的公开辩论会上的发言；二是中国政府向联合国提交的执行《北京宣言》和《行动纲领》的国家报告，以及《中华人民共和国执行〈消除对妇女一切形式歧视公约〉第九次定期报告》；三是中国关于妇女发展与性别平等的四个白皮书和三个《中国妇女发展纲要》。

一　中国代表在联合国安理会的相关发言与核心观点

中国对联合国安理会关于"妇女、和平与安全"议程的立场和观点，集中体现于中国代表在安理会围绕该主题进行的公开辩论中。其中主要包括从2000年10月到2019年10月，中国代表在联合国安理会关于妇女、和平与安全的公开辩论中的共35次发言（见表4-1）。这35次发言的内容表现了高度的前后一致性，也视具体情况变化而有所差异。

表4-1　中国代表在联合国安理会关于妇女、和平与安全的公开辩论中的发言（2000~2019年）

年份	序号	会议记录编号	日期	代表姓名	内容要点数量
2000	1	S/PV.4208	10.24	沈国放	未分点
2002	2	S/PV.4589	07.25	王英凡	2点
	3	S/PV.4635	10.28	张义山	未分点
2003	4	S/PV.4852	10.29	王光亚	3点

第四章
中国落实"妇女、和平与安全"议程的立场与实践

续表

年份	序号	会议记录编号	日期	代表姓名	内容要点数量
2004	5	S/PV.5066	10.28	张义山	6点
2005	6	S/PV.5294	10.27	王光亚	5点
2006	7	S/PV.5556	10.26	刘振民	4点
2007	8	S/PV.5766	10.23	刘振民	3点
2008	9	S/PV.5916	06.19	刘振民	4点
2008	10	S/PV.6005	10.29	张业遂	3点
2009	11	S/PV.6180	08.09	刘振民	4点
2009	12	S/PV.6195	09.30	张业遂	3点
2009	13	S/PV.6196	10.05	张业遂	2点
2010	14	S/PV.6302	04.27	龙舟	未分点
2010	15	S/PV.6411	10.26	王民	4点
2010	16	S/PV.6453	12.17	王民	4点
2011	17	S/PV.6642	10.28	李宝东	4点
2012	18	S/PV.6722	02.23	王民	5点
2012	19	S/PV.6877	11.30	王民	4点
2013	20	S/PV.6948	04.17	李宝东	3点
2013	21	S/PV.6984	06.24	王民	3点
2013	22	S/PV.7044	10.18	刘结一	4点
2014	23	S/PV.7160	04.25	王民	3点
2014	24	S/PV.7289	10.28	刘结一	3点
2015	25	S/PV.7428	04.15	刘结一	4点
2015	26	S/PV.7533	10.14	刘结一	4点
2016	27	S/PV.7658	03.28	刘结一	5点
2016	28	S/PV.7704	06.02	吴海涛	4点
2016	29	S/PV.7793	10.25	吴海涛	4点

续表

年份	序号	会议记录编号	日期	代表姓名	内容要点数量
2017	30	S/PV.7938	05.15	吴海涛	4点
	31	S/PV.8079	10.27	申博	4点
2018	32	S/PV.8234	04.16	吴海涛	4点
	33	S/PV.8382	10.25	马朝旭	4点
2019	34	S/PV.8514	04.23	马朝旭	4点
	35	S/PV.8649	10.29	张军	3点

资料来源：笔者根据2000~2019年中国代表在联合国安理会关于妇女、和平和安全的公开辩论中的发言的逐字记录整理自制。安理会会议记录网址：https://www.un.org/securitycouncil/zh/content/meetings-records，最后访问日期：2020年8月17日。

通过对2015年以来政府代表在安理会公开辩论中所发表声明的内容进行分析，中国关于"妇女、和平与安全"议程的核心观点可以概括为六个主要方面。

第一，中国政府积极支持和郑重承诺落实安理会第1325（2000）号决议，"中方愿积极支持和参与第1325号决议落实情况全面审议，与各方共同努力，推动联合国在妇女、和平与安全领域工作迈上新台阶"。[1]

第二，中国主张要标本兼治，推动受冲突影响的国家实现妇女和经济社会的同步发展；[2]强调通过和平手段预防和化解武装冲突，从根源消除冲突中滋生性暴力的土壤；[3]加大对热点问题的政治解决力度，创造有利于女性生存发展

---

[1]《安全理事会第八六四九次会议临时逐字记录》，2019年10月29日，https://undocs.org/zh/S/PV.8649，最后访问日期：2020年8月17日。

[2]《安全理事会第八三八二次会议临时逐字记录》，2018年10月25日，https://www.un.org/en/ga/search/view_doc.asp?symbol=S/PV.8382&Lang=C，最后访问日期：2020年8月17日。

[3]《安全理事会第八五一四次会议临时逐字记录》，2019年4月23日，https://undocs.org/zh/S/PV.8514，最后访问日期：2020年8月17日。

第 四 章

中国落实"妇女、和平与安全"议程的立场与实践

的国际环境。[1]

第三,各国应充分尊重当事国主权,发挥当事国主导作用;[2]当事国是保护本国国民的主体,应在保护本国妇女、女童,打击冲突中贩运妇女和女童方面承担首要责任;[3]当事国对预防和打击冲突中性暴力、保护本国妇女儿童负有首要责任。因此,中国政府希望非政府组织的活动遵守当事国法律,尊重当事国政府主导权。

第四,各国应充分发挥联合国现有机制作用,各司其职,形成合力;安理会应充分发挥维护国际和平与安全的主要职责,重点处理好妇女、和平与安全领域的问题,与联合国大会、联合国经济及社会理事会、联合国妇女署（UN Women）等相关机构根据各自分工加强协调。[4]

第五,国际社会应帮助有关国家积极开展冲突后重建,支持当事国加强能力建设,促进经济社会发展,更好地保护妇女权益;应积极向发展中国家提供发展援助和技术支持,帮助其推进妇女平等和妇女赋权工作,同时引导

---

1. 《安全理事会第八三八二次会议临时逐字记录》,2018年10月25日,https://www.un.org/en/ga/search/view_doc.asp?symbol=S/PV.8382&Lang=C,最后访问日期:2020年8月17日。
2. 《安全理事会第八二三四次会议临时逐字记录》,2018年4月16日,https://www.un.org/en/ga/search/view_doc.asp?symbol=S/PV.8234&Lang=C,最后访问日期:2020年8月17日。《安全理事会第七九三八次会议临时逐字记录》,2017年5月12日,https://www.un.org/en/ga/search/view_doc.asp?symbol=S/PV.7938&Lang=C,最后访问日期:2020年8月17日。
3. 《安全理事会第七七〇四次会议临时逐字记录》,2016年6月2日,https://www.un.org/en/ga/search/view_doc.asp?symbol=S/PV.7704&Lang=C,最后访问日期:2020年8月17日。
4. 《安全理事会第七五三三次会议临时逐字记录》,2015年10月13日,https://www.un.org/en/ga/search/view_doc.asp?symbol=S/PV.7533&Lang=C,最后访问日期:2020年8月17日。

妇女团体和民间社会为此发挥积极和建设性作用,[1]但它们的活动要与当事国充分协商,发挥建设性作用。[2]

第六,中方愿同国际社会共同努力,继续推动落实妇女、和平与安全领域各项目标,为推动全球妇女事业的发展不懈努力,共同构建人类命运共同体,共同创造一个对所有女性、所有人更加美好的世界。[3]

这些内容直接反映了中国政府对"妇女、和平与安全"议程的立场,即中国倾向于将其视为一个与冲突发生国直接相关的国际议题,主张坚持和平共处五项基本原则,尊重相关国家的主权;认为对于中国这样未有武装冲突的国家,主要责任是对相关国家进行国际援助,致力于构建和平的国际环境。正如《作为外交事业的妇女、和平与安全:中国个案》[4]一文指出的,中国"更倾向于将落实'妇女、和平与安全'议程作为一项外交事业,通过和平与发展的解决方法来实现它"。[5]

同时,中国不赞成过度扩大非政府组织在"妇女、和平与安全"议程上的权利,以避免侵蚀主权国家的主导权。联合国安理会于2019年通过的第2493

1.《安全理事会第七七九三次会议临时逐字记录》,2016年10月25日,https://www.un.org/en/ga/search/view_doc.asp?symbol=S/PV.7793&Lang=C,最后访问日期:2020年8月17日。
2.《安全理事会第八六四九次会议临时逐字记录》,2019年10月29日,https://undocs.org/zh/S/PV.8649,最后访问日期:2020年8月17日。
3.《安全理事会第八三八二次会议临时逐字记录》,2018年10月25日,https://www.un.org/en/ga/search/view_doc.asp?symbol=S/PV.8382&Lang=C,最后访问日期:2020年8月17日。
4. Tiewa Liu, "WPS as Diplomatic Vocation: The Case of China," in *The Oxford Handbook of Women, Peace, and Security*, edited by Sara E. Davies, Jacqui True, Oxford University Press, 2019, pp. 694–709.
5. Tiewa Liu, "WPS as Diplomatic Vocation: The Case of China," in *The Oxford Handbook of Women, Peace, and Security*, edited by Sara E. Davies, Jacqui True, Oxford University Press, 2019, pp.705–706.

第四章
中国落实"妇女、和平与安全"议程的立场与实践

（2019）号决议的第6段规定，"大力鼓励会员国为民间社会，包括正式和非正式的社区妇女领袖、妇女建设和平者、政治行为体以及保护和增进人权者，独立、不受无理干扰地开展工作，包括在武装冲突局势中开展工作，创造安全、有利的环境，并处理针对上述各方的威胁、骚扰、暴力和仇恨言论"。[1]中国代表在安理会第八六四九次会议上的发言中指出，"应充分尊重非盟、阿盟等有关区域和次区域组织自主权和独特作用，加强政策交流，分享最佳实践。非政府组织开展活动要遵守当事国法律，尊重当事国政府主导权，与当事国充分协商，发挥建设性作用。因此，中方对第2493号决议第6执行段是有保留的"。[2]

二 中国官方文件中的相关内容与论述

从1995年北京世妇会召开至今，中国政府已向联合国提交"北京+5"、"北京+10"、"北京+15"、"北京+20"和"北京+25"五份国家报告。这部分文件与审查、评估北京《行动纲领》第五个重大关切领域"妇女与武装冲突"及《2030年可持续发展议程》中关于"创建和平和包容的社会"的目标16高度相关。

中国于2000年5月提交的第一份报告（"北京+5"报告）中设有独立的"妇女与武装冲突"部分。它概括了中国的基本原则：一贯坚持奉行独立自主的和平外交政策，主张各国之间的争端通过和平协商解决，反对诉诸武力或以武力相威胁；将继续关注受到武装冲突影响的妇女的权益，特

---

1. 联合国安全理事会：《第2493（2019）号决议》，S/RES/2493(2019)，2019年10月29日，https://undocs.org/zh/S/RES/2493(2019)，最后访问日期：2021年3月9日。
2.《安全理事会第八六四九次会议临时逐字记录》，2019年10月29日，https://undocs.org/zh/S/PV.8649，最后访问日期：2021年3月9日。

别是国外华侨妇女的状况,支持妇女平等参与一切维护世界和平的行动;赞成依照国际法采取措施,减少经济制裁对妇女和儿童的不利影响;承认并支持妇女组织为传播和平文化事业做出努力和贡献;坚决反对任何削弱联合国作用的企图。

在强调中国国内没有武装冲突的同时,该报告列举了中国政府为实现"妇女和武装冲突"这一重大关切领域的战略目标所做的一系列努力,包括中国积极参与联合国的维和行动,至2000年共派出1500余人次参加联合国在中东、柬埔寨、伊拉克和科威特边境、西撒哈拉、东帝汶、塞拉利昂等地的维和行动。中国在禁止核武器试验、裁军及扫雷行动等方面做出了切实的努力,于1996年首批签署了《全面禁止核试验条约》;继20世纪80年代中国单方面裁军100万人后,于1997年宣布将在三年内裁军50万人;中国先后在中越边界中国一侧进行了两次大规模战后扫雷行动,经过40个月的奋战,扫除地雷188万枚,其他爆炸物32万枚,销毁废弃弹药700多吨,完成扫描面积300多平方千米。[1]

其后的中国国家报告中涉及"妇女与武装冲突"的内容很少,但都有妇女参与国际交流合作的内容。例如,"北京+20"报告在总体成就部分论述了"开展国际交流与合作,促进全球妇女儿童共同发展"的要点,主要梳理了中国举办和参与的大型国际会议的情况,介绍了中国积极开展的性别平等和妇女赋权合作项目,包括中国先后向66个国家派遣医疗队,援建了130多所医疗卫生设施(含30个疟疾防治中心),为发展中国家妇女干部提供培训。[2]

---

1. 中华人民共和国:《中华人民共和国一九九五年第四次世界妇女大会〈北京宣言〉〈行动纲领〉执行成果报告》,2000年5月,第26~27页。
2. 中华人民共和国:《中华人民共和国执行〈北京宣言和行动纲领〉(1995年)及第23届联大特别会议成果文件(2000年)情况报告》,2015。

第 四 章

中国落实"妇女、和平与安全"议程的立场与实践

2019年,中国政府向联合国妇女署提交《第四次世界妇女大会暨〈北京宣言〉与〈行动纲领〉通过二十五周年国家级综合审查报告》。该报告第二节专门设有"和平、包容的社会"部分,指出中国一贯致力于促进和平与包容社会的建立,积极推动和促进可持续发展。报告从国际交流合作的角度,回答了"北京+25"说明中提出的三个大问题,强调中国积极推动建立和维护促进妇女发展的和平环境,中国妇女积极参与维护和平、促进和平的各项事业,中国深度参与和积极推动全球妇女事务合作交流,加强国际执法合作,严厉打击跨国拐卖犯罪,全面落实国家反拐行动计划,推进打击拐卖犯罪的社会综合治理。[1] 中国"北京+25"报告"和平、包容的社会"部分仍以国际问题为主,在打击拐卖犯罪行动上,同时讨论了打击跨国拐卖犯罪和国内推进打击拐卖犯罪的综合治理成绩。

2020年,中国政府向联合国消歧委员会提交了执行《消歧公约》第九次定期报告。报告在"促进妇女代表政府参与国际事务"部分指出,中国妇女拥有与男性完全平等的权利,代表本国政府参加各种国际交往和国际组织工作。围绕推进"一带一路"建设、推动构建人类命运共同体等倡议和主张,多领域、多渠道、多层次开展妇女对外交流,加强与联合国有关机构合作,成功举办亚太经合组织妇女与经济论坛、二十国集团妇女会议、中国—阿拉伯国家妇女论坛、首届上海合作组织妇女论坛等妇女交流活动,加强双边和区域交流机制框架下的妇女人文交流,支持和帮助发展中国家妇女能力建设,增进各国妇女之间友谊,促进民心相通。参加国际会议的中国代表团中,女

---

1. 中华人民共和国:《第四次世界妇女大会暨〈北京宣言〉与〈行动纲领〉通过二十五周年国家级综合审查报告》,2019年8月。

性数量和所占比例不断增多。[1]

从1994年至2019年,中国政府先后共颁布四份关于妇女发展与性别平等的白皮书(见表4-2)。中国政府白皮书,是国务院新闻办公室组织发表的代表中国政府立场的正式官方报告书,[2]具有在国际社会中塑造中国形象的作用,因而较为关注中国的国际交往和履行国际责任的内容。

表4-2 关于妇女发展与性别平等的白皮书

年份	题名	有关国际问题的内容
1994	中国妇女的状况	八、积极参与国际妇女活动
2005	中国性别平等与妇女发展状况	无独立标题,相关内容放入"促进性别平等与妇女发展的国家机制"部分
2015	中国性别平等与妇女发展	八、性别平等与妇女发展的国际交流合作
2019	平等 发展 共享:新中国70年妇女事业的发展与进步	九、妇女参与国际交流与合作日益广泛

资料来源:笔者自制。

在1994年发布的《中国妇女的状况》中,"积极参加国际妇女活动"部分约占全文的18%,系统总结了相关内容。要点包括:中国在联合国系统的有关妇女机构中发挥了积极的作用;中国妇女积极发展同世界各国妇女组织及妇女人士的交往;中国积极开展妇女方面的国际合作项目;中国一贯支持发展中国家为促进妇女参与经济发展所做的努力;中国在广泛参加国际妇女双

1.《中华人民共和国执行〈消除对妇女一切形式歧视公约〉第九次定期报告》,2020年3月26日,CEDAW/C/CHN/9,https://tbinternet.ohchr.org/_layouts/15/treatybodyexternal/Download.aspx?symbolno=CEDAW%2fC%2fCHN%2f9&Lang=en,最后访问日期:2021年3月9日。
2. 刘朋:《中国人权外宣的现状、功能与对策——以41部人权类中国政府白皮书为例》,《人权》2012年第6期。

第 四 章
中国落实"妇女、和平与安全"议程的立场与实践

边和多边活动中，始终坚持联合国提出的平等、发展与和平的主题；中国积极承办第四次世界妇女大会，努力当好东道主；等等。其中特别提到：1980年以来，中国共向50个国家的妇女儿童组织提供了101批实物援助，为受援国培训待业女青年和开展妇女工作提供了一定的帮助，在相关国家传授技术，帮助培训当地妇女，受到当地政府和人民的好评。[1]

2005年发布的《中国性别平等与妇女发展状况》白皮书用少量篇幅指出，中国政府重视与联合国及有关国际组织的合作，积极加强与各国政府和妇女组织的交流与合作，认真履行国际公约。[2]

2015年发布的《中国性别平等与妇女发展》白皮书中，第八部分"性别平等与妇女发展的国际交流合作"所占篇幅超过10%，内容详尽，指出："中国积极履行性别平等与妇女发展的国际公约和文书，广泛开展妇女领域多边、双边的交流合作，加强与各国妇女组织的友好交往，注重对发展中国家妇女提供技术培训和物资援助，在推动全球性别平等与妇女发展中发挥了重要作用。"2015年白皮书第一次介绍了中国女外交官的数量："2015年，中国有女外交官1695人，占外交官总数的30.7%，其中，女大使12人、女总领事19人、女参赞132人，分别占同级外交官的7.9%、24.4%和30.4%。"[3]

---

[1]. 国务院新闻办公室：《中国的妇女状况》（1994年6月），国新网，http://www.scio.gov.cn/zfbps/ndhf/1994/Document/307996/307996.htm，最后访问日期：2021年3月9日。

[2]. 国务院新闻办公室：《中国性别平等与妇女发展状况》（2005年8月），国新网，http://www.scio.gov.cn/zfbps/ndhf/2005/Document/307897/307897.htm，最后访问日期：2021年3月9日。

[3]. 国务院新闻办公室：《中国性别平等与妇女发展》（2015年9月），国新网，http://www.scio.gov.cn/zfbps/ndhf/2015/Document/1449896/1449896.htm，最后访问日期：2021年3月9日。

2019年发布的《平等 发展 共享：新中国70年妇女事业的发展与进步》白皮书中，"妇女参与国际交流与合作日益广泛"所占篇幅超过10%，强调中国高度重视开展妇女领域的国际交流与合作。"党的十八大以来，在推动构建人类命运共同体进程中，中国妇女事业实现了引领全球妇女发展的历史性飞跃，为世界妇女运动贡献了中国方案和中国力量。"[1]

作为政府规划妇女发展的纲领性文件，妇女发展纲要的实施是中国妇女发展的重要前提和保障。[2] 自1995年起，中国政府共出台三个《中国妇女发展纲要》。《中国妇女发展纲要（1995—2000年）》在主要目标部分提出"扩大我国妇女同各国妇女的友好交往，促进世界和平"；[3]《中国妇女发展纲要（2001—2010年）》的妇女与环境部分包括"扩大妇女工作领域的国际交流与合作，提高我国妇女在国际事务中的影响力，促进世界和平、进步与发展"的内容；[4]《中国妇女发展纲要（2011—2020年）》的妇女与环境部分，强调"开展促进妇女发展的国际交流与合作。积极履行联合国《消除对妇女一切形式歧视公约》等国际文件，扩大多边和双边交流与合作，宣传我国促进妇女

---

1. 国务院新闻办公室：《平等 发展 共享：新中国70年妇女事业的发展与进步》（2019年9月），国新网，http://www.scio.gov.cn/zfbps/32832/Document/1664883/1664883.htm，最后访问日期：2021年3月9日。
2. 顾秀莲：《充分认识妇女儿童在经济和社会发展中的重要作用 推进新纲要的全面实施——国务院妇女儿童工作委员会副主任、全国妇联副主席顾秀莲在全国妇女儿童工作会议上的讲话》，《中国妇运》2001年第11期。
3.《中国妇女发展纲要（1995—2000年）》（1995年8月），国务院妇女儿童工作委员会网站，http://www.nwccw.gov.cn/2017-04/05/content_149162.htm，最后访问日期：2021年3月9日。
4.《中国妇女发展纲要（2001—2010年）》（2002年6月），国务院妇女儿童工作委员会网站，http://www.nwccw.gov.cn/2017-04/05/content_149163.htm，最后访问日期：2021年3月9日。

第四章
中国落实"妇女、和平与安全"议程的立场与实践

发展取得的成就,提高我国妇女在国际事务中的影响力"。[1]

综合来看,无论是中国向联合国提交的国家报告、中国在安理会上的发言,还是妇女发展与性别平等白皮书和中国妇女发展纲要,它们都反映了:在此特定语境下,中国坚守和平共处五项原则,区分了国际问题和国内问题。对中国而言,在国际舞台上"创建和平和包容的社会"的主调是"创建和平和包容的国际社会",亦可以理解为"人类命运共同体"。

第二节 中国落实"妇女、和平与安全"议程的主要实践

在履行关于以北京《行动纲领》第五个重大关切领域"妇女与武装冲突"、"妇女、和平与安全"议程、《第30号一般性建议》及2030年可持续发展目标16为核心的国际承诺的特定语境下,本着和平共处五项原则的精神,中国主要将落实重心放在推动妇女参与和帮助发展中国家妇女发展等议题上。因此,本节将着重回顾和总结中国妇女参与外交事务、国际交流合作以及中国国防建设的发展状况。

一 促进妇女全面发展 共建共享美好世界

2015年以来,中国"创建和平和包容的国际社会"的努力是高起点、高平台进行的。2015年9月,在联合国成立70周年、北京世界妇女大会召开20

---

[1].《中国妇女发展纲要(2011—2020年)》(2011年7月),国务院妇女儿童工作委员会网站,http://www.nwccw.gov.cn/2017-04/05/content_149165.htm,最后访问日期:2021年3月9日。

周年之际，中国与联合国妇女署共同举办全球妇女峰会，140多个国家的元首和政府首脑以及联合国机构、国际组织代表出席会议。[1] 习近平在联合国全球妇女峰会上发表题为《促进妇女全面发展 共建共享美好世界》的讲话。讲话指出："妇女是物质文明和精神文明的创造者，是推动社会发展和进步的重要力量。没有妇女，就没有人类，就没有社会。"讲话提出"为促进男女平等和妇女全面发展加速行动"的四个要点：推动妇女和经济社会同步发展，积极保障妇女权益，努力构建和谐包容的社会文化，以及创造有利于妇女发展的国际环境。[2]

习近平在讲话中承诺，中国将向联合国妇女署捐款1000万美元；在今后5年内，帮助发展中国家实施100个"妇幼健康工程"，派遣医疗专家小组开展巡医活动；实施100个"快乐校园工程"，向贫困女童提供就学资助，提高女童入学率；邀请3万名发展中国家妇女来华参加培训，并在当地为发展中国家培训10万名女性职业技术人员。在中国同联合国合作设立的有关基金项目下，将专门开展支持发展中国家妇女能力建设的项目。[3] 贯彻执行习近平在讲话中提出的国际承诺为近5年来中国落实相关战略目标的首要任务。

2017年10月18日，中国共产党第十九次全国代表大会开幕。习近平代表第十八届中央委员会向大会做了题为《决胜全面建成小康社会 夺取新时代中

---

1. 国务院新闻办公室：《平等 发展 共享：新中国70年妇女事业的发展与进步》（2019年9月），国新网，http://www.scio.gov.cn/zfbps/32832/Document/1664883/1664883.htm，最后访问日期：2021年3月9日。
2. 习近平：《促进妇女全面发展 共建共享美好世界——在全球妇女峰会上的讲话》，《中国妇运》2015年第11期。
3. 习近平：《促进妇女全面发展 共建共享美好世界——在全球妇女峰会上的讲话》，《中国妇运》2015年第11期。

第四章
中国落实"妇女、和平与安全"议程的立场与实践

国特色社会主义伟大胜利》的报告。报告指出,"中国特色社会主义进入新时代,我国社会主要矛盾已经转化为人民日益增长的美好生活需要和不平衡不充分的发展之间的矛盾。我国稳定解决了十几亿人的温饱问题,总体上实现小康,不久将全面建成小康社会,人民美好生活需要日益广泛,不仅对物质文化生活提出了更高要求,而且在民主、法治、公平、正义、安全、环境等方面的要求日益增长。同时,我国社会生产力水平总体上显著提高,社会生产能力在很多方面进入世界前列,更加突出的问题是发展不平衡不充分,这已经成为满足人民日益增长的美好生活需要的主要制约因素"。[1]

2020年10月1日,习近平在联合国大会纪念北京世界妇女大会25周年高级别会议上发表讲话。他提出中国落实《北京宣言》和《行动纲领》的四点主张,包括帮助妇女摆脱疫情影响、让性别平等落到实处、推动妇女走在时代前列,以及加强全球妇女事业合作。"妇女事业发展离不开和平安宁的国际环境,离不开可持续发展,离不开发挥联合国的重要协调作用。我们支持联合国把妇女工作放在优先位置,在消除暴力、歧视、贫困等老问题上加大投入,在解决性别数字鸿沟等新挑战上有所作为,使妇女目标成为2030年议程的早期收获。我们也支持提高妇女在联合国系统中的代表性。联合国妇女署要丰富性别平等工具箱,完善全球妇女发展路线图。"他承诺:"我们将继续加大对全球妇女事业支持力度。未来5年内,中国将再向联合国妇女署提供1000万美元捐款。中国将继续设立中国—联合国教科文组织女童和妇女教育奖,支持全球女童和妇女教育事业。"习近平同时倡议,在2025年再次召开全

1.《决胜全面建成小康社会 夺取新时代中国特色社会主义伟大胜利——在中国共产党第十九次全国代表大会上的报告》,人民出版社,2017,第11页。

球妇女峰会。[1]

党的十九大报告精神和习近平2015年《促进妇女全面发展 共建共享美好世界》的讲话及2020年在联合国大会纪念北京世界妇女大会25周年高级别会议上的讲话，都为中国落实"妇女、和平与安全"议程提供了方向指引。

二 外交领域与维和部队中的女性参与

随着中国日益走近世界舞台中央，中国的对外联系在世界各国中逐步确立了领先地位。根据澳大利亚智库洛伊国际政策研究所（Lowy Institute）发布的"全球外交指数"（Global Diplomacy Index），2019年中国超过美国和法国，在全世界拥有最多的驻外外交机构（见表4-3）。

表4-3 澳大利亚智库洛伊国际政策研究所"全球外交指数"中国排名（2019.12.27）

单位：个

年份	名次	大使馆数量	领事馆数量	常驻使团数量	其他	总数
2019	1	169	96	8	3	276
2017	2	164	95	4	4	267
2016	3	163	91	8	1	263

资料来源："Lowy Institute Global Diplomacy Index," https://globaldiplomacyindex.lowyinstitute.org/，最后访问日期：2020年8月1日。

继2015年的《中国性别平等与妇女发展》白皮书第一次介绍中国女外交官情况后，2019年的《平等 发展 共享：新中国70年妇女事业的发展与进步》中更新了相关数据："国家外交领域活跃着一批女外交官，截至2018年10月，中国有女

---

[1]《习近平在联合国成立75周年系列高级别会议上的讲话》，人民出版社，2020，第22~23页。

第四章
中国落实"妇女、和平与安全"议程的立场与实践

外交官2065人,占外交官总数的33.1%,其中女大使14人、女总领事21人、处级以上女参赞326人。妇女在外交事务中充分展示巾帼风采,贡献智慧和力量。"[1]

傅莹是中国外交部前副部长,前驻英国、菲律宾大使,她是众多中国女外交官的卓越代表。《中国妇女:从"闭笼一室"到"走近世界舞台中央"》一文指出:傅莹在化解矛盾、处理危机、推动中国外交发展方面的具体做法,被总结为"傅莹模式"。[2]王逸舟在《创造性介入:中国外交新取向》中则将其称为"傅莹方式"。[3]毫无疑问,无论是"傅莹模式"还是"傅莹方式",都展示了中国女外交官的卓越智慧,为探索柔性表达国家利益、塑造国家形象的有效途径做出了积极贡献。

积极履行国际义务和深度参与全球妇女事务合作交流,是中国致力于创建和平和包容社会的重要方面。中国高度重视并支持妇女领域的对外交流。全国妇联在中国妇女对外国际交流合作中扮演了重要角色,目前已与145个国家,429个妇女组织、机构以及联合国相关组织和专门机构保持友好交往。[4]前文提到的"北京+25"报告中列举了中国积极推动建设和发展多边妇女合作机制、支持发展中国家妇女加强能力建设、妇女组织积极参与妇

---

1. 国务院新闻办公室:《平等 发展 共享:新中国70年妇女事业的发展与进步》(2019年9月),国新网,http://www.scio.gov.cn/zfbps/32832/Document/1664883/1664883.htm,最后访问日期:2021年3月10日。
2. 李英桃:《中国妇女:从"闭笼一室"到"走近世界舞台中央"》,《中国妇女报》2019年10月14日。
3. 王逸舟:《创造性介入:中国外交新取向》,北京大学出版社,2011,第39~47页。
4. 国务院新闻办公室:《平等 发展 共享:新中国70年妇女事业的发展与进步》(2019年9月),国新网,http://www.scio.gov.cn/zfbps/32832/Document/1664883/1664883.htm,最后访问日期:2021年3月10日。

民生合作的成果。2014年以来，在中联部、外交部、商务部的支持下，全国妇联向共建"一带一路"的18个国家提供了23批小额物资援助；2015年以来，已帮助其他发展中国家实施了60多个"妇幼健康工程"和60个"快乐校园工程"，邀请将近2万名发展中国家妇女来华参加培训，并在当地培训了6万名女性职业技术人员[1]等等。

增加女性维和人员的数量是联合国执行第1325（2000）号决议的重要举措。这一做法能够为冲突局势中的妇女和儿童提供交流渠道，更便于讨论他们的迫切需要和保护问题。妇女平等参与军事、警察和民事工作，在崇尚男性特质的军队和以国家为中心的传统安全领域中尤其重要。接受过性别平等培训的维和人员更容易满足当地妇女和儿童的需要，特别是处在复员和重返平民生活过程中的女性前战斗人员的特殊需要，并为性暴力和基于性别的暴力的幸存者提供周到细致的支持和帮助。中国是联合国维和行动的主要出资国之一，是安理会常任理事国第一大出兵国。参加联合国维和行动30年来，中国军队先后参加25项联合国维和行动，累计派出维和官兵4万余人次，16名中国官兵为和平事业献出了宝贵生命。2020年8月，2521名中国官兵正在8个维和特派团和联合国总部执行任务。中国女性维和官兵在维和行动中发挥了越来越重要的作用，先后有1000余名女性官兵参与医疗保障、联络协调、扫雷排爆、巡逻观察、促进性别平等、妇女儿童保护等工作，展示了中国女性的巾帼风采。[2]

---

1. 中华人民共和国：《第四次世界妇女大会暨〈北京宣言〉与〈行动纲领〉通过二十五周年国家综合审查报告》，2019年8月。
2. 国务院新闻办公室：《中国军队参加联合国维和行动30年》（2020年9月），中国政府网，http://www.gov.cn/zhengce/2020-09/18/content_5544398.htm，最后访问日期：2021年3月10日。

三　新时代的中国裁军与国防费

缩减国防费与裁军是中国落实第四次世界妇女大会《行动纲领》和"妇女、和平与安全"议程的重要方面。

20世纪80年代以来，中国多次主动进行裁军，先后裁减员额100万、50万、20万。2015年9月3日，习近平在纪念中国人民抗日战争暨世界反法西斯战争胜利70周年大会上发表讲话。他宣布："中国将裁减军队员额30万。"[1]时任国防部新闻发言人杨宇军在新闻发布会上告诉中外记者："此次裁军，再次表明中国始终高举和平、发展、合作的旗帜，始终坚定不移走和平发展道路，始终奉行防御性的国防政策，始终是维护世界和平和地区稳定的坚定力量。"[2]

根据2019年发布的《新时代的中国国防》白皮书，改革开放以来，中国国防费经历了从维持性投入到适度增长的发展历程，总体保持与国家经济和财政支出同步适度协调增长。国防费占国内生产总值（GDP）的比重从1979年最高的5.43%下降到2017年的1.26%（见图4-1），近30年一直保持在2%以内。1979年国防费占国家财政支出的比重为17.37%，2017年为5.14%，下降超过12个百分点，总体下降趋势明显（见图4-2）。

从国防费占国内生产总值的比重看，2012～2017年，中国国防费占国内生产总值平均比重为1.3%，美国约为3.5%、俄罗斯约为4.4%、印度约为2.5%、英国约为2.0%、法国约为2.3%、日本约为1.0%、德国约为1.2%。中国国防费占国内生产总值的平均比重在国防费位居世界前列的国家中排第六

---

1. 《习近平谈治国理政》（第二卷），外文出版社，2017，第447页。
2. 孙彦新、王经国、李宣良：《国防部举行新闻发布会详解阅兵和裁军等问题》，2015年9月3日，http://www.mod.gov.cn/info/2015-09/03/content_4617698.htm，最后访问日期：2021年3月10日。

位，是联合国安理会常任理事国中排位最低的（见图4-3）。

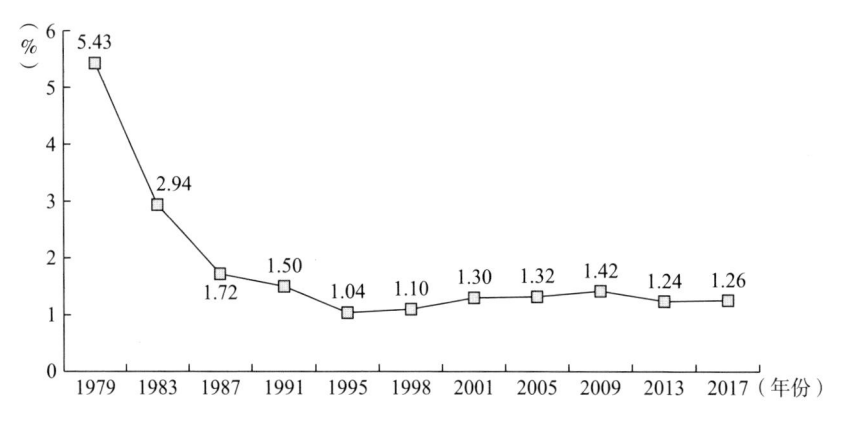

图4-1　1979～2017年中国国防费占同期GDP的比重

资料来源：国务院新闻办公室：《新时代的中国国防》（2019年7月），国新网，http://www.scio.gov.cn/zfbps/ndhf/39911/Document/1660529/1660529.htm，最后访问日期：2021年3月10日。

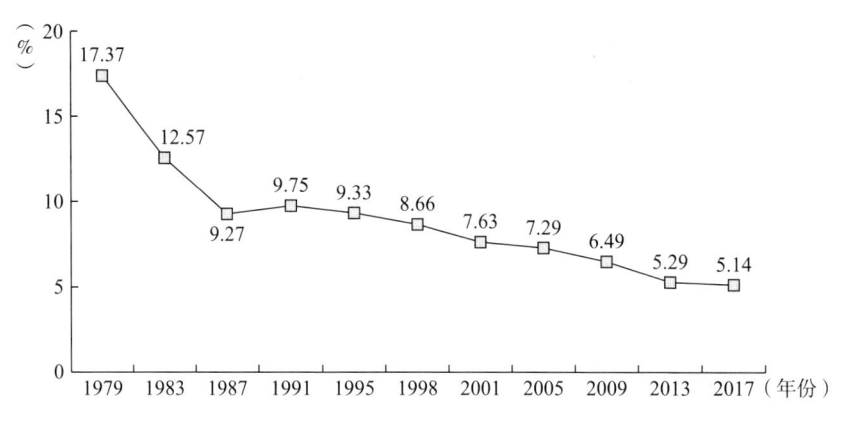

图4-2　1979～2017年中国国防费占同期国家财政支出的比重

资料来源：国务院新闻办公室：《新时代的中国国防》（2019年7月），国新网，http://www.scio.gov.cn/zfbps/ndhf/39911/Document/1660529/1660529.htm，最后访问日期：2021年3月10日。

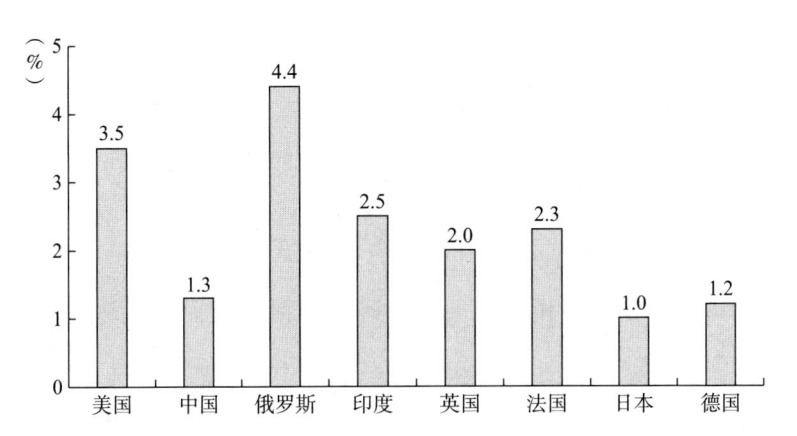

第四章
中国落实"妇女、和平与安全"议程的立场与实践

图4-3　2012~2017年国防费占同期GDP平均比重的国别比较

美国 3.5　中国 1.3　俄罗斯 4.4　印度 2.5　英国 2.0　法国 2.3　日本 1.0　德国 1.2

资料来源：国务院新闻办公室：《新时代的中国国防》（2019年7月），国新网，http://www.scio.gov.cn/zfbps/ndhf/39911/Document/1660529/1660529.htm，最后访问日期：2021年3月10日。

必须承认，随着中国经济的快速发展，中国的国防费总量有所增加；但是，中国的人均国防费、国防费占国内生产总值的比重反而有所下降。中国的武器装备总体比较落后、信息化建设任务很重；随着国家经济社会发展和城乡居民人均收入的提高，要保证军队人员的工资待遇水平同步提高，进一步完善军人社会保险制度；保障深化国防和军队改革，特别是裁减军队员额30万，需要相应增加编余人员退役安置等经费开支。[1]

总体来看，中国的国防费是公开透明的，开支水平是合理适度的。中国始终不渝奉行防御性国防政策，始终奉行在任何时候和任何情况下都不首先使用核武器、无条件不对无核武器国家和无核武器区使用或威胁使用核武器

---

1. 孙彦新、王经国、李宣良：《国防部举行新闻发布会详解阅兵和裁军等问题》，2015年9月3日，http://www.mod.gov.cn/info/2015-09/03/content_4617698.htm，最后访问日期：2021年3月10日。

的核政策，坚持履行国际责任和义务，始终高举合作共赢的旗帜，在力所能及的范围内向国际社会提供更多公共安全产品，积极为构建人类命运共同体贡献力量。而积极参与联合国的维和行动就是其中一个重要方面。

四 打击跨国拐卖妇女和女童犯罪的行动

在加强国际执法合作、严厉打击跨国拐卖犯罪方面，中国取得了显著成效。2013年3月8日，国务院办公厅印发《中国反对拐卖人口行动计划（2013—2020年）》，要求公安部、人力资源和社会保障部、商务部、外交部负责，民政部配合，进一步做好跨国拐卖人口犯罪预防工作，加强口岸边防检查和边境通道管理，严格执行出入境人员查验制度，加大对非法入境、非法居留、非法就业外国人的清查力度；加强边境地区人力资源市场监管，严格规范对外劳务合作经营活动，依法取缔非法跨国婚姻中介机构。全国妇联负责加强流动、留守儿童及其监护人反拐教育培训，在流动、留守妇女儿童集中地区发挥妇女互助组、巾帼志愿者等组织的作用，完善妇女热线、妇女维权站点、妇女之家等功能，开展提高流动、留守妇女儿童反拐能力等工作；同时在加强拐卖人口犯罪活动重点行业、重点地区和重点人群预防犯罪工作，继续组织开展全国打击拐卖人口犯罪专项行动等方面配合相关部门的工作。根据该计划，对拐卖人口犯罪严重、防控打击不力的地区，依法依纪追究有关人员的责任，并实行社会管理综合治理一票否决。[1]

中国已于2003年与柬埔寨、越南、老挝、缅甸、泰国确定大湄公河次区域的区域合作机制，即湄公河次区域合作反拐进程，2004年签订《大湄公河次

---

1. 国务院办公厅：《中国反对拐卖人口行动计划（2013—2020年）》（2013年3月2日），中国政府网，http://www.gov.cn/zhuanti/2013-03/08/content_2593539.htm，最后访问日期：2021年3月10日。

第四章
中国落实"妇女、和平与安全"议程的立场与实践

区域反对拐卖人口区域合作谅解备忘录》,[1]以创建一个持续有效的跨境合作反对拐卖人口的体系。2015~2018年,六国开始执行第四个大湄公河次区域反对拐卖人口行动计划。近年来,中国在云南、广西边境地区与越南、缅甸、老挝建立了8个"打拐执法合作联络办公室",充分发挥通道作用,建立热线联系,形成了定期会晤制度以及重大案件和特殊案件随时通报会晤制度、刑事案件情报信息交流机制,共同打击跨境拐卖犯罪,及时解救、移交被拐卖受害人。在2016年的中越联合打拐行动中,中方共破获案件184起,打掉犯罪团伙61个,抓获犯罪嫌疑人290名,解救妇女207名、儿童1名。[2]2016年10月,中国和柬埔寨签订《关于加强合作预防和打击拐卖人口的协定》。[3]2018年11月,中泰两国代表签署了中泰政府间《关于合作预防和遏制拐卖人口的谅解备忘录》。[4]中国严厉打击拐骗妇女到境外强迫卖淫活动,及时摧毁犯罪团伙、解救被拐骗强迫卖淫的妇女,充分运用联合国打击贩运人口会议、中欧反拐合作平台、国际刑警组织等机制,不断提升公安部门打击犯罪和解救妇女儿童的能力和水平。

"促进妇女对培养和平文化的贡献"是《行动纲领》第五个重大关切领域"妇女与武装冲突"的具体战略目标之一。国内学者在开展和平学研究、推广和平教育、倡导建构性别平等的和平文化方面,取得了一定进展。

1.《大湄公河次区域反对拐卖人口区域合作谅解备忘录》,2004年9月29日,http://kidnap.bz.cn/2019/7.html,最后访问日期:2021年3月10日。
2. 张琰:《公安部:中越加强执法合作 打击跨国拐卖犯罪》,2017年5月22日,http://cn.chinadaily.com.cn/2017-05/22/content_29438722.htm,最后访问日期:2021年3月10日。
3.《中华人民共和国和柬埔寨王国联合声明》(2016年10月13日),中国政府网,http://www.gov.cn/xinwen/2016-10/14/content_5118780.htm,最后访问日期:2021年3月10日。
4. 辛闻:《中泰签署政府间合作预防和遏制拐卖人口谅解备忘录》,2018年11月2日,http://news.cpd.com.cn/n3559/c42360142/content.html,最后访问日期:2021年5月1日。

第三节　中国落实"妇女、和平与安全"议程的多边合作

与联合国系统相关机构合作，派遣人员开展维和行动，向受冲突影响国家提供援助，以及进行各层级多边、双边合作，是中国落实"妇女、和平与安全"议程实践的重要组成部分。中国已与俄罗斯、美国、英国、欧盟、印度尼西亚、南非、德国、印度等国家和区域组织建立高级别人文交流机制；还建立了中非合作论坛（Forum on China-Africa Cooperation）、中国—阿拉伯国家合作论坛（China-Arab States Cooperation Forum，中阿合作论坛）、中国—拉共体论坛（China-CELAC Forum，中拉论坛）等合作对话机制。以安理会第1325（2000）号决议为基石的"妇女、和平与安全"议程主要关注的是分布在全世界的冲突及冲突后重建中的国家和地区，妇女、和平与安全非政府工作组（Working Group on Women, Peace and Security）列出的31个重点关注对象集中分布在非洲和拉美等地区，[1]因此，研究中国与非洲联盟合作中的重要合作机制"中非合作论坛"和中国与拉共体合作的"中拉论坛"，对考察中国在联合国系统之外推进落实"妇女、和平与安全"议程的努力十分有益。

一　与联合国驻华机构合作落实"妇女、和平与安全"议程

中国通过与联合国下属机构的驻华代表处开展有效合作，不断推出并实施关于"妇女、和平与安全"议程的针对性项目，并将性别平等纳入各种法

---

[1] 李英桃、金岳嵘：《妇女、和平与安全议程——联合国安理会第1325号决议的发展与执行》，《世界经济与政治》2016年第2期。

第四章
中国落实"妇女、和平与安全"议程的立场与实践

律法规,使妇女发展成为各项法律的组成部分,采取具体措施改善妇女的卫生、教育、医疗、经济发展和政治参与状况。这些实践超越了战争与和平问题及传统安全观所讨论的范围,涉及广泛的非传统安全领域。

(一)与联合国妇女署驻华办事处合作

联合国妇女署于1998年在中国设立驻华办事处[1],开始与中国政府、全国妇联及各类妇女组织合作,共同为中国的两性平等提供创新方案、性别平等和妇女赋权战略、相关技术和财政援助。针对"妇女、和平与安全"议程的实施,由于中国国内安定,不属于受冲突影响区域,据联合国妇女署驻华办事处官方网站的介绍,目前其驻华办事处的相关工作集中于消除在中国仍普遍存在的家庭暴力、加强中国妇女的经济安全保障、将性别视角纳入中国国内的环境治理中以及消除艾滋病女性化等层面。[2]

家庭暴力这一针对妇女的直接暴力,是一个不可轻视的和平问题。和平不仅意味着要消除国家、民族之间的战争,也要消除家庭中的暴力。[3] 2008年起,联合国妇女署在中国开展消除针对妇女暴力的信托基金联合项目,与联合

---

1. 联合国妇女署是联合国大会在2010年7月决定建立、2011年2月正式成立,旨在促进性别平等和增强妇女权能的新实体。该实体由1946年成立的经社事务部提高妇女地位司、1976年成立的提高妇女地位国际研究训练所、1997年成立的秘书长两性平等问题和提高妇女地位问题特别顾问办公室、1976年成立的联合国妇女发展基金这四个机构整合而成。联合国妇女发展基金(The United Nations Development Fund for Women, UNIFEM)于1994年底在北京设立临时办事机构,1998年在北京设立办公室(刘伯红、杜洁:《国际妇女运动和妇女组织》,中国妇女出版社,2008,第42~43页)。2011年,联合国妇女发展基金驻华办事处更名为联合国妇女署驻华办事处(亦称"联合国妇女署中国办公室")。本书将2011年更名前后的这一机构统称为"联合国妇女署驻华办事处"。
2. "联合国妇女署驻华办事处",https://asiapacific.unwomen.org/en/countries/china/chinese/un-women-chinese,最后访问日期:2020年8月18日。
3. 李英桃:《女性主义和平学》,上海人民出版社,2012,第167页。

国人口基金会、联合国教科文组织和联合国开发署密切合作，在3年的时间里实现了在湖南、四川和甘肃的三个试点县建立一套多机构合作应对家庭暴力模式的目标，并重点帮助受家庭暴力影响的少数民族妇女和女童。全国妇联作为中方牵头机构，负责协调各相关中方项目参与机构的工作。通过联合国妇女署的中国社会性别研究和倡导基金项目，湖南省妇联与湖南省高级人民法院共同制定了一套具有里程碑意义的《反家暴案件司法处理指南》，这也是中国第一套相关指南。该指南充分考虑了家庭暴力案件在庭审过程中的妇女权利，为社会性别公正争取到了更多的司法支持，并在湖南省得到有效运用。[1]

在保障妇女的经济安全方面，2008年，联合国妇女署通过和陕西省妇联的合作，为陕西1000多位地震灾区的妇女提供实用且可持续的动物养殖技能培训、小额信贷等支持，并建立了妇女小组，提供提高领导力的培训，由此增强了妇女的自信心，增强了她们参与社会和政治活动的能力，使她们在社区的地位大大提高。[2] 在将社会性别视角纳入环境保护方面，为实现积极和平以及可持续的发展，联合国妇女署积极与地方机构合作。例如，从2010年起，联合国妇女署和中国灌排发展中心共同合作开发了"通过在水资源管理中赋权于妇女以促进青铜峡地区的社会性别平等"项目，该项目旨在发挥宁夏青铜峡县妇女在水资源管理中的重要作用，并为青铜峡的政府官员提供相关知识培训和宣传倡导，帮助他们调整政策，通过加强妇女在当地水资源管理中

---

1. 联合国妇女署驻华办事处：《消除针对妇女的暴力》，https://asiapacific.unwomen.org/en/countries/china/chinese/eliminating-violence-against-women-chinese，最后访问日期：2020年8月18日。
2. 联合国妇女署驻华办事处：《加强女性的经济保障和经济权利》，https://asiapacific.unwomen.org/en/countries/china/chinese/strengthening-womens-economic-rights-chinese，最后访问日期：2020年8月18日。

第四章
中国落实"妇女、和平与安全"议程的立场与实践

的参与以提升妇女作为集体的社会能力,由此促进性别平等。[1]

在消除艾滋病女性化这一问题上,统计数据显示,中国的女性艾滋病感染者所占比例快速上升,因此在防治、防控艾滋病中促进性别平等的任务便十分紧迫。联合国妇女署通过与中国当地疫控中心合作,为全球基金会援助的六个艾滋病疫情重点省份的妇联工作人员和其他民间妇女组织的成员提供领导力培训,以加强妇女组织在防治艾滋病方面的领导地位和领导能力。[2]

(二)与联合国开发计划署驻华代表处合作

"促进妇女赋权和性别平等"是联合国开发计划署(The United Nations Development Programme,UNDP)为满足各国发展在三个维度上的多样化需求,即消除贫困、结构转型和增强适应性而制定的六个特色解决方案之一。自2012年起,为更好地融合可持续发展目标,联合国开发计划署在中国开启了以社区为基础赋权少数民族妇女、促进文化产业发展的项目。[3]

调研显示,中国农村少数民族妇女是中国最容易陷入贫困的群体之一。在教育、就业和社区治理方面,女性通常比男性处于更不利的地位,该项目则旨在通过开发少数民族妇女独特的文化资产,赋权少数民族妇女,促进妇女参与社会和增强其经济发展的能力。例如,通过帮助彝族妇女发展文化产业特别

---

1. 联合国妇女署驻华办事处:《从社会性别角度面对气候变化和环境影响》,https://asiapacific.unwomen.org/en/countries/china/chinese/gendered-face-of-climate-change-and-environmental-effects-chinese,最后访问日期:2020年8月18日。
2. 联合国妇女署驻华办事处:《社会性别与艾滋病》,https://asiapacific.unwomen.org/en/countries/china/chinese/gender-and-hiv-aids-chinese,最后访问日期:2020年8月18日。
3. 联合国开发计划署(中国):《我们的重心》,https://www.cn.undp.org/content/china/zh/home/our-focus.html,最后访问日期:2020年8月18日。

是传统刺绣产业，促进平衡和公平的经济发展，使少数民族社区的妇女能够分享社会和经济发展的成果。其他方式包括加强少数民族妇女在社区组织、企业管理和传统手工艺技能方面的能力，制订小额贷款计划以资助企业扩张等。随着项目的深入推进，它加强了妇女组织、妇联工作者、地方官员这三个试点的能力建设，并促进了社区主导的文化产业发展，成功提升了彝族刺绣产品的市场竞争力和彝族妇女的生活水平。截至2015年底，该项目已惠及2650余人，其中90%以上为女性；彝族刺绣使当地的人均月收入由750元增加到1300元。此外，该项目吸引了流动妇女回乡从事彝族刺绣事业，从而缓解了当地老人、儿童等留守群体的问题。自项目启动以来，已有457名妇女返乡从事彝族刺绣产业，使558名留守人员得以团聚，由此从整体上保障了社会的安定，减少了不稳定因素，推动了积极和平与可持续发展的进程。[1]

（三）与联合国教科文组织北京办事处合作

联合国教育、科学及文化组织（United Nations Educational, Scientific and Cultural Organization, UNESCO）北京办事处成立于1984年，2002年1月，北京办事处发展成为东亚地区区域办事处，负责联合国教科文组织在朝鲜、日本、蒙古国、中国和韩国的项目和工作。联合国教科文组织在这五个国家中帮助建立了22个联合国教科文组织二类中心、60个生物保护区和95个世界遗产地，帮助加强了联合国教科文组织工作领域的政策、标准和实践，并促进了该地区内外国家之间的合作。针对妇女、和平与安全议题，联合国教科文

---

1. UNDP, "Empowering Ethnic Minority Women for Cultural Industrial Development through Community-based Approach The Challenge," https://www.cn.undp.org/content/china/en/home/operations/projects/poverty_reduction/empowering-ethnic-minority-women-for-cultural-industrial-develop.html，最后访问日期：2020年6月22日。

第四章
中国落实"妇女、和平与安全"议程的立场与实践

组织强调促进针对妇女与女童的教育，同时注重开展女性领导力教育，以促进妇女赋权、提升整个社会的性别平等程度。[1]

2015年9月，在北京召开的亚非女性教育者国际研讨会和在纽约举办的联合国"教育第一"全球倡议高级别会议上，联合国教科文组织促进女童和妇女教育特使彭丽媛女士均参会并发表讲话。亚非女性教育者国际研讨会的举办标志着联合国教科文组织—海航集团信托基金两个项目的启动，它们旨在支持亚非7个国家加速在教育领域实现性别平等，重点关注师资培训、专业发展和理念推广。同年10月，由中国提议的联合国教科文组织女童和妇女教育奖经联合国执行局获批准设立，中国与联合国教科文组织的紧密有效合作体现了中国积极致力于提倡女童教育和妇女赋权的工作，并成为在与亚非国家的互动中践行南南合作的典范，为促进全球的性别平等和妇女赋权，进而走向积极和平与可持续发展做出贡献。[2]

二 与重要区域机制合作落实"妇女、和平与安全"议程

中非合作论坛成立于2000年10月，由中国、与中国建交的53个非洲国家以及非洲联盟委员会组成。中非合作论坛的后续机制建立在三个级别的会议基础上：部长级会议每三年举行一届；高官级后续会议及为部长级会议做准备的高官预备会分别在部长级会议前一年及前数日各举行一次；非洲驻华使节与中方后续行动委员会秘书处每年至少举行两次会议。随着中非合作的不

---

1. 联合国教科文组织北京办事处简介，https://en.unesco.org/fieldoffice/beijing，最后访问日期：2020年8月18日。
2. 联合国教科文组织：《中国第一夫人在联合国教科文组织重申对女童和妇女教育事业的支持》，https://zh.unesco.org/news/zhong-guo-di-yi-fu-ren-zai-lian-he-guo-jiao-ke-wen-zu-zhi-chong-shen-dui-nu-tong-he-fu-nu-jia-0，最后访问日期：2020年6月22日。

断拓展和深化,中非民间论坛、中非青年领导人论坛、中非部长级卫生合作发展研讨会、中非媒体合作论坛、中非减贫与发展论坛等分论坛陆续成立。[1]

2018年9月3~4日,中非合作论坛北京峰会隆重举行。此次峰会通过了《关于构建更加紧密的中非命运共同体的北京宣言》(以下简称"中非《北京宣言》")和《中非合作论坛—北京行动计划(2019—2021年)》两个重要文件。

根据中非《北京宣言》,中方承诺同非洲国家加强发展战略对接,分享减贫发展特别是乡村地区经济社会发展以及性别平等、妇女和青年赋权经验,支持非洲国家实现发展振兴,妇女赋权议题被归入发展的大类之下。[2]在《中非合作论坛—北京行动计划(2019—2021年)》的人文合作部分包含了如下条款:"继续加强性别平等与妇女赋权领域的交流与合作,鼓励并支持开展高层女性对话、专题研讨、技能培训、女企业家对口交流等,共同促进妇女全面发展,实施面向弱势群体的妇幼心连心工程。"[3]中方坚持落实"中非人文交流机制",该机制包括推动中非妇女的交流。在减贫合作中,中国提出"保护非洲妇女儿童健康",2015年开始在非洲实施200个"幸福生活工程",以妇女儿童为主要受益者的减贫项目也将继续推进。在中非妇女合作层面上,强调要继续加强中非性别平等与妇女赋权领域的交流与合作。

中拉论坛成立于2014年7月,由中国与拉美和加勒比国家共同体的33个

---

[1]《中非合作论坛》,中非合作论坛官方网站,2019年8月,http://www.focac.org/chn/ltjj/ltjz/,最后访问日期:2020年6月22日。
[2]《关于构建更加紧密的中非命运共同体的北京宣言》,中非合作论坛官方网站,2018年9月5日,http://www.focac.org/chn/zywx/zywj/t1591944.htm,最后访问日期:2021年3月10日。
[3]《中非合作论坛—北京行动计划(2019-2021年)》,第5.5.4条,中非合作论坛官方网站,2018年9月5日,http://www.focac.org/chn/zywx/zywj/t1592247.htm。

第四章
中国落实"妇女、和平与安全"议程的立场与实践

成员国组成。中拉论坛旨在促进中拉平等互利、共同发展的全面合作伙伴关系发展,是推进中拉整体合作的主要平台。中拉论坛会议机制包括部长级会议、外长对话、国家协调员会议和各专业领域论坛和会议等。[1]

进入21世纪以来,中拉关系持续快速发展,各领域互利合作和双方利益融合不断深化,彼此视对方为重要合作伙伴和促进自身发展的重要机遇。在推进双边合作的同时,通过开展整体合作推动中拉关系在更高水平上实现新发展成为中拉双方的共识。2014年7月17日,中国国家主席习近平出席在巴西利亚举行的中国—拉美和加勒比国家领导人会晤。此次会晤通过了《中国—拉美和加勒比共同体领导人巴西利亚会晤联合声明》,宣布正式建立中拉论坛并决定尽早在北京召开论坛首届部长级会议。2015年1月8~9日,中拉论坛首届部长级会议在北京举行,标志着论坛正式启动。

2015年,中拉论坛首届部长级会议便制定并通过了《中国与拉美和加勒比国家合作规划(2015—2019)》,在第一条"政治与安全"中便明确了双方应在预防、打击和惩治偷运移民和贩卖人口,特别是贩卖妇女、儿童和青少年的行为方面加强合作,并在第十三条"民间友好"中倡议深化双方妇女组织间友好合作,共同促进性别平等和增强妇女权能。这体现了中拉合作中对于保障妇女基本人权、人身安全以及增进妇女组织交流及相互借鉴经验的重视,体现了典型的发展中国家之间南南合作的特点。[2]

---

1. 外交部:《论坛简介》,中国—拉共体论坛官方网站,http://www.chinacelacforum.org/chn/ltjj/t1538623.htm,最后访问日期:2021年3月10日。
2.《中国与拉美和加勒比国家合作规划(2015—2019)》(2015年1月9日),中国—拉共体论坛官方网站,http://www.chinacelacforum.org/chn/zywj/t1230230.htm,最后访问日期:2020年6月24日。

中拉论坛于2018年达成的成果文件《中国—拉共体论坛第二届部长级会议圣地亚哥宣言》中再次体现了对性别平等主流化的重视，各方承诺将致力于促进和保护人权、性别平等、妇女和女童赋权、社会包容，同各种形式的歧视包括种族歧视和排外主义做斗争；逐步实现其经济、社会和文化权利，包括发展权利，保障无差别地普遍接受公共服务、卫生、教育和信息通信技术的权利。[1]文件在强调保障妇女的基本人权之外，还注重提升妇女的经济赋权以及社会参与能力，使妇女能够更平等地享受公共服务，这同样体现了中国与拉美国家作为发展中国家和新兴市场国家在同期的相似发展议程，即实现经济的可持续发展，以及完善社会福利体系与公共服务体系，"妇女、和平与安全"议程被融入可持续发展的路径之中。

从中非合作论坛和中拉论坛取得的成果中所包括的妇女与性别议题可以看出，"妇女、和平与安全"议程还不是两个论坛在合作中的主要议题，而与之相关的合作往往集中在当前国情中更为紧迫的议题上，如经济赋权、妇女减贫、妇女儿童健康及人文交流、技能培训等。同时，两个区域机制中妇女议题的多项合作完全符合联合国安理会关于"妇女、和平与安全"议程的内在要求，符合促进性别平等、增进妇女赋权的原则。随着人们对"妇女、和平与安全"议程理解程度的深化，中非、中拉在性别议题上的合作将会从促进妇女健康、妇女经济赋权等领域进一步向和平与安全领域扩展。

1.《中国—拉共体论坛第二届部长级会议圣地亚哥宣言》，中国—拉共体论坛官方网站，2018年2月2日，http://www.chinacelacforum.org/chn/zywj/t1531606.htm，最后访问日期：2020年6月24日。

第四节　中国落实"妇女、和平与安全"议程的多重挑战

男女平等是中国的基本国策,"中国共产党从诞生之日起就把实现妇女解放、促进男女平等写在奋斗的旗帜上"。[1] 中国与国际社会一道,致力于促进人类的平等、发展与和平,创建和平和包容的社会。但是,世界上仍没有任何一个国家实现性别平等,"作为世界上人口最多的发展中大国,受经济社会发展水平和历史文化等因素影响,中国的妇女发展还面临诸多新情况新问题,推进性别平等的任务仍然繁重而艰巨"。[2]

一　反思落实"妇女、和平与安全"议程的中国实践

尽管前文已在多处梳理了中国在国际交流合作中与性别平等、非传统安全、积极和平相关的内容,但正如本章第一节所总结的,"妇女、和平与安全"议程在很大程度上仍被视为与战争与和平、武装冲突直接相关的国际政治和外交议题。在外交领域,从维持和平的行动中能看到越来越多妇女的参与和贡献,妇女和妇女组织在国际交流合作中取得了巨大成绩,中国是推动全球性别平等、履行性别平等国际规范的重要力量。尽管如此,从"创建和平和包容的国际社会"的角度分析前文中涉及的内容,可以总结出中国在落实"妇女、和平与安全"议程方面仍面临的四个方面的挑战。

---

1. 国务院新闻办公室:《平等 发展 共享:新中国 70 年妇女事业的发展与进步》(2019年9月),国新网,http://www.scio.gov.cn/zfbps/32832/Document/1664883/1664883.htm,最后访问日期:2021年3月10日。
2. 国务院新闻办公室:《中国性别平等与妇女发展》(2015年9月),国新网,http://www.scio.gov.cn/zfbps/ndhf/2015/Document/1449896/1449896.htm,最后访问日期:2021年3月10日。。

第一，尽管在外交领域已有越来越多的女外交官、女大使，但参与更高级别外交决策的妇女的数量仍然不多。有学者曾指出，中国女大使的数量仍十分有限，大部分女大使出使的是小国，仅有个别女大使被派驻到大国和重要国际组织，[1]这种状况迄今未有实质性改变。在中国的维和部队中，女性维和人员所占比例仍然很小，主要活跃在医疗、后勤支助等部门，担任指挥官的妇女很少。为应对妇女参与不足的情况，亟须克服社会文化中存在的性别刻板模式和性别歧视，从专业教育、职业培训做起，跨越专业、职业选择的性别差异，采取措施提高妇女的参与能力，增加妇女参与决策的机会，并逐步扩大她们的参与领域。

第二，有学者对中国参与联合国维持和平、建设和平的评价是，中国对维和、建和中涉及政治、法治、机构重建等方面的事务参与很少，一直被认为是注重"硬"参与，缺乏"软"参与；在政府外，其他行为体缺少参与；也缺乏与东道国及其他国际非政府行为体之间的联系。[2]在实现性别平等和落实"妇女、和平与安全"议程的过程中，这种现象即表现为：性别主流化战略在中国的外交实践和维和行动中依然不凸显，在"软"参与方面尤其如此。对于中国的维和行动而言，这两个方面的改善是紧密相连的。习近平在2015年9月的联合国维和峰会上的讲话中阐述了中国关于完善维和行动体系的主张，

---

1. Li Yingtao, "Women, Marriage, and International Relations," in *Bonds Across Borders: Women, China, and International Relations in the Modern World*, edited by Priscilla Roberts and He Peiqun, Cambridge Scholars Publishing, 2007, pp. 159–175. 李英桃：《妇女与外交：个人的即是外交的》，《国际观察》2013年第6期。
2. 李东燕：《中国参与联合国维和建和的前景与路径》，《外交评论》2012年第3期。近年来情况有所变化，但有关问题仍然存在（李东燕：《中国国际维和行动：概念与模式》，《世界经济与政治》2018年第4期）。

第四章
中国落实"妇女、和平与安全"议程的立场与实践

认为"维和行动既要同预防外交、建设和平纵向衔接,也要同政治斡旋、推进法治、民族和解、民生改善等横向配合"。[1] 这可被视为中国在"软"参与、"软"贡献方向努力的迹象。与此同时,中国需要进一步总结消除贫困、以发展促和平的成果经验,以及促进妇女发展和性别平等的最佳实践,从而为推动全球性别平等发展做出更大贡献。

第三,国内关于中国外交、军队、警察、维持和平等领域的研究资料尚不充足,实证研究少,性别分析相对缺乏,既与国际接轨又能体现中国特色的性别统计数据十分有限。外交、军事、国防等都属于高级政治的范畴,"外事无小事",军事、国防问题更是如此。因此,在这些领域推进性别平等主流化战略,在很大程度上需要中国政府的顶层设计,更需要全国妇联和国务院妇儿工委对此议题的充分认识和大力推动。

第四,中国仍没有出台与"妇女、和平与安全"议程相关的国家行动计划、战略等,在相关白皮书、中国妇女发展纲要中也没有直接相关的内容。有学者指出:"中国确实既没有制定,也没有通过妇女、和平与安全国家行动计划。但它以自己的方式努力保护冲突中的妇女,使她们参与建设和平进程,并在日常生活中赋予她们权力。"[2] 在落实国际承诺的过程中,中国如何展现出更为积极的立场,值得认真探讨。"逐步提出一个妇女、和平和安全

---

[1]. 中共中央党史和文献研究院编《习近平关于总体国家安全观论述摘编》,中央文献出版社,2018,第241页。

[2]. Tiewa Liu, "WPS as Diplomatic Vocation: The Case of China," in *The Oxford Handbook of Women, Peace, and Security*, edited by Sara E. Davies, Jacqui True, Oxford University Press, 2019, p.700.

的国家行动计划"[1]的建议,就目前情况来看,在短期内不太容易实现,但确实可以探讨在《中国妇女发展纲要(2021—2030)》等促进性别平等的既有机制中增加相关内容的可能性,作为制订国家行动计划的第一步。

而落实《北京宣言》和《行动纲领》所有战略目标、"妇女、和平与安全"议程,以及2030年可持续发展目标等工作,都离不开对于男女平等基本国策、性别主流化战略的教育与宣传倡导工作。学校、媒体都扮演着不可或缺的角色。

二 关注"妇女、和平与安全指数"提供的观察视角

正如"丛书总论"中已经介绍的,在透过国际视角审视中国落实"妇女、和平与安全"议程的实践时,乔治城大学的"妇女、和平与安全指数"同样可以提供一个观察视角。该指数所衡量的是每个国家对"妇女、和平与安全"议程的落实情况,它并不考虑相关国家是否将国内问题纳入考虑,而且确实选取了较大比例的国内指标。在三个维度11个指标中,除亲密伴侣暴力、社区安全、有组织暴力与传统的和平与安全议题直接相关,其他指标设定皆为包容和公正维度的构成要素。

根据该指数的统计结果,整体来看,中国在2017~2018年排在153个国家的第87位,2019~2020年排在167个国家的第76位,两次统计的指数值都高于全球平均值,2019~2020年较2017~2018年有所进步(见表4-4)。在具体指标上,中国无有组织暴力,社区安全有较高保障,女性就业率、手机使

---

1. Tiewa Liu, "WPS as Diplomatic Vocation: The Case of China," in *The Oxford Handbook of Women, Peace, and Security*, edited by Sara E. Davies, Jacqui True, Oxford University Press, 2019, p.706.

第四章
中国落实"妇女、和平与安全"议程的立场与实践

用率较高。

表4-4 中国的妇女、和平与安全指数与全球平均值

国家	排名 2017~2018年	排名 2019~2020年	指数值 2017~2018年	指数值 2019~2020年
中国	87	76	0.671	0.725
全球平均值			0.662	0.703

资料来源：笔者根据"妇女、和平与安全指数"2017~2018年报告、2019~2020年报告自制。"Women, Peace and Security Index," https://giwps.georgetown.edu/the-index/，最后访问日期：2020年11月14日。

该指数同时显示，中国与位于前列的国家之间仍有较大差距。其中，在男孩偏好、[1]亲密伴侣暴力、歧视性工作规范、法律歧视方面，中国的表现仍不尽如人意，妇女在全国人民代表大会代表中所占比例也需进一步提高。尽管该指数中所选数据与中国国家统计局的最新数据有所不同，但也能从国内事务的角度为中国进一步促进性别平等提供一定的参考。

更为重要的是，该指数提供了另一个思考维度，即当"妇女、和平与安全"议程是衡量每一个国家履行国际规范的标准，而不仅是衡量一个国家的外交与对外援助的指标时，哪些指标应该被纳入评估体系，如何处理内政和外交的关系，如何处理"妇女、和平与安全"议程与可持续发展议程的关系，

---

1. 即出生人口性别比，根据国家统计局提供的数据，2017年中国的出生人口性别比为111.9 [国家统计局社会科技和文化产业统计司：《中国社会中的女人和男人——事实与数据（2019年）》，2019，第10页]；根据国家统计局最新公布的第七次全国人口普查数据，中国的出生人口性别比为111.3，较2010年下降6.8，表明中国人口的性别结构持续改善（宁吉喆：《第七次全国人口普查主要数据情况》，国家统计局官方网站，2021年5月11日，http://www.stats.gov.cn/tjsj/zxfb/202105/t20210510_1817176.html，最后访问日期：2021年5月22日）。

如何协调同一议程中不同目标之间的关系问题，等等。刘贞晔指出，"全球治理与国家治理互动已日益呈现出统一性，二者互动互融，日益形成一种'整体性治理'。这种良性的互动状态，有助于全球治理与国家治理向着整体性善治的目标迈进"。[1] 在尊重国家主权的原则下，如何跨越国家疆界，将个人、家庭、社区、国家与区域、国际社会作为一个整体来考察，是一个亟待研究的重要课题。

小　结

在过去的25年中，联合国第四次世界妇女大会《行动纲领》的第五个重大关切领域"妇女与武装冲突"已经发展出"妇女、和平与安全"议程，被纳入《消歧公约》的《第30号一般性建议》，并且成为《2030年可持续发展议程》目标16的组成部分。目前，国际社会形成了多套衡量落实相关目标的指标体系，包含了多重国际、国内指标。

在此基础上，本章考察了中国落实相关决议的情况，特别是2015年以来的最新发展。笔者认为，中国主要是在"创建和平、包容的国际社会"的思路和立场下落实"妇女、和平与安全"议程，聚焦于国际交流合作与中国外交领域。随着中国日益走近世界舞台中央，越来越多的中国妇女在外交事务中充分展示巾帼风采，贡献智慧和力量。积极履行国际义务和深度参与全球妇女事务合作交流，是中国致力于创建和平和包容的国际社会的重要力量。

---

1. 刘贞晔：《全球治理与国家治理的互动：思想渊源与现实反思》，《中国社会科学》2016年第6期。

第四章
中国落实"妇女、和平与安全"议程的立场与实践

2015年9月,中国宣布裁减军队员额30万,中国的国防费占国内生产总值的比重总体下降趋势明显,是联合国安理会常任理事国中最低的。中国维和女兵和医疗队在维和行动中发挥了重要作用。在性别议题上,中国不仅与联合国系统相关机构合作,而且通过中非合作论坛、中拉论坛等机制使合作得以拓展和深化。

同时,中国在落实联合国相关决议和国际规范方面也面临多重挑战:妇女参与外交决策,维和行动的人数、水平都有待于增加和提升,在性别预算、性别统计、性别研究等方面,仍有很多工作要做;特别是,中国尚无落实"妇女、和平与安全"议程的国家行动计划;如何处理国际与国内、中国特色和国际指标之间的关系,也是中国在未来的落实工作中需要加以认真研究的内容。

第五章　中国妇女参与外交实践与和平安全合作

"个人的即是国际的",[1] "个人的即是外交的",[2] 妇女对和平与安全的参与程度，特别是在政治、外交领域的参与程度，是衡量"妇女、和平与安全"议程的核心指标。联合国安理会第1325（2000）号决议"重申妇女在预防和解决冲突及建设和平方面起重要作用，强调妇女平等参加和充分参与维持和促进和平与安全的一切努力至关重要，以及加强妇女在有关预防和解决冲突的决策方面的作用"，"敦促会员国确保在预防、管理和解决冲突的国家、地区和国际机构和机制的所有决策层增加妇女人数"。[3] 因此，考察和评估中国落实"妇女、和平与安全"议程的情况，首先需要总结妇女在外交领域的参与及其维护和平与安全的努力。

---

1. Cynthia Enloe, *Bananas, Beaches and Bases: Making Women Sense of International Politics*, Berkeley: University of California Press, 2014, p.343.
2. 李英桃:《妇女与外交：个人的即是外交的》,《国际观察》2013年第6期。
3. 联合国安理会:《第1325（2000）号决议》, S/RES/1325(2000), https://undocs.org/zh/S/RES/1325(2000), 最后访问日期：2021年3月11日。

鉴于中国妇女参与外交实践与和平安全合作的连续性和承继性，本章并不局限于2000年之后的内容，而是在总结中国女大使的数量、女外交官的任职特点的基础上，着重介绍丁雪松、傅莹和张幼云等中国女外交官促进和平安全与性别平等的生动案例，讨论妇女通过外交实践促进和平与安全面临的挑战，以及妇女以其他形式参与对外交往、促进和平与安全的情况。

第一节　中国妇女通过外交实践维护国际和平与安全

新中国成立以来，"男女平等"被写入具有临时宪法作用的《共同纲领》和1954年颁布的《中华人民共和国宪法》。妇女地位得到大幅度提升，其人身安全和政治权利得到法律保障。妇女开始作为国家主人公登上中国政治舞台，在不同层次以不同形式参与决策，大到担任国家和政府领导人，参与国家大政方针的制定，小到参与乡村治理和社区服务。随着受教育水平的提升，更多妇女走出国门，代表中国政府在对外交往中大放异彩。

一　中国的女外交官与女大使

担任政府外交职务是妇女通过外交实践维护国际和平与安全的重要途径。在新中国外交的发展过程中，一代又一代出色的女外交官站在国际舞台上发出中国的声音。她们积极参与维护和平与安全的外交工作，为中国外交增添了许多高光时刻，也使中国的外交形象更加丰富、饱满。随着中国参与国际交流与合作程度的不断加深，中国妇女将在更广阔的领域发挥作用，同时推

第五章
中国妇女参与外交实践与和平安全合作

动将性别平等纳入中国外交与全球治理的进程。[1]

《中华人民共和国驻外外交人员法》规定，驻外外交人员，是指在中华人民共和国驻外外交机构中从事外交、领事等工作，使用驻外行政编制，具有外交衔级的人员。特命全权大使是中华人民共和国在驻在国的代表、大使馆的馆长；代表为常驻联合国等政府间国际组织的代表机构的馆长。特命全权大使被授予大使衔；代表、副代表被授予大使衔、公使衔、参赞衔。[2]

据笔者统计，从1949年到2020年的71年间，中国共向81个国家和地区组织派出女大使78位120人次（见表5-1），其中2011年到2020年共派出45人次。不仅中国女大使的人数和出使次数在不断增加，她们出使国家的重要性也有所提升，西方大国和重要区域性国际组织中开始出现女大使的身影，这是一个很有意义的进步。例如，傅莹先后于2004年、2007年分别担任驻澳大利亚大使和驻英国大使；薛捍勤于2008年、杨秀萍于2012年担任中国驻东盟使团团长，杨燕怡于2014年担任中国驻欧盟使团团长。但是相较于中国在国外有175个驻外使馆，11个驻外团、处[3]的现实情况，女外交官在外交官中所占比例明显高于女大使在大使中的比例，女大使大多出使小国的情况仍然存在。

---

1. 李英桃：《中国妇女：从"闭笼一室"到"走近世界舞台中央"》，《中国妇女报》2019年10月14日，第2版。
2. 《中华人民共和国驻外外交人员法》（2009年10月31日第十一届全国人民代表大会常务委员会第十一次会议通过），中国政府网，http://www.gov.cn/flfg/2009-10/31/content_1454301.htm，最后访问日期：2021年3月14日。
3. "驻外机构"，中华人民共和国外交部网站，https://www.fmprc.gov.cn/web/zwjg_674741/zwsg_674743/yz_674745/，最后访问日期：2021年3月14日。

表5-1　中华人民共和国驻外女大使一览（截至2021年3月5日）

姓名	任职起始年	任职结束年	出使国家和地区组织	人次
丁雪松	1979	1981	荷兰	3
	1982	1984	丹麦/冰岛*	
龚普生	1980	1984	爱尔兰	1
李珩	1983	1985	塞浦路斯	1
林霭丽	1985	1988	芬兰	2
	1988	1993	塞浦路斯	
王桂新	1986	1990	荷兰	2
	1990	1993	挪威	
祝幼琬	1988	1992	希腊	1
韩琍琍	1989	1993	爱尔兰	1
顾懋萱	1989	1992	阿尔巴尼亚	1
王弄笙	1991	1994	巴布亚新几内亚	2
	1994	1997	萨摩亚	
张联	1991	1993	斯里兰卡/马尔代夫*	2
李金华	1991	1995	新西兰	1
唐湛清	1993	1996	斯洛伐克	1
谢月娥	1993	1997	柬埔寨	1
范慧娟	1993	1997	爱尔兰	1
赵宝珍	1994	1998/1996	马达加斯加/科摩罗*	3
	1999	2003	科特迪瓦	
施燕华	1994	1998	卢森堡	1
陈宝鎏	1994	1997	缅甸	2
	1997	2000	新加坡	
吴珉珉	1995	1999	叙利亚	1
朱曼黎	1996	1998	荷兰	1
许月荷	1996	1999	马其顿	1

第五章
中国妇女参与外交实践与和平安全合作

续表

姓名	任职起始年	任职结束年	出使国家和地区组织	人次
章颂先	1998	2001	特立尼达和多巴哥	1
吴筱秋	1998	2002	白俄罗斯	1
傅莹	1999	2000	菲律宾	3
	2004	2007	澳大利亚	
	2007	2009	英国	
张小康	2000	2002	爱尔兰	2
	2007	2010	新加坡	
霍淑珍	2001	2003	乌拉圭	1
周秀华	2001	2002	卡塔尔	2
	2002	2007	叙利亚	
许镜湖	2001	2004	马达加斯加	3
	2009	2013	摩洛哥	
	2013	2016	瑞士	
徐亚男	2001	2004	特立尼达和多巴哥	1
丛军	2001	2003	爱沙尼亚	1
刘向华	2002	2007	黎巴嫩	1
陈美芬	2002	2006	塞舌尔	1
陈乃清	2003	2007	挪威	1
薛捍勤	2003	2008	荷兰	2
	2008	2010	东南亚联盟	
任小萍	2004	2007	安提瓜和巴布达	2
	2007	2010	纳米比亚	
刘玉琴	2004	2007	厄瓜多尔	3
	2007	2010	智利	
	2010	2012	古巴	

续表

姓名	任职起始年	任职结束年	出使国家和地区组织	人次
李蓓芬	2005	2008	贝宁	2
	2008	2010	突尼斯	
杨秀萍	2005	2008	立陶宛	4
	2009	2012/2011	斯里兰卡/马尔代夫*	
	2012	2015	东南亚联盟	
章启月	2005	2008	比利时	3
	2008	2011	印度尼西亚	
	2018	—	希腊	
杨燕怡	2005	2007	文莱	2
	2014	2017	欧洲联盟	
张金凤	2006	2010	柬埔寨	1
谢俊平	2006	2008	爱沙尼亚	1
马克卿	2006	2009	芬兰	3
	2012	2014	菲律宾	
	2014	2018	捷克	
霍玉珍	2006	2010	捷克	2
霍玉珍	2011	2015	罗马尼亚	2
刘菲	2006	2009	密克罗尼西亚	1
佟晓玲	2007	2010	文莱	1
高建	2007	2009	挪威	2
	2009	2012	匈牙利	
王晓渡	2007	2008	吉布提	1
边燕花	2009	2013	毛里求斯	2
	2013	2018	突尼斯	
李福顺	2009	2012	加蓬	1

第 五 章
中国妇女参与外交实践与和平安全合作

续表

姓名	任职起始年	任职结束年	出使国家和地区组织	人次
布建国	2010	2013	老挝	2
	2013	2016	柬埔寨	
高燕平	2011	2015	以色列	1
黄敏慧	2011	2015	秘鲁	1
李燕端	2013	2015	萨摩亚	1
欧渤芊	2013	2017	格林纳达	1
邓英	2014	2017	克罗地亚	2
	2017	2019	丹麦	
王克	2014	2018	巴巴多斯	2
	2017	—	坦桑尼亚	
孙保红	2014	2018	加纳	2
	2018	2019	肯尼亚	
殷立贤	2014	2016	塞舌尔	2
	2016	2019	北马其顿	
陆慧英	2014	2018	马里	1
杨健	2015	2019	孟加拉国	1
姜瑜	2015	2018	阿尔巴尼亚	2
姜瑜	2019	—	罗马尼亚	2
陈波	2015	2019	波黑	2
	2019	—	塞尔维亚	
杨小茸	2016	2020	马达加斯加	2
	2020	—	卢森堡	
于红	2016	2019	尼泊尔	2
	2019	—	文莱	
余劲松	2016	2018	塞舌尔	1
姜岩	2018	—	乌兹别克斯坦	1

续表

姓名	任职起始年	任职结束年	出使国家和地区组织	人次
吴玺	2018	—	新西兰/库克群岛/纽埃*	3
郭玮	2018	—	塞舌尔	1
欧箭虹	2018	—	萨尔瓦多	1
侯艳琪	2019	—	尼泊尔	1
李凌冰	2019	—	阿曼	1
杜德文	2019	—	吉尔吉斯斯坦	1
亓玫	2019	—	赤道几内亚	1
许尔文	2019	—	克罗地亚	1
李岩	2019	—	格鲁吉亚	1
郭敏	2019	—	阿塞拜疆	1
郭晓梅	2020	—	马达加斯加	1
徐迎真	2020	—	圣多美和普林西比	1

注：*一人兼任两国或多国大使的情况。

资料来源：因外交部官方网站"大使任免"栏目的相关信息从2000年12月6日开始（https://www.fmprc.gov.cn/web/wjdt_674879/dsrm_674893/t5376.shtml），本表中2000年12月6日之后内容，以"大使任免"信息为准，之前内容为笔者根据外交部网站及其他相关资料进行综合整理而来。"大使任免"，中华人民共和国外交部网站，https://www.fmprc.gov.cn/web/wjdt_674879/dsrm_674893/，最后访问日期：2021年3月14日。

从全球来看，"重男轻女"的传统思想仍普遍地、根深蒂固地存在，社会对男女两性的刻板印象直接影响到女性的职业选择与晋升之路。大使级外交官在外交决策领域的级别和职位较高，但目前在全球妇女政治参与中普遍存在的"职位越高、女性越少"的情况在中国并没有实质性改变。

二 中国妇女外交实践的特点

中国妇女外交是当代中国以政党外交、政府外交、民间外交为基本架构的

第五章
中国妇女参与外交实践与和平安全合作

外交总体格局的重要组成部分。[1] 新中国成立70余年来,在中国共产党的思想指导以及政治领导下,中国各类妇女组织积极参与国际妇女组织的活动,逐渐提升中国妇女外交的水平,提高对国际妇女组织工作的配合和理解程度,在全社会普及性别意识,为创造和平的国际环境、加强国家之间的人文交流、促进全球性别平等、提升女性受教育水平、促进女性的全面发展贡献力量。

在政府外交层面上,经过70多年的发展,中国妇女在参与外交实践、维护和平与安全的过程中,逐渐形成了一些特点。

(一)女外交官人数逐渐增多

中国政府认真贯彻落实《中华人民共和国义务教育法》等相关法律法规、政策和男女平等的基本国策,切实采取措施,提高妇女受教育水平。实施女童专项扶助政策,保障适龄女童接受义务教育。[2] 党的十八大以来,中国政府大力推进城乡义务教育一体化发展,补齐农村义务教育短板,农村女童接受教育的机会更多。2017年,女童小学净入学率达到99.9%,与男童完全相同;普通小学和普通初中在校生中女生所占比例分别达到46.5%和46.4%,比1951年分别提高18.5和20.8个百分点。义务教育阶段基本实现男女平等。2017年,普通高等学校本专科在校女生占在校生总数的比例已达52.5%,比1978年提高28.4个百分点,比1949年提高32.7个百分点;女研究生占研究生总数的比例已达48.4%,比1985年提高29.8个百分点。妇女接受高中阶段和高等教育

---

1. 和建花、杨玉静:《新中国70年中国妇女外交的优势和特色》,《中国妇运》2019年第12期。
2. 国务院新闻办公室:《中国性别平等与妇女发展》(2015年9月),国新网,http://www.scio.gov.cn/zfbps/ndhf/2015/Document/1449896/1449896.htm,最后访问日期:2021年3月12日。

水平实现历史新高。妇女接受职业教育和继续教育人数大幅增加。[1] 随着妇女受教育水平的提升和男女平等基本国策在外交领域的落实，越来越多的女性开始加入外交工作，女性外交官人数逐渐增多。

中国妇女在参与外交事务的过程中，一直致力于帮助驻在国切实解决发展问题，和平解决安全问题。在处理发展问题时，她们往往坚持事必躬亲，为促进驻在国的发展做出了杰出的贡献。在涉及安全问题的时候，她们则积极与驻在国政府协调，同时在中国政府的指导下，帮助驻在国和平解决争端。例如，非洲经济整体落后，面临传统安全和非传统安全的双重挑战。曾在马达加斯加、摩洛哥和瑞士等国担任大使的中国资深外交家许镜湖从2016年开始担任中国政府非洲事务特别代表。许镜湖在非洲任职期间，对非洲国家的和平与发展问题给予积极的关注，并遵照中国政府的指示，表示中国始终坚持不干涉内政原则，支持非洲国家自主解决本国的问题。近年来，恐怖主义席卷世界，经济落后、宗教极端势力聚集的非洲更是成为恐怖主义滋生的"沃土"。面对非洲恐怖主义泛滥成灾、社会经济混乱的情况，许镜湖竭力为非洲国家就解决恐怖主义问题出谋划策，避免造成不可挽回的后果，为维护非洲的安全做出了突出贡献。[2]

2020年初新冠肺炎疫情席卷全球，中国政府在保障本国医疗卫生安全的前提下，向世界各国提供力所能及的援助。阿塞拜疆也向中国政府提出了援

---

1. 国务院新闻办公室：《平等 发展 共享：新中国70年妇女事业的发展与进步》（2019年9月），国新网，http://www.scio.gov.cn/zfbps/32832/Document/1664883/1664883.htm，最后访问日期：2021年3月12日。
2. 吴丹妮：《专访：中国支持非洲国家以非洲方式解决非洲问题——访中国政府非洲事务特别代表许镜湖》，新华网，2019年12月12日，http://www.xinhuanet.com/world/2019-12/12/c_1125340305.htm，最后访问日期：2021年3月12日。

第五章
中国妇女参与外交实践与和平安全合作

助请求，中华人民共和国驻阿塞拜疆大使郭敏就援助问题及时与阿塞拜疆政府商谈，贯彻执行中国政府的援助政策，帮助阿塞拜疆政府稳定社会形势，减轻群众恐慌情绪。随后，中国政府决定向阿方捐赠5000人份新冠肺炎核酸检测试剂。4月2日，中国援助物资送达阿塞拜疆，郭敏大使出席防疫物资交接仪式，并代表中国政府致辞。郭敏大使在致辞中表示，4月2日是中国同阿塞拜疆建交28周年纪念日，双方共同举行中国援助阿塞拜疆抗疫物资交接仪式具有特殊意义，彰显了两国高度互信、患难与共的深厚友谊。[1]

中国女外交官在参与外交事务的过程中，贯彻执行党和国家的战略决策，帮助驻在国维护当地的和平稳定，促进当地的经济发展；同时让当地人民感受到中国人民的善意和友好，为中外关系的改善提供助力，为维护世界的和平与安全做出贡献。

（二）认真履行实现全球性别平等的国际义务

1971年，中国恢复在联合国的合法席位，后多次当选为联合国妇女地位委员会成员国，逐步加入联合国框架内的妇女多边外交中，支持开展国际妇女年等联合国相关活动，签署和批准联合国性别平等领域国际文书，全力推动男女平等和妇女发展进程。[2] 如本书第三章已提到的，中国政府1980年7月派代表团参加了第二次世界妇女大会，并由时任全国政协副主席、全国妇联主席

---

1. 中华人民共和国驻阿塞拜疆共和国大使馆：《郭敏大使出席中国援助阿塞拜疆抗疫物资交接仪式》，2020年4月2日，http://az.china-embassy.org/chn/xwdt/t1765273.htm，最后访问日期：2021年3月12日。
2. 和建花、杨玉静：《新中国70年中国妇女外交的优势和特色》，《中国妇运》2019年第12期。

康克清代表中国政府签署了《消歧公约》。[1] 此后，关于该组织的会议安排和义务，中国政府都积极响应并履行。1982年至今，中国政府代表多次当选联合国消除对妇女歧视委员会成员，为推动性别平等、消除性别歧视发挥了积极的作用。

中国政府始终负责地履行其在国际社会上所做的承诺。自1995年起，中国先后实施了三个中国妇女发展纲要，积极贯彻落实《北京宣言》和《行动纲领》中的12个重大关切领域的战略目标，分阶段向有关组织提交执行情况的报告；落实联合国千年发展目标，为实现关于减少极端贫困与饥饿、教育公平、降低孕产妇死亡率、性别平等和赋权妇女等具体目标而努力；切实贯彻执行2030年可持续发展目标。2021年8月25日，国务院常务会议审议通过《中国妇女发展纲要（2021—2030年）》和《中国儿童发展纲要（2021—2030年）》。

（三）努力推动"一带一路"倡议实施

自2008年金融危机以来，逆全球化势力抬头，以美国为代表的西方国家纷纷调整自身发展战略，国际形势开始发生深刻的变化。在此背景下，2013年中国政府发出"一带一路"倡议，加强中国与共建"一带一路"国家的经济往来，提升中国的经济发展质量，坚持共商共建共享，倡导多边主义，坚持开放、绿色、廉洁理念，实现高标准、惠民生、可持续的发展目标。2016年，英国全民公投决定"脱欧"与唐纳德·特朗普（Donald Trump）当选美国

---

1. "历次世界妇女大会情况"，2020年8月18日，http://www.women.org.cn/art/2016/1/5/art_235_103543.html，最后访问日期：2021年3月12日。

第五章

中国妇女参与外交实践与和平安全合作

总统加剧了逆全球化潮流。

面对全球化和逆全球化的双重效应，中国妇女在外交场合积极就世界各国共同关注的议题阐释中国政府的立场和原则，并推动双边和多边关系朝着积极的方向发展。2012年10月，中国驻联合国代表团代表陈映竹就第67届联大二委议题22"全球化与相互依存：国际移民与发展"发言。她表示，随着全球化的发展，世界各国日益相互依赖。在全球技能人才短缺的背景下，国际移民弥补了世界各国存在的劳动力不足的情况，创造出丰富的物质财富，促进了目的国的经济、科技发展、人口增长和就业。中方支持充分发挥既有机制的作用，促进各方加强政策协调和务实合作，保护最弱势群体，特别是移民妇女和儿童。[1]

2017年12月11日，中国女外交官、常驻美洲国家组织首席副观察员、公使衔参赞虞越应邀出席由美国智库"美洲对话"举办的研讨会，就"中国'一带一路'倡议对拉美发展的作用"进行交流。虞越表示，中方愿在"一带一路"倡议框架内实现中拉发展战略对接，打造中拉命运共同体，为双方人民创造更加美好的生活。[2]

2019年4月，中国驻赤道几内亚大使亓玫甫一到任就围绕"一带一路"开展工作。5月4日，亓玫大使在赤几政府官方网站发表题为《"一带一路"

---

1. 陈映竹：《中国代表团陈映竹关于第67届联大二委议题22：全球化与相互依存：国际移民与发展的发言》，中华人民共和国驻美利坚合众国大使馆官网，2012年10月18日，https://www.fmprc.gov.cn/ce/ceun/chn/zgylhg/jsyfz/qqh/t980536.htm，最后访问日期：2021年3月13日。
2. 《虞越公参出席"一带一路与拉丁美洲"研讨会》，中华人民共和国驻美利坚合众国大使馆官网，2017年12月15日，http://www.china-embassy.org/chn/ggwjhd/t1519638.htm，最后访问日期：2021年3月13日。

新起点，中赤几合作新征程》的署名文章，表示中赤几应在共建"一带一路"上携手同行，推动双方合作提质增效、转型升级，加快转变经济发展方式；中方愿同赤几方一道，就"一带一路"倡议、中非合作论坛北京峰会"八大行动"同"2020远景规划"新阶段、非盟《2063年议程》、联合国《2030年可持续发展议程》等展开深入对接，推动双方各领域务实合作提质增效、转型升级，为两国发展和两国人民福祉做出更多实实在在的贡献。[1]

为了推动中美之间的经贸往来，2017年8月6~8日，中国驻美国大使馆徐敏参赞出席美国全国州议会会议（NCSL）2017年度峰会，在会议上，徐敏参赞对美国州议会会议为增进中美之间的友好关系而付出的努力表示感谢，同时鼓励更多的美国议员访问中国，增进美国人民对中国的理解与沟通，逐渐扩大中美之间的交流与合作。同时，徐敏参赞见证了中国人民对外友好协会会长李小林与美国全国州议会会议主席布鲁共同签署《双方推动友好交流合作谅解备忘录》，这对开展中美之间的经贸合作与交流起到了十分积极的作用。[2]

2015年9月，中国政府与联合国妇女署在美国纽约联合国总部共同举办全球妇女峰会。国家主席习近平出席大会并在讲话中提出促进妇女的全面发

---

1. 中华人民共和国驻赤道几内亚使馆：《驻赤道几内亚大使亓玫在赤几政府官网发表署名文章〈"一带一路"新起点，中赤几合作新征程〉》，外交部网站，2019年5月4日，https://www.fmprc.gov.cn/web/dszlsjt_673036/ds_673038/t1660667.shtml，最后访问日期：2021年3月13日。
2.《徐敏参赞出席美国全国州议会会议2017年度峰会》，中华人民共和国驻美利坚合众国大使馆官网，2017年8月10日，https://www.fmprc.gov.cn/ce/ceus/chn/ggwjhd/t1483930.htm，最后访问日期：2021年3月13日。

展，共建共享美好世界的重要主张。[1]中国妇女在外交领域的全面发展亦是题中应有之意。

第二节　中国女外交官的和平安全与性别平等实践

在全世界范围内，外交领域曾经是男性纵横捭阖的天地。随着妇女地位的提高，越来越多的女性加入外交队伍。在新中国的外交战线上，有众多女性活跃在外交最前沿。中国前副总理兼外交部部长钱其琛称"女外交官是一支生力军"。[2]中国的女大使们曾经或正在代表国家在驻在国行使"特命全权大使"之责，用她们对祖国和人民的忠诚、敏锐的思维、丰富的阅历和练达的外交能力，参与维护世界和平与安全的事业。

在新中国外交的发展过程中，涌现了许多具有代表性的女性外交人物。例如，王海容、傅莹是中华人民共和国成立以来任命的两位女性外交部副部长；龚普生是新中国成立后任命的150余位首任大使中的第一位女性；还有新中国外交部的第一位女司长龚澎，第一位女大使丁雪松，第一位少数民族女大使、第一位驻大国女大使、全国人大首位女性新闻发言人傅莹；中国驻欧盟使团团长杨燕怡，中国驻东盟首位团长、国际法院法官、女外交家薛捍勤；连续4次担任中国驻外大使的杨秀萍，连续3次担任中国驻外大使的刘玉琴；中国外交部的五位女发言人李金华、范慧娟、章启月、姜瑜和华春莹，以及

---

1. 习近平：《促进妇女全面发展 共建共享美好世界——在全球妇女峰会上的讲话》，《中国妇运》2015年第11期。
2. 李伟：《中国的女大使们》，《国际人才交流》1996年第1期。

中国外事女翻译家、后担任国际劳工组织首任性别平等局局长的张幼云；等等。此外，黄甘英、王淑贤曾代表中国担任联合国妇女地位委员会委员；关敏谦、林尚贞、冯淬、邹晓巧、宋文艳、夏杰先后担任联合国消除对妇女歧视委员会委员。她们在各自的外交职业生涯中，致力于中国外交事业，为捍卫中国国家利益、推动中外友好合作、促进全球妇女事业发展、维护世界和平与安全而不懈努力。

本节选取了三位在不同工作岗位上具有代表性的女性外交家，分析她们在各自的外交生涯中积极维护世界和平稳定、增进驻在国对中国的理解、促进中外关系的改善和推动性别平等的工作。以她们为例，可以见微知著，深入理解中国的女外交官对性别平等、和平与安全的贡献。

一　丁雪松——中国需要一个和平安定的国际环境

丁雪松（1918～2011年）身负中国的多个"第一"。她不仅是中华人民共和国派驻国外的第一位女大使，而且是1937年10月中共地下党组织重建后吸收的第一个中共党员，新华社第一个驻外分社——朝鲜平壤分社的社长，国务院外事办公室的第一位女性秘书组组长以及中国最大的民间友好组织对外友协的第一位女副会长。[1] 新中国成立后，丁雪松先后于1979年、1982年担任中国驻荷兰、丹麦（兼冰岛）特命全权大使。

《中国第一位女大使丁雪松回忆录》一书比较全面地记录了丁雪松大使"持节使异域，结谊遍全球"的出使经历。[2]

---

1. 李伟：《中国的女大使们》，《国际人才交流》1996年第1期。
2. 1993年春耿飚为"江苏人民出版社大使丛书"的题词，载丁雪松口述，杨德华整理《中国第一位女大使丁雪松回忆录》，江苏人民出版社，2000。

第五章
中国妇女参与外交实践与和平安全合作

（一）任职荷兰大使：女大使中的"排头兵"

1979年2月，丁雪松作为中华人民共和国驻荷兰特命全权大使，抵达荷兰中央政府所在地海牙，她到达的消息受到荷兰媒体的广泛关注。丁雪松在回忆录中记录了一个细节：她到荷兰的当天，美国大使约翰逊夫人就送来一只花篮表示祝贺。一个月后，在匈牙利女大使拜布里奇·安娜女士的招待会上，三位女大使首次聚晤，荷兰《电讯报》不仅在头版刊登了三位女大使在一起交谈的照片，同时配发文字："尽管人们在为争取妇女同男子的同样权利而斗争，在国外工作的妇女仍是不多的。而在这为数不多的女外交官中，只有几人被任命为大使。但是，看起来好像所有的女大使都被派到荷兰来了。"[1]

这次聚晤带来的轰动效应具有多重意义：第一，展现了男女平等政策在新中国外交工作中的成绩；第二，对推动全球外交界的性别平等具有象征意义；第三，巩固了刚刚正式建交的中美关系；第四，为丁雪松在荷兰开展工作营造了很好的氛围。丁雪松写道："中国从1979年开始先后派出22位女大使，至今仍有许多女大使活跃在外交舞台上。机遇使我成为她们当中的一员，并荣幸地成为排头兵。"[2]

第二次世界大战后，荷兰在工业、农业领域都取得很大成就，在航空、筑港、造船、水利以及农业等领域，形成了领先于其他国家的优势，飞利浦电器、壳牌石油等都是驰名世界的一流产品。丁雪松赴任前，党的十一届三中全会确定改革开放政策，把国家工作的重点转移到社会主义建设上来，并

---

1. 丁雪松口述，杨德华整理《中国第一位女大使丁雪松回忆录》，江苏人民出版社，2000，第2页。
2. 丁雪松口述，杨德华整理《中国第一位女大使丁雪松回忆录》，江苏人民出版社，2000，第5页。

把西欧作为重要合作对象之一。当时，中国和荷兰关系正处于上升期，两国人员往来频率迅速增长，1978年头三个月的中荷贸易额就超过了1977年全年。在此历史背景下，大使馆的工作任务是"反对霸权主义，争取一个较长时期的国际和平环境，为祖国的四化大业服务"。[1]

丁雪松为推动中荷友好关系，从荷兰引进先进技术，助力中国的现代化建设做了大量工作。例如，鹿特丹港是世界上最大港口之一，不论是在海港建设还是在码头设施方面都很先进，而且管理科学，指挥调度准确、灵活，具有很高的现代化水准。该市市长范德劳曾说："凡是和水打交道的事情，我们都有专长。"丁雪松一力促成了鹿特丹与上海结成友好城市。[2]丁雪松还曾赴荷兰工农业发达的地区考察，参观荷兰的牧场、温室、园艺和农业产品加工厂，多次前往飞利浦城，以期通过中荷合作促进中国农业和电器事业发展。丁雪松还陪同国内代表团在石油、邮电、军工、教育、文化等领域与荷兰接触，探讨双方合作的可能性，签订了一些加强合作的协定、意向书和会谈纪要。[3]

（二）任职丹麦大使："船舶圣母"与"啤酒大使"

1982年5月，丁雪松担任中国驻丹麦特命全权大使。丹麦曾遭受两次世界大战的灾难，因而对战争与和平问题非常关注，每年都会就"谁对和平威胁最大"这样的问题进行民意测验。1980年前，排在第一位的往往是苏联，

---

1. 丁雪松口述，杨德华整理《中国第一位女大使丁雪松回忆录》，江苏人民出版社，2000，第21页。
2. 丁雪松口述，杨德华整理《中国第一位女大使丁雪松回忆录》，江苏人民出版社，2000，第18页。
3. 丁雪松口述，杨德华整理《中国第一位女大使丁雪松回忆录》，江苏人民出版社，2000，第23～24页。

第五章

中国妇女参与外交实践与和平安全合作

第二是美国,第三则是中国。为了使丹麦人民正确认知中国在新时期的和平外交政策,丁雪松有意识地在丹麦有影响的人士和外交使团中开展解释说明工作,强调中国正在进行社会主义现代化建设,需要一个和平安定的国际环境,中国是和平共处五项原则的倡导国家,历来把维护世界和平作为一项国策。"和平成为我们对外活动中与人们交谈的共同话题。"[1]

第二次世界大战之后,丹麦的工业发展很快,拥有不少在世界上名列前茅的技术,特别是在食品加工、水泥、造船、电子仪器、化工、医疗器械等领域,居于世界领先地位。1982年10月,丹麦BW造船厂为中国建造的第四艘巴拿马型远洋运输轮"台洲海"成功下水,丁雪松受邀扮演"船舶圣母"。在20世纪80年代国际航运市场运价低、柴油费用上涨的情况下,这种远洋经济型船舶具有较强的竞争力。上海造船厂通过学习丹麦先进技术和使中国技术人员接受培训等合作方式,为中国船舶的远洋航海技术的提升提供了极大的帮助。[2] 为引进丹麦先进的啤酒酿造技术,丁雪松曾数次前往嘉士伯啤酒公司,做了大量工作。1986年春,中国当时最现代化的华都啤酒厂破土动工,为配合该厂的兴建,丹麦政府还提供无息贷款在北京建造了一个食品研究中心。三年后,北京这家当时中国最大的啤酒企业正式出酒,丁雪松得到一个称号——"啤酒大使"。[3]

---

1. 丁雪松口述,杨德华整理《中国第一位女大使丁雪松回忆录》,江苏人民出版社,2000,第36~37、55~56页。
2. 丁雪松口述,杨德华整理《中国第一位女大使丁雪松回忆录》,江苏人民出版社,2000,第43、54~55页。
3. 丁雪松口述,杨德华整理《中国第一位女大使丁雪松回忆录》,江苏人民出版社,2000,第52~53页。

除此之外，在丁雪松担任大使期间，中丹经贸合作还取得一系列其他成绩，如丹麦政府与黑龙江省合作建设世界一流的现代化乳品加工企业，生产安达牌奶粉。在丁雪松离任的时候，丹麦女王表示："在您的任期中，丹中两国关系越来越好，而且两国的合作项目还要继续增加。"[1]

二 傅莹——以"润物无声"的方式拨开偏见迷雾

傅莹（1953～），现任第十三届全国人民代表大会常务委员会委员、第十三届全国人民代表大会外事委员会副主任委员，曾任中国外交部副部长，中国驻菲律宾、澳大利亚、英国等国大使。她是中国第一位少数民族女大使，也是第一位驻大国的女大使。在澳大利亚和英国担任大使期间，傅莹"常常为笼罩在中国形象上的那层拨不开的偏见迷雾所困扰，这不仅对中国的形象造成损害，也对双边关系的深入发展构成潜在障碍，一遇到风吹草动就会暴露出双方关系的脆弱"。[2]

（一）积极掌握主动，清晰传递中国合作声音

"我们更需要主动地介绍自己，尤其要以一种平和的心态和平常的语言，以'润物细无声'的方式来传递我们的信息。"[3]

在担任中国驻澳大利亚、菲律宾、英国大使期间，傅莹发表了大量演讲，以讲述的形式将中国故事娓娓道来，把中国介绍给世界，化解因不了解和偏

---

1. 丁雪松口述，杨德华整理《中国第一位女大使丁雪松回忆录》，江苏人民出版社，2000，第61页。
2. 傅莹：《在彼处——大使演讲录》，外语教学与研究出版社，2011，"自序"第xi页。
3. 傅莹：《在彼处——大使演讲录》，外语教学与研究出版社，2011，"自序"第xi页。

第五章
中国妇女参与外交实践与和平安全合作

见而对中国产生的误解，使隔阂的冰层慢慢融化。《在彼处——大使演讲录》一书收录了傅莹在担任大使期间所做的演讲、在国外报纸上发表的文章和接受采访的内容，从中可以真切地感受到这位杰出的中国大使为维护世界和平和增进中国与出使国家友好关系所做的努力。

傅莹擅长在宽广的国际舞台上、在深远的历史发展脉络中阐释中国的发展、中国与世界的关系。她的讲述合情合理、符合事物发展的客观规律，使听众在不知不觉中就接受了她的观点。2004年7月29日，傅莹在澳大利亚国立大学毕业典礼上发表题为《迎接多彩的世界》的演讲，阐释了中国文化对"自由"的理解，介绍了中国自改革开放以来取得的成就，鼓励毕业生们保持开放心态，永远不要一成不变地看待事物，在任何年纪都不要自以为是，而要"作好准备，去迎接多样和丰富多彩的世界"。[1] 同年11月8日，她在澳大利亚大学校长委员会年会上做了题为《变化中的世界与中国》的演讲，在介绍中国改革开放取得的巨大成就的同时，分析了中国面临的严峻挑战，比如城乡收入增长的差距、政府官员腐败、环境污染等问题，指出中国经济和社会结构的巨变促使政府的政策重心进一步向社会民生倾斜，各级政府将人民的安全和福祉作为工作重点。她同时指出了中国和澳大利亚友好合作的新机遇，"我们主张不断加强中澳政治互信和全面合作，并共同维护地区的和平稳定"。[2]

在对外传递中国信息的同时，傅莹也对内讲述，让学界、让国人真正了解中国的国际地位、中国与世界的关系。2005年9月，傅莹在北京大学国际关系学院发表题为《从外部环境的变化看我国外交面临的新挑战》的演讲。她

---

1. 傅莹：《在彼处——大使演讲录》，外语教学与研究出版社，2011，第10页。
2. 傅莹：《在彼处——大使演讲录》，外语教学与研究出版社，2011，第18页。

指出，新中国成立以来，我们从没有像今天这样扬眉吐气，但是我们并不是可以为所欲为了。我们对世界的影响有上升的一面，对国际体系的依赖性也在增加；因此，必须看到中国发展方式脆弱的一面，中国对世界安全的依赖性也在上升。因此，中国外交的任务和目标就是在维护周边和世界和平的基础上，需要最大限度地促进国际合作，我们与外界的关系要以对话、合作为主导。[1]

英国前首相托尼·布莱尔（Tony Blair）在《在彼处——大使演讲录》的"序"中这样评价傅莹："傅莹大使一直致力于把中国介绍给全世界，并向全世界敞开中国的大门。她乐于与别国交流并向别国学习，同时亦清晰地意识到，其他国家也可以从中国那里获益良多。"在他看来，傅莹大使是"最能清晰地传递中国声音的使者之一"。[2]这也正是"傅莹模式"的力量和魅力所在。

（二）增进国家间相互了解，维护中国和平形象

在北京大学的演讲中，傅莹指出，"塑造形象是我国当前面临的一个很大挑战，也是很紧迫的任务"。她认为，与西方媒体打交道的风险是很大的，希望将来的外交新一代在与媒体打交道方面具备更好的能力。[3] 2010年1月30日，傅莹在与英国《金融时报》总编辑莱昂内尔·巴伯（Lionel Barber）共进午餐时说："外界为什么不理解中国？我们自己也应该反思一下为什么会这样。我觉得还是缺乏沟通，冷战年代无法沟通，政治上缺乏互信，充满猜忌，现在不能再这样下去了。""另一方面，西方也应该冷静下来，认真看一看中国的实际情况，而不是继续猜测，不是总想在中国这幅图画中加入自己

---

1. 傅莹：《在彼处——大使演讲录》，外语教学与研究出版社，2011，第41~44页。
2. 傅莹：《在彼处——大使演讲录》，外语教学与研究出版社，2011，"序"第iii页。
3. 傅莹：《在彼处——大使演讲录》，外语教学与研究出版社，2011，第51页。

第五章
中国妇女参与外交实践与和平安全合作

的主观色彩。"[1]

2008年4月,北京奥运会火炬接力在伦敦、巴黎和旧金山的传递过程中都遇到严重干扰。伦敦奥运圣火传递后,傅莹在2008年4月13日的《星期日电讯报》上发表《奥运火炬传递后的思考》一文,她详细描写了火炬传递当天漫天飞舞的雪花,回忆了中国残疾人运动员金晶在巴黎火炬传递中用纤弱的身体保护火炬的情景,表达了对某些媒体用假照片"妖魔化"中国的愤怒,介绍了西藏问题的复杂性与西藏取得的进步,并且在文章的最后指出:"这件事让我很受启发,认识到应及时有效地传递中国的信息。"[2]

2020年2月14日,第56届慕尼黑安全会议(Munich Security Conference, MSC,简称"幕安会")在德国南部城市慕尼黑举行。在该次会议上,美国国务卿蓬佩奥(Mike Pompeo)、国防部部长埃斯珀(Mark Esper)和美国众议院议长南希·佩洛西(Nancy Pelosi)对中国进行了言论攻击。会议首日,佩洛西在会议发言中表示,各国在建设5G的过程中应该远离中国的科技公司——华为:"中国正在谋求通过电信巨头华为输出他们的数字化专制,并以经济报复威胁不使用他们技术的国家。美国已经将华为定性为对国家安全的威胁,列入实体清单,限制美国公司与华为的交易。"这无疑是暗示中国正在实施"科技霸权",如果回答不好,会给各国留下中国"国强必霸"的印象。对此,傅莹当场予以反驳:"技术是一种工具。中国自从40年前开始改革开放以来,一直在引进各种各样西方的技术——微软、IBM、亚马逊在中国都很活跃。我们使用的1G、2G、3G到4G技术都来自西方国家,来自发达世界,而

---

1. 傅莹:《在彼处——大使演讲录》,外语教学与研究出版社,2011,第262页。
2. 傅莹:《在彼处——大使演讲录》,外语教学与研究出版社,2011,第200~207页。

中国一直保持着自己的政治体制。中国共产党领导的政治体制很成功，没有被这些技术威胁到。为什么如果西方国家引进华为的5G技术，就会被威胁到其政治制度？您真的认为民主制度已经如此之脆弱，可以被华为这样一个高科技公司威胁到吗？"[1] 傅莹的提问不温不火又入情入理，且带有鲜明的立场，赢得与会者的认同与掌声。

显然，傅莹不仅敏锐地认识到中国形象塑造的重要性和有效传递中国信息的意义，而且能够在实践中创造性地应对危机，充分利用自己的"话语权"——自己面前的麦克风，以自己独特的方式，向世界各国展示了中国与世界各国共同维护世界和平的意愿。

三 张幼云——推动性别平等就是为人类和平安全努力

张幼云（1940~），毕业于北京外国语学院，语言功底扎实，业务能力过硬，曾为许多党和国家领导人担任外事翻译，后担任中国驻英国大使馆的政务参赞等职务，是一位踏实肯干的外交官，被称为"中国外交界的第六朵金花"。[2] 不仅如此，她还拥有任职国际劳工组织、创建该组织性别平等局的精彩工作经历。

（一）从事外事翻译工作：亲历中英关于香港问题的22论谈判

"没有实力就站不住脚，站不住脚就没有发言权。我们不追求华丽的场

---

1. EIR," Pelosi Insists on Threat from China's Huawei, as Lawmaker Asks 'Is Your Democracy So Fragile?'," Feb. 15, 2020, https://larouchepub.com/pr/2020/200215_pelosi.html. Date of online: August 18, 2020. 傅莹向佩洛西提问的视频在互联网上传播甚广，微信朋友圈中有大量转载，在国内外反响很大。其后，傅莹将这次"交锋"的详细过程写入《看世界2：百年变局下的挑战和抉择》（傅莹：《看世界2：百年变局下的挑战和抉择》，中信出版社，2021，第155、157页）。
2. 王和平：《中国外交界的第六朵金花：张幼云》，《国际人才交流》2000年第11期。

第 五 章
中国妇女参与外交实践与和平安全合作

面，要靠扎扎实实地工作，靠全面综合的实力。"[1]这是张幼云的工作态度，她在接受采访时说："我很感恩有幸参加了中英两国政府关于香港问题的谈判，并担任主翻译。这对我以后的人生影响很大。"[2]她亲身经历了中英关于香港问题的谈判，经受住了艰难的考验，她和团队仔细翻译谈判过程中的每一个词语，准确传达语义，增进了中英双方之间的理解，减轻了中英谈判过程中的压力。

张幼云曾说："参加中英关于香港问题的谈判，就等于是上了一个大学！"[3]自1983年7月12日开始的中英关于香港问题第二阶段谈判的全部22轮谈判，张幼云自始至终参加了全部翻译工作，翻译水平得到中英双方的一致认可。英国的珀西·柯利达（Percy Cradock）大使离开北京前夕向赵紫阳说："中国政府应该向张女士颁发一枚金质奖章。"[4]

1984年12月19日，在中英两国政府正式签订关于香港问题的《联合声明》的仪式上，撒切尔夫人（Margaret Hilda Thatcher）满怀激动地对站在邓小平身后的张幼云说："我们一起看到了历史是如何写成的。"[5]在中英香港问题谈判中担任翻译的经历本身就是张幼云对香港回归祖国的贡献，是中国外交和中国妇女运动的宝贵财富。

---

1. 王和平：《中国外交界的第六朵金花：张幼云》,《国际人才交流》2000年第11期。
2. 胡晶：《张幼云：从郧阳走出的"中国外交界第六朵金花"》,《档案记忆》2016年第9期。
3. 宗道一：《张幼云：在中英香港问题谈判中脱颖而出》,《党史博览》1997第4期。
4. 宗道一：《张幼云：在中英香港问题谈判中脱颖而出》,《党史博览》1997第4期。
5. 宗道一：《张幼云：在中英香港问题谈判中脱颖而出》,《党史博览》1997第4期。

（二）就任国际劳工组织：从中国外交官到国际组织官员的"实力转身"

1991年，张幼云离开外交部，就职于中华人民共和国劳动部国际合作司，先后担任第一副司长、司长。她本着"团结奋进、开拓进取"的精神，激励自己和同志们共同努力工作，取得了好成绩。1994年，张幼云被总部设在日内瓦的国际劳工组织聘任为女工问题特别顾问，从此与性别问题结缘。

刚一接手国际劳工组织的新工作，张幼云就开始了第四次世界妇女大会的筹备协调工作。"在一个强手如林的地方，必须学会拳打脚踢，学会扬长避短，打出自己的优势，这个过程是很苦的。"[1] 受到联合国妇女基金会宣传画的标题"To Educate a Woman Is to Educate the World"（让妇女受教育就是让世界受教育）的启发，张幼云设计出了国际劳工组织参加世妇会的口号"Every woman is a worker, whether at home or in the workplace"（不论是在家里还是在工作场所，每个妇女都是劳动者）。经与同事们商讨，这句话被精炼为"All women are working women"（所有的妇女都是劳动者），成为国际劳工组织参加第四次世界妇女大会的一个立场表述，突出对无报酬工作的重视以及对女性贡献的认可和尊重。[2]

1997年，联合国经社理事会通过了关于社会性别主流化的《商定性结论》。张幼云和同事们据此起草了国际劳工组织的性别主流化战略，并在战略框架的基础上制定了性别行动计划方案的草案。1999年12月，劳工理事会通

---

1. 王和平：《中国外交界的第六朵金花：张幼云》，《国际人才交流》2000年第11期。
2. 宋允孚、张幼云、陈恳：《全球治理家园情怀：国际公务员的成长》，浙江大学出版社，2020，第33~34页。张幼云在与笔者交流、给北京大学燕京学堂授课时多次提到这部分内容。在此向张幼云老师致敬。

过了劳工组织性别平等和性别主流化战略,劳工组织由此成为联合国系统内首个制定性别主流化战略的专门机构,起到了引领的作用。其性别主流化的一个成果就是,女工问题特别顾问办公室改成性别平等局,张幼云成为首任局长。时任联合国秘书长科菲·安南(Kofi A. Annan)的性别问题顾问安杰拉·金(Angela King)曾写信给张幼云表示:"虽然是一个漫长的过程,但国际劳工组织终于从长时间的沉睡中醒了过来,这与新局长上任分不开,与你过去几年来在这方面坚持不懈的领导分不开。"[1] 正是在张幼云的不懈努力和坚持争取之下,一个坚强有力的性别平等局出现了。2000年,张幼云又在性别平等行动计划里开发了性别审计项目,这在国际上包括在联合国系统和国际机构里都尚属首次,很有开创意义。

对于性别平等工作,张幼云一再强调:"性别平等不是妇女的问题,是涉及每个人的问题,是关系到社会进步与人类持续发展的重大问题。"关于解决之道,她表示:"全球没有一个统一的模式,发达与发展中国家的文化、历史、发展阶段不同,需要各自的战略,需要分阶段、分地区的规划,最终朝着一个目标努力。"[2] 在"视野(Vision)、激情(Passion)、专业(Profession)"精神的指引下,张幼云从一个女工问题的"性别盲"成长为国际劳工组织历史上第一个用英文起草理事会文件的中国人、一个自觉的性别平等倡导者、一个推动性别平等的改革者,长期致力于推动全球性别平等的发展。张幼云特别强调,推动性别平等,就是为人类和平安全而努力。[3]

---

1. 王和平:《中国外交界的第六朵金花:张幼云》,《国际人才交流》2000年第11期。
2. 王和平:《中国外交界的第六朵金花:张幼云》,《国际人才交流》2000年第11期。
3. 张幼云在与笔者交流时提出此观点,再次感谢张幼云老师。

丁雪松、傅莹、张幼云是中国女性外交人员的杰出代表，是中国女外交官群体的象征。她们睿智、勇敢、积极、踏实，既有国际视野又有中国情怀，更有对国家和人民的忠诚，以及在国际公务员岗位上勇于创新、为实现全球性别平等而努力的奋斗精神。她们通过自己在外交领域的工作机会，为国家引进西方先进技术，主动走出去让西方了解中国，在世界范围内促进性别平等，用自己的工作、学识为推动中国与世界各国的交流合作，在国际舞台上拨开西方对华偏见的迷雾，提升中国的国家形象，为实现全球性别平等、世界和平与安全做出自己的贡献。

第三节 中国妇女促进和平安全的多维参与

丁雪松、傅莹、张幼云等杰出的女外交官是中国妇女参与政府外交——"一轨外交"（Track I Diplomacy）和国际组织工作的代表。随着中国男女平等基本国策的落实，更多中国妇女走出国门，登上国际政治的大舞台，参与各式各类的"多轨外交"（Multi-Track Diplomacy）活动，[1] 在官方外交和民间对外交流合作中都绽放光彩。

一 中国妇女以外交实践促进和平安全的状况分析

新中国成立 70 多年以来，中国妇女外交事业取得了很大的进步，但是相较于中国全面提升的国际地位和国际影响力，妇女外交事业还有很大的潜力可以进一步挖掘。在为中国对外交流合作和世界和平安全做出贡献的同时，

1.〔美〕路易丝·戴蒙德、约翰·麦克唐纳：《多轨外交：通向和平的多体系途径》，李永辉等译，北京大学出版社，2006。

第 五 章
中国妇女参与外交实践与和平安全合作

中国妇女仍然面临各种困难与挑战。其中，性别不平等的权力结构和歧视性的社会规范、价值观仍然根深蒂固地存在，并在一定程度上阻碍妇女全方位地挖掘她们的潜力和实现她们的价值。

根据各国议会联盟截至2021年1月1日的统计，妇女在各国议会议员数中所占的比例平均为25.6%，[1]而中国全国人民代表大会中妇女所占的比例为24.94%。[2]这个数据被视为衡量妇女参政水平的核心指标，能够较准确地反映各国妇女参与政治与决策的程度。

关于中国在外交领域的妇女参与的具体情况，国务院新闻办公室于2015年9月发布的《中国性别平等与妇女发展》白皮书指出：2015年，中国有女外交官1695人，占外交官总数的30.7%，其中，女大使12人、女总领事19人、女参赞132人，分别占同级外交官数量的7.9%、24.4%和30.4%。[3]国务院新闻办公室于2019年9月发布的《平等 发展 共享：新中国70年妇女事业的发展与进步》白皮书更新了数据：截至2018年10月，中国有女外交官2065人，占外交官总数的33.1%，其中女大使14人、女总领事21人、处级以上女参赞326人。[4]白皮书强调，妇女在外交事务中充分展示了巾帼风采，贡献了智慧和力量。在看到成绩和进步的同时，上述统计数据同时显示，与妇女在全国人

---

1. IPU, "Global and Regional Averages of Women in National Parliaments," Averages as of January 1, 2021, https://data.ipu.org/women-averages.
2. IPU, "China," March 2018, https://www.ipu.org/parliament/cn, accessed March 13, 2021.
3. 国务院新闻办公室：《中国性别平等与妇女发展》（2015年9月），国新网，http://www.scio.gov.cn/zfbps/ndhf/2015/Document/1449896/1449896.htm，最后访问日期：2021年3月13日。
4. 国务院新闻办公室：《平等 发展 共享：新中国70年妇女事业的发展与进步》（2019年9月），国新网，http://www.scio.gov.cn/zfbps/ndhf/39911/Document/1665432/1665432.htm，最后访问日期：2021年3月13日。

民代表大会中所占比例相似，中国在妇女外交领域，仍然没有实现性别平等。

麦肯锡报告《女性至关重要：亚洲视角》曾就管理团队的性别多样化障碍问题进行了调查。调查结果显示，认为在女性面临的障碍中居于首位的是"双重负担"现象，即女性兼顾工作与家务问题；其次是"随时随地"的绩效模式（必须随时随地随传随到）；缺乏照顾家庭的公共政策与支持服务（例如托儿服务），这一点在亚洲地区更为明显。另外，缺乏能够激发及鼓励其他女性的女性模范人物，以及缺乏晋升所需要的重要人脉关系等也都是阻碍妇女升迁的因素（见图5-1）。此研究结果对于分析外交领域的妇女参与也有一定的借鉴作用。

柱状图数据：
- "双重负担"现象（女性兼顾工作与家务）：40
- "随时随地"的绩效模式（必须随时随地随传随到）：29
- 缺乏照顾家庭的公共政策/支持服务（例如托儿）：26
- 女性不愿意提升自己：23
- 女性天生不如男性有野心：22
- 没有女性的角色典范：20
- 女性社交能力原本就不如男性：19
- 女性决定淡出职场：13
- 没有障碍：12

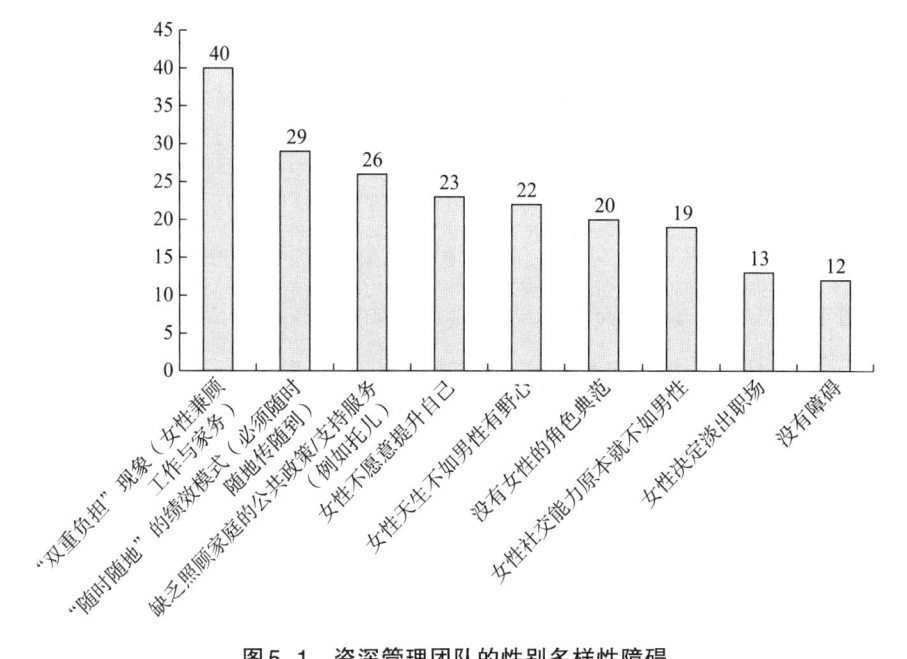

图5-1 资深管理团队的性别多样性障碍

资料来源：McKinsey & Company, *Women Matter: An Asian Perspective*, June 2012, https://www.mckinsey.com/~/media/McKinsey/dotcom/client_service/Organization/PDFs/Women_Matter_Asia.ashxa, ccessed March 13, 2021。

第五章
中国妇女参与外交实践与和平安全合作

中国经历了漫长的封建社会，曾长期处于父权制思想文化的桎梏之中。时至今日，性别刻板模式仍根深蒂固地存在并影响着人们的日常生活。"男主外、女主内"的传统性别角色期待并没有被彻底改变。人们往往认为，家庭中的男性应进入公共领域，以职业发展为主，担负起养家糊口的工具性责任；而女性则应该更多地担负起养儿育女和照料家庭的责任，她们因此比男性更需要在家庭和职业之间进行权衡。即便在劳动力市场上，不同行业、工种、岗位之间也存在不同程度的性别分工。

总的来看，性别角色期待、学科差异、教育、就业、晋升、政治和外交能力的培养等方面的性别差异，相互影响交织，共同发生作用，形成了目前这种外交领域的性别差异状况。一名外交人才需要经过长期的历练，方能成长为优秀的外交官。在国际舞台上，她们需要熟练运用外语进行交流、懂外事礼仪、了解对方的民俗文化，还要处变不惊、反应敏捷、临危不惧，准确把握国际事务。这些能力都需要长期的专业训练和临场锻炼才能真正具备。杰出女性外交官们的成就绝非一朝一夕所得，是数十年如一日的锻炼支撑她们站在国际舞台上。

随着中国妇女地位的提高，即便在外交这样一个传统的"高级政治"领域，参与"一轨外交"的女性人数也有很大的提高，但是在决策层面上，依旧存在"职位越高、女性越少"的情况。随着中国日益走近国际舞台中央，相关部门需要认真研究阻碍妇女在职场上进一步发展的因素，采取相应措施，消除性别歧视，促使更多女性参与有关维护国际和平与安全、实现男女平等的工作，并有机会成为决策者，这是中国打造一支全方位、多层次、宽领域的外交队伍的必要条件。

二　中国妇女通过其他领域的参与促进和平安全

在《我与妇女外交》一书中，赵少华写道："书中的大小故事或许只是沧海一粟，但有如海中拾贝，它们不同程度地折射出妇女民间外交工作的五彩光芒。"这本书"揭示妇女民间外交事业的未来——继续秉承服务国家总体外交、服务国内经济社会建设、服务妇女儿童事业的指导思想，高举和平、发展、合作的旗帜，积极加强同国际社会的交流合作，为对内建设和谐社会、对外推动建设和谐世界贡献智慧与力量"。[1] 黄甘英强调："妇女代表团出访的一个显著特征是：以民间外交促进国家外交。不少国家都是通过民间外交打开外交途径，民间外交是国家外交的很好的补充和促进。"她回顾了在中美尚未建交时中国妇女代表团访问美国的情形，指出中国妇女代表团"打开了一个增进彼此了解的窗口，对两国交往起了一定的促进作用"。[2]

随着女性参与外交队伍的日益壮大，中国妇女在维护和平与安全方面会取得更大的成就。本节将主要从文化和经济两个方面讨论中国妇女参与对外交流、维护和平与安全的主要内容。

（一）中国妇女以参与对外交流促进和平安全

在文化交流、教育互动和经贸展示交流会议等方面，女性发挥了独特而重要的作用。妇女作为文明对话、交流互鉴的使者，是推动文明进步、和平

---

1. 中华全国妇女联合会编《我与妇女外交》，中华全国妇女联合会，2008，"写在前面的话"第2页。
2. 黄甘英口述，张岱霞、张楠楠整理《客家妹的无悔人生——黄甘英自传》，群众出版社，2013，第177、182页。

第五章
中国妇女参与外交实践与和平安全合作

发展的重要力量。[1]

新中国成立初期,中国妇女积极配合国家外交政策方针,与世界各国妇女开展友好交流与合作,为国家的外交事业贡献自己的一份力量。中国妇女积极与苏联、朝鲜、印度等国家开展友好交流,彼此沟通学习。鉴于政治原因,新中国成立初期中国与西方国家仍旧是政治上"不来往"。在这种情形下,中国妇女通过特殊的外交形式——民间对外交流,与西欧各国的妇女展开交流,为推动中国与西方国家的政治关系的"破冰"提供帮助。20世纪70年代末,改革开放拉开帷幕,中国全面进入社会主义现代化建设时期,开始调整外交布局,改善与相关国家的关系,推动外交为国家经济建设服务。在这种情况下,中国妇女得以在更宽广的平台上与世界各国妇女交流,她们之间的交流反过来也为中国外交工作的开展以及与相关国家关系的改善提供了助力。

进入21世纪,中国形成了全方位、多层次、宽领域的对外开放新格局。中国妇女组织积极参加联合国的性别平等活动,借助联合国这个舞台,与世界各国妇女开展沟通交流,加深了对世界各国妇女政策的了解,并与之建立了友好关系。在国家总体外交布局中,妇女外交的形式进一步多样化。随着"一带一路"倡议和"人类命运共同体"的提出,全国妇联紧跟国家战略布局,积极参与共建"一带一路"国家交流,增进互通互信,为实现政策沟通、设施联通、贸易畅通、资金融通和民心相通的"五通"夯实社会基础。在一系列国际会议中,中国政府大力支持各种形式的妇女活动,如在中国—阿拉

---

[1] 李英桃、张瀚之:《妇女:亚洲文明交流互鉴的践行者和受益者》,《中国妇女报》2019年5月14日,第5版。

伯国家合作论坛、亚太经合组织、二十国集团等组织框架下举办妇女论坛，为妇女外交提供更多平台。

中国政府高度重视中外人文交流，妇女交流是中外高级别人文交流机制中最重要的交流领域之一。例如，"中俄妇女文化周"活动是中华全国妇女联合会和俄罗斯联邦委员会合作举办的。自2002年首届"中俄妇女文化周"在北京和上海举办以来，该活动已经成为中俄妇女交流的一个重要平台。2008年3月，该活动被正式确认为"国家年"机制化项目，列入了中俄两国元首签署的《中俄睦邻友好合作条约实施纲要（2009年至2012年）》。[1] 2009年10月28日，第五届"中俄妇女文化周"开幕，时任全国人大常委会副委员长、全国妇联主席陈至立在开幕式上致辞，表示巩固中俄两国传统友谊、增进相互理解，进一步深化合作、实现互利共赢，既符合两国人民的根本利益，也是世界和平稳定的需要。中俄两国人民是好邻居、好朋友、好伙伴，两国妇女更是亲密无间的好姐妹。"中俄妇女文化周"是两国人民友好事业的重要组成部分，其成果必将为进一步推动两国人民特别是两国妇女之间的相互了解和友谊发挥积极的作用。[2] 在这些文化交流活动中，两国妇女分享彼此的文化成就，学习对方的文化特点，同时求同存异，给予对方历史文化充分的尊重，妇女之间的交流对增进中俄人民的友谊起到了非常重要的作用。时任中国驻俄罗斯大使刘古昌曾表示："两国妇女界的关系对中俄关系发展具有举足轻重

1.《陈小娅出席第五届中俄妇女文化周开幕式并发言》，中国政府网，2009年10月29日，http://www.gov.cn/gzdt/2009-10/29/content_1451711.htm，最后访问日期：2021年3月14日。

2. 李菲、隋笑飞：《第五届中俄妇女文化周暨第三届中俄妇女论坛在京开幕》，《经济日报》，2009年10月29日，http://paper.ce.cn/jjrb/html/2009-10/29/content_85493.htm，最后访问日期：2021年3月14日。

的作用。"[1] 两国妇女的日常交往，及其就两国共同关注的妇女发展、权益维护进行探讨、合作，对于推动两国战略协作伙伴关系的发展起到了积极的作用。

首脑夫人、外交官夫人同样为推动对外交流合作与国际和平安全做出了重要贡献。有学者指出，妇女与外交的关系丰富多样，充满了差异性，有几个方面值得格外注意：首先，"个人的即是外交的"强调每个具体鲜活的个人与外交的关系；其次，凸显外交官夫人的作用，并不意味着可以忽视提高妇女参与一轨外交，成为政府首脑、外交决策者和职业外交官的意义；再次，提高妇女参与外交决策的水平、充分发挥妇女的作用，同样也不能忽视外交官配偶特别是其中占大多数的外交官夫人面临的各种问题与困难；最后，单纯用容貌或身材等外在因素来衡量外交官夫人甚至首脑夫人的作用和影响力是不恰当的。[2]

在中国妇女外交中，全国妇联发挥了重要作用。截至2019年，全国妇联与包括联合国等相关机构在内的145个国家的429个妇女组织和机构保持着不同程度的友好关系，[3] 为推动共建"一带一路"和构建人类命运共同体做出了不懈努力。

（二）中国妇女以参与经济发展和国际贸易促进和平安全

学术界有大量讨论贸易与和平、发展与和平关系的研究成果。作为国际关系自由主义学派的核心命题，自由贸易被称为"和平使者"。郎平则认为，

---

1. 《第四届中俄妇女文化周招待会在中国驻俄使馆举行》，中国政府网，2007年7月3日，http://www.gov.cn/govweb/jrzg/2007-07/03/content_670989.htm，最后访问日期：2021年5月24日。
2. 李英桃：《妇女与外交：个人的即是外交的》，《国际观察》2013年第6期。
3. 中华人民共和国国务院新闻办公室：《平等、发展、共享：新中国70年妇女事业的发展与进步》（2019年9月），国新网，http://www.scio.gov.cn/zfbps/ndhf/39911/Document/1665432/1665432.htm，最后访问日期：2021年3月14日。

贸易作为推动国家间经济相互依存的主要力量不会无条件地带来和平，只有当双方国家都认为贸易所衍生的政治经济利益是积极的，必须在双方的共同努力下这种利益才能维持时，和平才会发生，确保双边政府对这种互利共赢的贸易关系的积极判断才是贸易发挥其和平力量的充分条件。[1] 早在1954年，宋庆龄就指出："用和平的劳动创造着美满幸福的新生活，我们迫切地需要和平的环境来建设我们自己美好的国家。"[2] 邓颖超提出妇女"用自己的和平劳动，为发展国民经济、发展科学文化，为建设社会主义的祖国，创造更美好的未来而努力"。[3] 中国改革开放的成果引发了关于"中国模式"和发展与和平关系的思考，在此基础上，何银提出了"发展和平"的论点。[4]

中国的发展为世界和平与发展注入了正能量，"70年来，中国人民自力更生、艰苦奋斗，在实现自我发展的同时，为世界和平作出了贡献，为各国共同发展注入了动力"。[5] 多年来，中国政府和妇女组织始终以"妇女发展"为主题进行对外援助。例如，2015~2020年帮助发展中国家实施100个"快乐校园工程"和100个"妇幼健康工程"，邀请3万名妇女来华培训，在当地培训10万名女性职业技术人员，在13个国家建立中外妇女培训（交流）中心，向共建"一带一路"国家提供小额物资援助，帮助当地妇女改善生产生活条件，

---

1. 郎平：《贸易何以促成和平：以中美关系为例》，《世界经济与政治》2006年第11期。
2. 宋庆龄：《在庆祝十月社会主义革命三十七周年大会上的讲话（一九五四年十一月六日）》，载《宋庆龄选集》（下卷），人民出版社，1992，第54页。
3. 邓颖超：《把和平事业掌握在自己手里（一九五六年四月二十七日）》，载中华全国妇女联合会编《蔡畅、邓颖超、康克清妇女解放问题文选（1938—1987）》，人民出版社，1988，第271页。
4. 何银：《发展和平：全球安全治理中的规范竞争与共生》，中国社会科学出版社，2020。
5. 中华人民共和国国务院新闻办公室：《新时代的中国与世界》（2019年9月），国新网，http://www.scio.gov.cn/zfbps/32832/Document/1665426/1665426.htm，最后访问日期：2021年3月14日。

第五章
中国妇女参与外交实践与和平安全合作

加强能力建设。2015年以来，全国妇联为98个国家共培训了2000多名妇女骨干。[1] 中国女企业家代表每年定期参加全球妇女峰会，积极参与全世界的各类国际经济贸易交流活动。2019年10月27日，中俄建交70周年中俄论坛在北京举行，中国女企业家协会常务副会长姜华在主旨发言中指出，"世界风云波澜壮阔，中俄友谊日久弥新，和平发展需要女性力量"。[2]

中国的发展离不开中国妇女的贡献，在21世纪的"她经济"时代，中国妇女经济参与的深度和广度都在不断增加。紧跟"互联网+"的时代浪潮，中国妇女已成为通过参与经济发展和经贸合作促进和平的主力军，其中有在国内推动经济发展、脱贫致富的普通劳动妇女，也有带领妇女创新创业的女企业家。根据《2019女性就业指数》，2017年，中国贡献的女性劳动力占全球女性劳动力的25%，中国的女性劳动力参与率达到了69%，女性全职就业率为89%。[3] 在就业方面，党的十八大以来，中国实行就业优先战略，积极促进男女就业平等。中国妇女参与第二、三产业的比例相较改革开放初期大幅提升，同时涌现了大量的技术性人才和行业带头人。2017年，妇联组织培养巾帼电商带头人10万余名，并带动超过1500万名妇女增收致富。[4]

---

1. 国务院新闻办公室：《平等 发展 共享：新中国70年妇女事业的发展与进步》（2019年9月），国新网，http://www.scio.gov.cn/zfbps/ndhf/39911/Document/1665432/1665432.htm，最后访问日期：2021年3月14日。
2. 中国女企业家协会：《中俄建交70周年中俄论坛在京举行》，中国女企业家协会官方网站，2019年11月26日，http://www.cawe.org.cn/portal/article?catID=71&articleID=5792，最后访问日期：2021年3月14日。
3. 普华永道：《2019女性就业指数》，普华永道官方网站，2019年3月，https://www.pwccn.com/zh/research-and-insights/women-in-work-2019.pdf，最后访问日期：2021年3月14日。
4. 中华人民共和国国务院新闻办公室：《平等、发展、共享：新中国70年妇女事业的发展与进步》（2019年9月），国新网，http://www.scio.gov.cn/zfbps/ndhf/39911/Document/1665432/1665432.htm，最后访问日期：2021年5月1日。

在中国女企业家协会展示的"女企业家风采"专栏中介绍了一大批闯出自己的一片天地的女企业家，包括北京丰顺工贸集团董事长、中国女企业家协会副会长安钟岩，世纪荣华投资控股集团有限公司董事长崔荣华，哈尔滨中央红集团股份有限公司董事长栾芳，安徽华恒生物科技股份有限公司董事长郭恒华，福建鸿博集团有限公司董事长尤玉仙，青岛海丽雅集团有限公司董事长张旭明，武汉爱帝集团董事长、湖北省女企业家协会副会长胡爱娣，深圳市九思泰达技术有限公司董事长吴俊华等。[1]

随着妇女参与到国际经济贸易的广度和深度日益增加，她们在各种全球性、区域性经济组织的舞台上闪耀光芒。在通过参与经济发展和经贸合作促进和平的中国妇女中，不乏在国际经济合作和贸易往来中取得卓越成就的女性企业领导者，珠海格力电器股份有限公司董事长兼总裁董明珠是她们的杰出代表。董明珠坚持自主创新发展理念，致力于"让世界爱上中国造"，为推动中国制造向中国创造、中国速度向中国质量、中国产品向中国品牌的转变做出贡献，其突出成就获得社会各界的高度认可。董明珠先后荣获"全国劳动模范"，2016年、2017年"品牌创新领军人物"荣誉，三次被评选为"CCTV中国经济年度人物"，11次被美国《财富》杂志评选为"全球50名最具影响力的商界女强人"，连续3年荣登英国《金融时报》"全球商界女性50强"排行榜，入选美国《哈佛商业评论》杂志"全球最佳CEO"排行榜。[2]

这些女劳动者、女企业家是中国妇女和平劳动的实践者，是中国和平发

---

1. 中国女企业家协会：《女企业家风采》，http://www.cawe.org.cn/portal/article?catID=5&navParentID=4&navMenuID=4，最后访问日期：2021年3月14日。
2. 中国女企业家协会：《董明珠——让世界爱上中国制造》，2018年11月14日，http://www.cawe.org.cn/portal/article?catID=5&articleID=5517，最后访问日期：2021年3月14日。

第五章
中国妇女参与外交实践与和平安全合作

展的脊梁,是中国妇女通过参与经济发展和国际经贸合作促进世界和平的践行者。

小　结

长久以来,如何维持和平是全人类面临的共同课题。新中国成立70多年以来,中国妇女在参与外交、和平与安全方面取得了重要的成果。在维护世界和平与安全的事业中,中国妇女从未缺席。在国际舞台上,她们通过创造个性化的交往模式和不同国家的代表打交道,促进与各国的友好关系,推动有利于实现性别平等、维护世界和平的交流合作。中国妇女以多样的形式,在特定的时间与空间中,为实现国际和平与安全贡献自己的力量。

在中国外交实践和学术研究中,无论是创造性介入[1]全球问题,承担国际责任,还是在和平共处五项原则的指导下发展双边和多边关系,很好地平衡内政与外交的关系,都是以和平手段进行的和平努力。[2]在中国政府的支持下和中国妇女的奋斗中,中国妇女已经走出"闭笼一室"的历史困境,正在与中国一起"日益走近世界舞台的中央",[3]通过和平劳动,为维持世界和平、构建人类命运共同体而努力。与此同时,要切实将性别平等意识纳入主流,真正实现妇女平等地参与外交事业,还有很长的路要走。

---

1. 王逸舟:《创造性介入——中国外交新取向》,北京大学出版社,2011。
2. 李英桃:《女性主义和平学》,上海人民出版社,2012,第55页。
3. 李英桃:《中国妇女:从"闭笼一室"到"走近世界舞台中央"》,《中国妇女报》2019年10月14日,第2版。

第六章 中国妇女参与联合国维和行动

"五年前,中国维和女警察和志虹在海地执行联合国维和任务时不幸殉职,留下年仅4岁的幼子和年逾花甲的父母。她曾经写道,大千世界,我也许只是一根羽毛,但我也要以羽毛的方式,承载和平的心愿。这是她生前的愿望,也是中国对和平的承诺。"[1] 2015年9月28日,习近平在联合国维和峰会上动情地讲述了中国维和女警察和志虹的故事。和志虹是中国维和人员的代表,是中国和平心愿的承载者,更是中国妇女为国际和平与安全而努力的典范。

第一节 中国妇女参与联合国维和行动的整体状况

1988年12月,第43届联合国大会一致通过决议,同意接纳中国为维和行动特别委员会成员,中国开始参加联合国对维和行动的审议工作。1989年1月,中国正式要求向联合国停战监督组织派遣5名军事观察员。中国的这一要

1.《不忘初心 继续前进》编写组编《不忘初心 继续前进》,人民出版社、学习出版社,2017,第121~122页。

求得到了积极回应,经联合国安理会认可,同年11月,联合国秘书长正式表示接受中国向联合国停战监督组织派遣军事观察员的申请,中国开启了参与联合国维和行动的历程。[1]

一 联合国维持和平行动中的妇女参与

维持和平("维和")行动被称为"联合国促进和维护国际和平与安全的最有效工具之一",其任务使命是"帮助各国克服艰难险阻,从冲突走向和平"。[2]联合国的第一个维持和平特派团成立于1948年5月。当时,联合国安全理事会授权向中东部署少量联合国军事观察员,以建立联合国停战监督组织,负责监督以色列与其阿拉伯邻国之间的停战协定执行情况。经过70年的维和行动,到2018年,有来自125个国家的超过10万名军警和文职人员正在执行14项维持和平行动。[3]

平等参与联合国维和行动是妇女享有的权利。维和人员中女性人员缺乏的现实、战乱、冲突地区妇女人权受到侵犯的事实和她们的特殊需要以及派驻任务区一些男性维和人员针对当地女性的性暴力问题等,都凸显了妇女参与维和行动的重要意义。1995年召开的北京世妇会通过的《行动纲领》在关于妇女与武装冲突的第五个重大关切领域中特别强调,"和平是同男女平等和发展密不可分的","由于世界持续不稳定而且不断产生暴力,急需以合作方

---

1. 参见唐永盛《中国与联合国维和行动》,《世界经济与政治》2002年第9期。
2. 《以行动促维和》,联合国维持和平网站,https://peacekeeping.un.org/zh/action-for-peacekeeping-a4p,最后访问日期:2021年3月15日;《维持和平的任务使命》,联合国维持和平网站,https://peacekeeping.un.org/zh,最后访问日期:2021年3月15日。
3. 《联合国维持和平人员:七十年的贡献与牺牲》,联合国维持和平网站,https://peacekeeping.un.org/zh/un-peacekeeping-70-years-of-service-sacrifice,最后访问日期:2021年3月15日。

第六章
中国妇女参与联合国维和行动

式谋求和平与安全。妇女有平等机会并充分参与权力结构,并且充分参与一切防止和解决冲突的努力,是维持和促进和平与安全的必要条件"。[1]

联合国安理会于2000年3月31日通过的关于妇女、和平与安全的第1325(2000)号决议将参与视为与保护、预防以及救济与恢复并列的四大支柱之一,并在随后相继出台的各份决议在不同程度上重申了妇女参与的重要性。第1325(2000)号决议"重申妇女在预防和解决冲突及建设和平方面起重要作用,强调妇女平等参加和充分参与维持和促进和平与安全的一切努力至关重要,以及加强妇女在有关预防和解决冲突的决策方面的作用","向所有维持和平人员提供关于冲突局势下妇女和儿童的保护、特殊需要和人权的专门训练","敦促会员国确保在预防、管理和解决冲突的国家、地区和国际机构和机制的所有决策层增加妇女人数","增加妇女参与解决冲突与和平进程决策层人数","谋求扩大妇女在联合国实地行动中的作用和贡献,特别是担任军事观察员、民警、人权和人道主义工作人员"。[2]

安理会于2015年通过的第2242(2015)号决议第8段确立了一个促进妇女参与维和行动的新目标。该决议指出,欢迎秘书长承诺考虑各区域代表性情况并按照关于行政和预算问题的现有细则和条例,优先任命更多的妇女担任联合国领导职务,鼓励他调查阻碍妇女应聘和升职的障碍,还欢迎做出努力,增加妇女在联合国维和行动军事和警察人员中的人数,促请秘书长与会员国协作,着手修订战略,以便在现有资源内,在今后5年内使联合国维和行

---

1. 第四次世界妇女大会、'95北京非政府组织妇女论坛丛书编委会编《第四次世界妇女大会重要文献汇编》,中国妇女出版社,1998,第230~232页。
2. 联合国安理会:《第1325(2000)号决议》,S/RES/1325(2000),2000年10月31日,https://www.un.org/chinese/aboutun/prinorgs/sc/sres/00/s1325.htm,最后访问日期:2021年3月15日。

动军事和警察特遣队中的妇女人数翻番。[1]

1957~1989年，维和部队中只有20名妇女，主要担任支持性职位或在医疗部门担任护士等。到1993年，19项维和行动中有11项行动包含一定数量的非军事人员，其中几乎1/3是女性。1999~2009年，全球大约1%的维和人员是女性。[2] 在联合国和各方的共同努力下，截至2017年12月，妇女在军队和警察中的所占比例分别为4%和10%。到2018年7月，16个警察部门中有3名（19%）女性负责人，只有1名女性军事部队指挥官。[3]

2018年10月，联合国秘书长古特雷斯根据安理会相关文件提交了《妇女与和平与安全——秘书长的报告》，介绍"妇女、和平与安全"议程各个方面的最新进展、差距和挑战。该报告第12段指出，维持和平行动和参加维和的军警人员仍然是联合国最引人注目的代表，每天直接与社区打交道。虽然被委任为特遣队指挥官的妇女人数有所增加，一些特派团现在有女警察和军事维和人员网络以及军事和警察性别顾问，但总人数仍然持续偏低，令人无法接受。[4] 2018年9月25日，古特雷斯主持召开联合国大会第七十三届会议："以行动促维和"高级别会议。截至2019年7月12日，联合国秘书处起草的《共

---

1. 联合国安全理事会：《第2242（2015）号决议》，S/RES/2242(2015)，2015年10月13日，https://undocs.org/zh/S/RES/2242(2015)，最后访问日期：2021年3月15日。
2. Natasja Rupesinghe, Eli Stamnes, and John Karlsrud, "WPS and Female Peacekeepers," in *The Oxford Handbook of Women, Peace, and Security*, edited by Sara E. Davies, Jacqui True, Oxford University Press, 2019, p.283.
3. 联合国安理会：《妇女与和平与安全——秘书长的报告》，S/2018/900，2018年10月9日，https://undocs.org/zh/S/2018/900，最后访问日期：2021年3月15日。
4. 联合国安理会：《妇女与和平与安全——秘书长的报告》，S/2018/900，2018年10月9日，https://undocs.org/zh/S/2018/900，最后访问日期：2021年3月15日。

同承诺宣言》已得到154个国家以及4个国际和区域组织的支持。[1]《共同承诺宣言》指出:"我们共同承诺执行妇女、和平与安全议程及其优先事项,为此确保妇女充分、平等和有效参与和平进程的所有阶段,并有系统地将性别平等视角纳入分析、规划、执行和报告的各个阶段。我们还承诺让更多的女性文职和军警人员参加各级维和工作和担任重要职务。"[2]

在"为维和而行动"倡议高级别会议上,中国国务委员兼外交部部长王毅在发言中提出中方对加强和改进维和行动有五点意见:坚持联合国宪章这一根本遵循,紧扣政治解决这一根本目标,改进安理会授权这一行动总纲,谋划建设和平这一后续衔接,以及筑牢伙伴关系这一坚实依托。他在发言的最后表示:"中国愿同所有爱好和平的国家携起手来,让维和行动的和平之光照亮世界每一个角落。"[3]

二 中国妇女参与维和行动的数据分析

目前,中国是联合国第二大维和预算摊款国和经常性预算会费国,是安理会常任理事国第一大出兵国。30年来,中国军队先后参加25项联合国维和行动,累计派出维和官兵4万余人次,16名中国维和官兵为了世界和平事业献出了宝贵生命。根据联合国安理会有关决议,中国于2008年12月起派遣海军

1.《以行动促维和》,联合国维持和平网站,2020年8月24日,https://peacekeeping.un.org/zh/action-for-peacekeeping-a4p,最后访问日期:2021年3月15日。

2.《以行动促维和:联合国维和行动共同承诺宣言》,联合国维持和平网站,2020年7月12日,https://peacekeeping.un.org/sites/default/files/a4p-declaration-cn.pdf,最后访问日期:2021年3月15日。

3. 王毅:《践行和平承诺 开启维和行动新篇章——在"为维和而行动"倡议高级别会议上的发言》,外交部网站,2018年9月26日,https://peacekeeping.un.org/sites/default/files/a4p-event-china-statement_cn.pdf,最后访问日期:2021年3月15日。

舰艇编队赴亚丁湾、索马里海域实施常态化护航行动。中国还派遣军队参与国际灾难救援和人道主义援助。2015年9月，中国宣布加入新的联合国维和能力待命机制，建设8000人规模的维和待命部队。2020年8月，2521名中国官兵正在8个维和特派团和联合国总部执行任务。[1]

中国维和人员总体人数多。从联合国网站提供的依据会员国参与维和行动情况对任务区人数进行分性别统计数据的最早年份算起，2009～2020年，每月正在执勤人数在2000人左右（见图6-1），在联合国所有常任理事国中居首位。而且，中国参与联合国维和行动的人数呈波动中上升的趋势，2013～2015年呈现急剧增加趋势，2013年之前维和人员基本维持在2000人左右，2017年后维和人员人数基本处于相对稳定状态，人数维持在2500人左右。

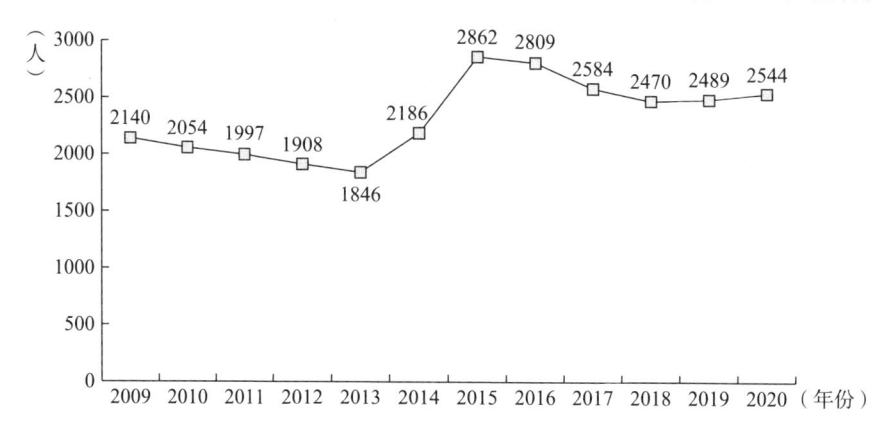

图6-1 平均每月（有中国女性维和人员派驻）任务区中国维和人员总人数

资料来源：笔者根据联合国统计发布的各会员国维和人员每月动态派遣人员统计表自行制作，数据截至2020年1月31日，https://peacekeeping.un.org/en/troop-and-police-contributors，最后访问日期：2020年4月12日。

---

1. 国务院新闻办公室：《中国军队参加联合国维和行动30年》（2020年9月），国新网，http://www.scio.gov.cn/zfbps/ndhf/42312/Document/1687803/1687803.htm，最后访问日期：2021年3月15日。

第六章
中国妇女参与联合国维和行动

2000年9月，中国向东帝汶派出执行联合国维和任务的第二批共40名民事警察，其中包括中国派出的第一批女性维和警察。2003年4月，主要由原中国人民解放军第202医院组建的中国首支维和医疗分队赴刚果（金）金杜任务区。医疗队43人中，包括13名女队员，这是我国首次派遣女军人参加联合国维和行动。[1] 中国维和人员中，派驻的女性警察和军人主要是医务后勤人员、单警、建制警察部队成员、特派团成员。2016年以后中国参与维和行动进入"奋发有为"阶段，2018年以来女性维和人员担任的职务也出现了质的变化。中国女性维和人员在任务区主要承担保障妇女儿童权益的工作，同时普及关于性别平等的知识以推动妇女参与和平建设活动并高质量地融入社会生活。

从图6-2可以看到，从2009年到2020年每个月正在任务区执勤的女性维和人员人数在70人左右，总体上处于波动上升的趋势。对比图6-1、图6-2可以看到，相较于总体维和人员数量，2013~2016年平均每个月女性维和人数增加迅速；2016年以后平均每个月正在执勤的女性维和人员数量较之前几年有所增加，且攀升速度持续加快；中国维和人员总体数量的增长和女性维和人员的增长的时间段基本吻合，但是女性维和人员数量上涨幅度更大。

1.《中国女警官在东帝汶维和》，《人民公安报》2001年3月8日，http://gaj.gz.gov.cn/gaxw/gzdt/content/post_2366389.html，最后访问日期：2021年3月21日；凌磊：《2003年，首支维和医疗分队——因出色表现收获"免检待遇"》，《人民日报》2020年7月6日，第17版。特此感谢前中国维和警察培训中心主任高心满、性别培训讲师么兰帮助笔者确定中国首次派出女性维和警察和维和女性维和军人的确切时间。

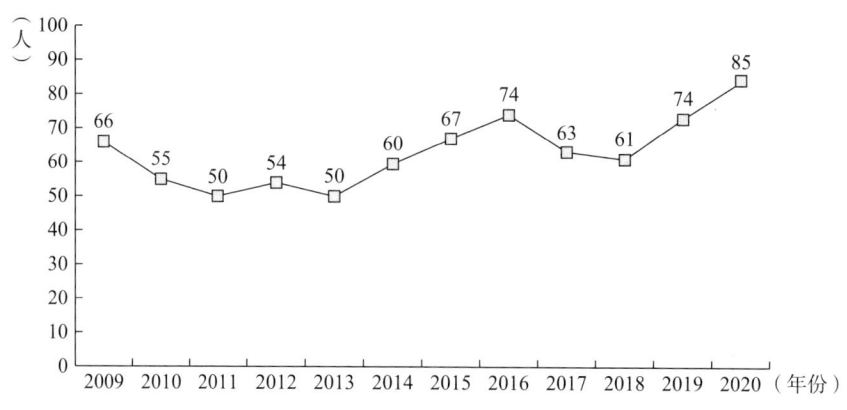

图 6-2　平均每月任务区执勤中国女性维和人员数量

资料来源：笔者根据联合国统计发布的各会员国维和人员每月动态派遣人员统计表自行制作，数据截至 2020 年 1 月 31 日，https://peacekeeping.un.org/en/troop-and-police-contributors，最后访问日期：2020 年 4 月 12 日。

从平均每个月正在该任务区执勤的女性维和人员数占该任务区执勤的维和人员总数的比例来看，虽然女性维和人员的占比在波动中呈现上升的趋势，但是这一比例始终不足 4%（见图 6-3）。在整体呈上升趋势的情况下，升幅处

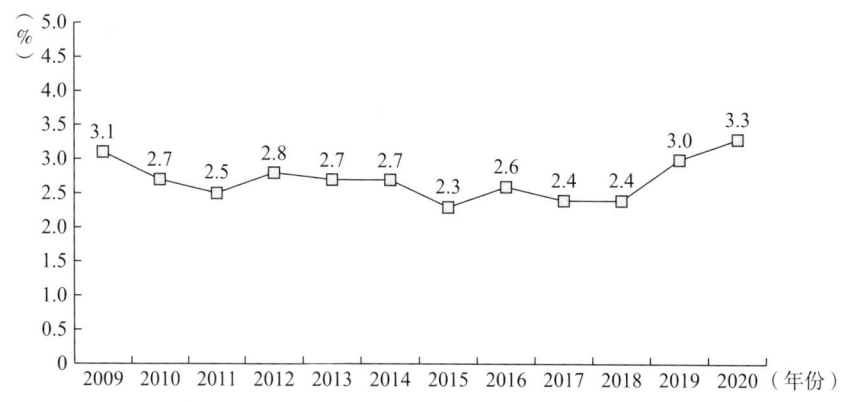

图 6-3　平均每月中国派驻女性维和人员占中国总派驻人员人数的比例

资料来源：笔者根据联合国统计发布的各会员国维和人员每月动态派遣人员统计表自行制作，数据截至 2020 年 1 月 31 日，https://peacekeeping.un.org/en/troop-and-police-contributors，最后访问日期：2020 年 4 月 12 日。

第六章
中国妇女参与联合国维和行动

于较低水平，其中一个特殊的现象是尽管2013～2016年中国维和人员总数和女性维和人员数都在增加，但是女性维和人员总体占比却在下降，这表明相较于男性维和人员的增长，女性维和人员的增长仍然处于较低水平，2016年以后女性维和人员所占比例逐渐上升。

《中国军队参加联合国维和行动30年》白皮书指出，中国女性维和官兵在维和行动中发挥了越来越重要的作用，先后有1000余名女性官兵参与医疗保障、联络协调、扫雷排爆、巡逻观察、促进性别平等、妇女儿童保护等工作，展示了中国女性的巾帼风采。[1]

表6-1、表6-2和图6-4展示了2009～2020年平均每个月正在执勤的女性维和人员各类职务的占比状况。在这些女性维和人员中，除2009年和2010年，特派团/特遣队成员占了较大比重，基本在90%以上，近两年单警和建制警察部队成员占比也有所提升。自2018年以来，不仅任务区增多，女性维和人员职位的种类也出现增多的情况，新增的职务分别是联合国参谋军官和特派专家。

表6-1　2009～2020年中国女性维和人员派驻的任务区和担任职务种类的数量统计

单位：个

年份	任务区	职位种类
2009年	6	3
2010年	6	3
2011年	4	2
2012年	4	1

---

1. 国务院新闻办公室：《中国军队参加联合国维和行动30年》（2020年9月），国新网，http://www.scio.gov.cn/zfbps/ndhf/42312/Document/1687803/1687803.htm，最后访问日期：2021年3月15日。

续表

年份	任务区	职位种类
2013年	4	3
2014年	5	3
2015年	5	3
2016年	5	3
2017年	5	2
2018年	7	5
2019年	9	4
2020年	6	4

资料来源：笔者根据联合国统计发布的各会员国维和人员每月动态派遣人数统计表自行制作，数据截至2020年1月31日，https://peacekeeping.un.org/en/troop-and-police-contributors，最后访问日期：2020年4月12日。

表6-2 2009~2020年中国每年派驻的女性维和人员任务区分布和担任职务情况

年份	任务区	任务区数量	职位
2009年	联合国海地稳定特派团/联合国刚果民主共和国稳定特派团/联合国驻黎巴嫩临时部队/联合国利比里亚特派团/联合国苏丹特派团/联合国东帝汶综合特派团	6	单警/建制警察部队/特遣队
2010年	联合国海地稳定特派团/联合国刚果民主共和国稳定特派团/联合国驻黎巴嫩临时部队/联合国利比里亚特派团/联合国苏丹特派团/联合国东帝汶综合特派团	6	单警/建制警察部队/特遣队
2011年	联合国刚果民主共和国稳定特派团/联合国驻黎巴嫩临时部队/联合国利比里亚特派团/联合国苏丹特派团	4	单警/特遣队
2012年	联合国刚果民主共和国稳定特派团/联合国驻黎巴嫩临时部队/联合国利比里亚特派团/联合国南苏丹特派团	4	特遣队
2013年	联合国刚果民主共和国稳定特派团/联合国驻黎巴嫩临时部队/联合国利比里亚特派团/联合国南苏丹特派团	4	单警/建制警察部队/特遣队

第六章
中国妇女参与联合国维和行动

续表

年份	任务区	任务区数量	职位
2014年	联合国马里多层面稳定综合特派团/联合国刚果民主共和国稳定特派团/联合国驻黎巴嫩临时部队/联合国利比里亚特派团/联合国南苏丹特派团	5	单警/建制警察部队/特遣队
2015年	联合国马里多层面稳定综合特派团/联合国刚果民主共和国稳定特派团/联合国驻黎巴嫩临时部队/联合国利比里亚特派团/联合国南苏丹特派团	5	单警/建制警察部队/特遣队
2016年	联合国马里多层面稳定综合特派团/联合国刚果民主共和国稳定特派团/联合国驻黎巴嫩临时部队/联合国利比里亚特派团/联合国南苏丹特派团	5	单警/建制警察部队/特遣队
2017年	联合国马里多层面稳定综合特派团/联合国刚果民主共和国稳定特派团/联合国驻黎巴嫩临时部队/联合国利比里亚特派团/联合国南苏丹特派团	5	建制警察部队/特遣队
2018年	联合国马里多层面稳定综合特派团/联合国刚果民主共和国稳定特派团/联合国驻黎巴嫩临时部队/联合国利比里亚特派团/联合国南苏丹特派团/联合国驻塞浦路斯维和部队/联合国驻西撒哈拉全民投票特派团	7	单警/建制警察部队/特遣队/特派专家/参谋军官
2019年	联合国马里多层面稳定综合特派团/联合国驻西撒哈拉全民投票特派团/联合国刚果民主共和国稳定特派团/联合国驻黎巴嫩临时部队/联合国驻塞浦路斯维和部队/联合国南苏丹特派团/联合国驻达尔富尔混合维和部队/联合国驻阿卜耶伊临时安全部队/联合国停战监督组织（中东）	9	建制警察部队/特遣队/特派专家/参谋军官
2020年	联合国马里多层面稳定综合特派团/联合国刚果民主共和国稳定特派团/联合国驻达尔富尔混合维和部队/联合国南苏丹特派团/联合国停战监督组织（中东）/联合国驻中非共和国多层面综合稳定特派团	6	建制警察部队/特遣队/特派专家/参谋军官

资料来源：笔者根据联合国统计发布的各会员国维和人员每月动态派遣人数统计表自行制作，数据截至2020年1月31日，https://peacekeeping.un.org/en/troop-and-police-contributors，最后访问日期：2020年4月12日。

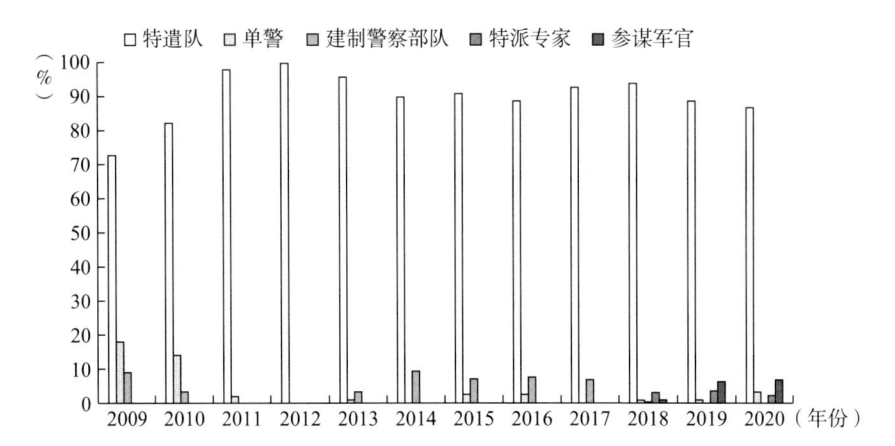

图 6-4　2009～2020 年平均每月任务区各类职务中国女性派遣人数占中国女性总派遣人数的比例

资料来源：笔者根据联合国统计发布的各会员国维和人员每月动态派遣人员统计表自行制作，数据截至 2020 年 1 月 31 日，https://peacekeeping.un.org/en/troop-and-police-contributors，最后访问日期：2020 年 4 月 12 日。

数据表明，虽然中国的维和人员总人数处于领先地位，但是中国女性维和人员参与维和行动的占比仍然较低。女性维和人员变动情况整体呈现 U 形趋势，在波动中上升，但是总体涨幅较小，2018 年以后出现整体向好的趋势，后续情况仍需要观察。整体来看，中国维和行动参与的主力军仍然是男性。

第二节　中国妇女参与联合国维和行动的贡献实例

有研究指出，"通过国际关系发展的历史可以看到，无论是凭借武力争得'和平'，还是在谈判桌协商获得和平，大都是以男性主导的权力较量与博弈

第六章
中国妇女参与联合国维和行动

的结果,在国际关系的中心舞台上一般很少听到妇女的声音"。[1]通过参与维和行动,妇女正在尝试跨越妇女与男子、和平与战争的界限。女性在反战维和中的特殊贡献凸显了她们是战争救护者和战后重建者,是缔造和平的行动者和决策者。[2]

一 中国妇女对联合国维和行动的贡献

系统梳理中国代表在安理会的发言、中国政府向联合国提交的报告和《平等 发展 共享:新中国70年妇女事业的发展与进步》《第四次世界妇女大会暨〈北京宣言〉与〈行动纲领〉通过二十五周年国家级综合审查报告》《中国军队参加联合国维和行动30年》等资料,除本书第四章部分已经提及的部分内容,中国政府和中国妇女对联合国维和行动的贡献大致可以概括为以下四个方面。[3]

第一,中国维和女兵和医疗队不畏艰苦,在有关冲突地区积极维护和平,帮助和照顾妇女儿童,成为一道道"亮丽的风景线"。2015年4月,中国驻南苏丹维和步兵营应联合国邀请到达南苏丹首都朱巴执行维和任务,与之前中国派出的维和部队都是工程、运输、医疗和警卫分队不同,这支部队是中国向国外派遣的第一支整建制作战力量,其中包括一个由13位成员组成的维和步兵营女子战斗班。这个女子战斗班已成为妇女参与联合国维和行动

---

1. 李英桃:《女性主义和平学》,上海人民出版社,2012,第153页。
2. 李丹:《女性发展:建设和谐世界的条件与动力》,载陈力文主编《厦门大学妇女/性别研究学术文选》,厦门大学出版社,2012,第37~38页。
3. 相关内容参见李英桃《加速实施妇女、和平与安全议程———对近五年中国落实"妇女与武装冲突"战略目标的评估》,《山东女子学院学报》2020年第3期。

的典范。[1]

第二，从2015年起，中国宣布设立为期10年、总额10亿美元的中国—联合国和平与发展基金，并于2016年正式投入运行。该基金促进了非洲和平与安全事业发展、《2030年可持续发展议程》和"一带一路"倡议的实施，惠及大多数发展中国家特别是非洲国家，展现了中国坚定支持多边主义、坚定支持联合国事业、坚定支持秘书长工作的郑重承诺。当地妇女也从这一机制中受益。[2]

第三，近年来，中国国防部同联合国妇女署合作，在北京共同举办了面向女性维和军官的国际培训班，鼓励出兵国积极编配和派遣女性维和军官，在提高参与联合国维和行动的女性军官执行维和任务的能力与素质方面发挥作用。[3]

第四，中国妇女参与联合国维和行动，不仅保障当地妇女儿童权益、救助了当地妇女，也打破了"战争让妇女走开"的刻板印象，展示出妇女社会角色的多样性，从而激励当地妇女自强自立，投身于维和行动并保护自己的同胞。[4]

---

1. 国务院新闻办公室：《平等 发展 共享：新中国70年妇女事业的发展与进步》（2019年9月），国新网，http://www.scio.gov.cn/zfbps/ndhf/39911/Document/1665432/1665432.htm，最后访问日期：2021年3月15日。
2. 中华人民共和国：《第四次世界妇女大会暨〈北京宣言〉与〈行动纲领〉通过二十五周年国家级综合审查报告》，2019年8月。
3.《安全理事会第八三八二次会议临时逐字记录》，2018年10月25日，https://www.un.org/en/ga/search/view_doc.asp?symbol=S/PV.8382&Lang=C，最后访问日期：2021年3月15日。
4.《联合国维和部队中的女性力量》，《中国妇女报》2018年6月6日，http://paper.cnwomen.com.cn/content/2018-06/06/049720.html，最后访问日期：2021年3月15日。

第六章
中国妇女参与联合国维和行动

二 我为和平而来——中国妇女维和贡献的实例

为积极响应联合国的号召,近年来中国提高了女性参与维和行动的比例。虽然中国女性维和人员在不同的时间点、不同的任务区执行公务,她们却组成了一个又一个优秀的女性维和群体。她们是执行维和任务不可或缺的和平使者,更是实现世界和平的关键力量。

(一) 维和一线女护士的心声:为了和平

自2003年中国派出的第一批维和医疗分队在刚果(金)建立中国二级医院以来,已有200多名维和女军人在此执行维和任务。2019年9月下旬,第23批赴刚果(金)的维和医疗分队抵达任务区,主要承担联合国刚果民主共和国稳定特派团14个国家4300余名维和人员的卫勤保障任务。分队43名官兵中有9名女军人,分布在医疗、护理和宣传等岗位。2020年新冠肺炎疫情期间,她们和战友们一起坚守在一线战位,用实际行动赢得了任务区各国保障对象的一致肯定和高度赞扬。[1]

在第18个国际维和人员日到来之际,中国第23批赴刚果(金)维和医疗分队于2020年5月28日开展"重温维和誓词 建功维和战场"主题教育活动。女维和军人张枫在发言中讲述了自己的维和故事,表达了参加维和行动的使命荣耀和祝愿期望:

> 作为一名维和一线的护士,疫情在非洲暴发的这一百多天里,每天

---

[1]《国际维和人员日:刚果(金)维和医疗队重温维和誓词》,人民网,2020年5月30日,http://world.people.com.cn/n1/2020/0530/c1002-31729556.html,最后访问日期:2021年3月15日。

身着全套防护装备接诊病人、护理病人,身心都面临着极大考验,但战友们再苦再累也没有怨言,想到30年来一批批维和战友们为了和平,付出的心血和作出的牺牲,我们有信心共克时艰,高标准完成维和任务。[1]

(二)赴黎维和女军人的角色:不可或缺的和平使者

2019年5月底,中国第18批赴黎维和部队部署到位。在6个月的扫雷工作中,女军人成功销毁近200枚地雷,她们还协助开展50余次的人道主义医疗援助,并参与走访了当地多所学校和孤儿院等。中国女扫雷手杨怡鑫说:"作为首次走上战斗岗位的女维和军人,我更要当好任务区的和平使者,既要在'蓝线'雷场扫除雷患,又要架起与当地女性沟通交流的桥梁,充分展示中国女军人在维和舞台上的力量。"[2]

2019年10月29日,联合国驻黎巴嫩临时部队(联黎部队)司令部参谋部性别官员、荷兰海军中校埃拉专程来到中国维和营区看望中国第18批赴黎维和部队女军人,高度肯定她们为维和事业所付出的努力,并对她们饱满的工作热情和无私的奉献精神表示赞赏。她表示,中国对联合国维和事业的支持为各方树立了榜样。她称赞了中国维和女军人在各个岗位,尤其是战斗岗位上展现出的女性力量,并指出:"非常感谢你们为维护南黎地区和平稳定做出

1.《国际维和人员日:刚果(金)维和医疗队重温维和誓词》,人民网,2020年5月30日,http://world.people.com.cn/n1/2020/0530/c1002-31729556.html,最后访问日期:2021年3月15日。
2.《联黎官员高度称赞中国维和女军人》,新华网,2019年10月30日,http://m.xinhuanet.com/2019-10/30/c_1125173438.htm,最后访问日期:2021年3月15日。

的重要贡献,你们是联黎部队执行维和任务不可或缺的和平使者。"[1]

(三)女性维和人员荣获的奖项:对奉献精神的褒扬

2015年11月21日,黎巴嫩政府授予中国第13批赴黎维和医疗分队队长毛屏"杰出女性奖",以表彰其在黎维和期间做出的贡献。

毛屏曾参加2008年"5·12"汶川特大地震救援等任务,于2015年5月底到达黎巴嫩执行国际维和任务。她是中国首位外派执行维和任务的女性指挥官,也是联黎部队首位女性指挥官。维和期间,毛屏带领医疗分队秉承"温馨服务"理念,为联合国驻黎巴嫩维和官兵提供周到、专业的医疗服务,并积极为黎巴嫩当地群众提供医疗援助。维和医疗分队官兵积极传递"中国式微笑",在国际舞台上传播中国文化和中医理论,赢得了联黎司令部和黎巴嫩当地群众的好评。黎巴嫩外交部专门致谢中国驻黎巴嫩大使馆,表达了对中国维和医疗分队的感谢,联黎司令波尔特拉诺称赞毛屏是"中国文化的传播大使"。[2]

2020年5月29日,在联合国驻黎巴嫩临时部队(联黎部队)举办的国际维和人员日纪念仪式上,中国女军官、联黎司令部战斗工程处参谋辛源荣获联合国军事性别平等倡导人奖。

辛源是联黎部队高级排雷参谋。抵达任务区之后,她受领的第一个任务

---

[1].《联黎官员高度称赞中国维和女军人》,新华网,2019年10月30日,http://m.xinhuanet.com/2019-10/30/c_1125173438.htm,最后访问日期:2021年3月15日。

[2]. 孟磊磊、余巍:《我国首位维和女性指挥官获黎巴嫩政府殊荣"杰出女性奖"》,中国军网,2015年11月24日,http://www.81.cn/lkkj/2015-11/24/content_6783299.htm,最后访问日期:2021年3月15日。

是组织实施人道主义扫雷任务。为了高标准完成这项任务，辛源少校冒着极大的风险和扫雷分队一起深入雷场进行勘察，亲自掌握第一手情况，进而制定出周密的清排计划，最终提前34天完成了这项扫雷任务，一共清排雷场1500多平方米。在从事排雷工作的过程中，她体会到，女性可以在维持和平行动中发挥一种独特作用。她说："维和实践已充分证明，女性维和人员能够像男性同行那样在同样艰苦的条件下，发挥同样的作用。同时，女性参与维和能够让维和行动更加充满关爱和温情。""我所从事的排雷工作，需要大量、经常地与黎军乃至雷场当地民众沟通协调，我感到在这方面，作为女维和人员，处理起来要更轻松一些。我想，这些也是联合国强调女性在维和中的特殊作用，希望能进一步提高女性维和人员比例的原因之一吧。"[1]

所有这些女性维和人员与习近平在2015年联合国维和峰会上的讲话中提到的和志虹一起为世界和平安全贡献了自己的青春年华乃至生命，她们就是"为和平而来"。

第三节　中国妇女参与联合国维和行动的影响因素

从全球范围来看，影响妇女参与联合国维和行动的因素都是多方面、多层次的，需要在特定的时间和空间之中进行具体分析。中国妇女参与维和行动是伴随中国参与联合国维和行动而发展的，与中国妇女的社会地位、受教

---

1. 李茂奇：《巾帼不让须眉　中国维和女军人受联合国表彰——专访联黎部队高级排雷参谋辛源》，《中国妇女报》2020年6月24日。

第六章
中国妇女参与联合国维和行动

育程度、国际视野等因素密切相关。

一 外交新取向为妇女参与维和提供新契机

2013年10月24～25日，在新中国成立以来首次举行的周边外交工作座谈会上，习近平首次用"奋发有为"对外交工作提出战略要求，提出要"更加奋发有为地推进周边外交，为我国发展争取良好的周边环境，使我国发展更多惠及周边国家，实现共同发展"。[1]一般认为，此次会议标志着中国外交战略从"韬光养晦"向"奋发有为"的战略性调整，[2]标志着中国外交政策有了方向性和原则性调整，甚至是吹响了中国外交全面改革的号角。从总体目标、工作思路、具体政策等方面看，目前中国外交已经进入了"奋发有为"新常态。[3]

2013年以来，中国在国内连续举办多场主场外交塑造和展示中国形象，提出构建"人类命运共体"的概念，强调世界人民休戚与共的关系，提出中国作为一个负责任的大国，需要肩负起参与全球治理的责任，认识到在全球治理面临重大挑战的今天，任何国家都不能独善其身。中国的维和行动在这一时期迈入了维和人数在波动中增长的新起点，女性维和人员的数量也有所增加。中国参与了2013年的马里维和与2014年的南苏丹维和。在马里维和中，中国派驻395名维和民事和军事人员；在南苏丹维和中，中国派驻由700名士兵组成的步兵营，这是中国首次派出成建制的维和作战部队。[4]

---

1. 《习近平谈治国理政》，外文出版社，2014，第296页。
2. 李志永：《中国"奋发有为"外交的根源、性质与挑战——自主性外交理论的视角》，《国际展望》2018年第2期。
3. 徐进：《中国外交进入"奋发有为"新常态》，《中国党政干部论坛》2014年第12期。
4. 吕蕊：《中国联合国维和行动25年：历程、问题与前瞻》，《国际关系研究》2015年第3期。

2015年9月,习近平在联合国维和峰会上向全世界郑重宣布:

第一,中国将加入新的联合国维和能力待命机制,决定为此率先组建常备成建制维和警队,并建设8000人规模的维和待命部队。

第二,中国将积极考虑应联合国要求,派更多工程、运输、医疗人员参与维和行动。

第三,今后5年,中国将为各国培训2000名维和人员,开展10个扫雷援助项目,包括提供培训和器材。

第四,今后5年,中国将向非盟提供总额为1亿美元的无偿军事援助,以支持非洲常备军和危机应对快速反应部队建设。

第五,中国将向联合国在非洲的维和行动部署首支直升机分队。

第六,中国—联合国和平与发展基金的部分资金将用于支持联合国维和行动。[1]

中国的维和行动迈入了由量到质转变的新阶段,更加注重提高维和人员的数量、培养职位多样化的维和人员,除了承担在任务区保障任务区人民生命安全的任务,更要解决任务区人民面临的非传统性安全问题,同时要帮助当地人

---

1. 习近平:《中国为和平而来——在联合国维和峰会上的讲话》,外交部网,2015年9月28日,https://www.fmprc.gov.cn/web/ziliao_674904/zyjh_674906/t1302559.shtml,最后访问日期:2021年3月15日。

第六章
中国妇女参与联合国维和行动

民尽早、尽可能好地恢复生产生活,中国在参与维和行动中注重解决紧急情况的"输血投入",还致力于让当地人民能够自立自主地生活的"造血投入"。

2015年9月,习近平在全球妇女峰会上的讲话中指出"创造有利于妇女发展的国际环境。妇女和儿童是一切不和平不安宁因素的最大受害者。我们要坚定和平发展和合作共赢理念,倍加珍惜和平,积极维护和平,让每个妇女和儿童都沐浴在幸福安宁的阳光里"。[1] 在2015年9月召开的联合国首脑峰会上,中国对认真落实2015年联合国首脑峰会通过的《2030年可持续发展议程》做出郑重承诺。其中的"实现性别平等,增强所有妇女和女童的权能"和"创建和平、包容的社会以促进可持续发展,让所有人都能诉诸司法,在各级建立有效、负责和包容的机构"与"妇女、和平与安全"议程的精神实质是一致的。

因此,中国外交政策的新调整和"奋发有为"的外交取向为提高妇女参与维和行动水平提供了更大空间和更多可能性。2020年9月18日,国务院新闻办公室就《中国军队参加联合国维和行动30年》白皮书举行发布会,国防部维和事务中心主任罗为介绍了相关情况。他表示,中国坚决支持联合国"妇女、和平与安全"议程,以实际行动落实联合国安理会第1325(2000)号决议。目前,中国还有85名女性军人在联合国总部和多个特派团执行维和任务。[2]

1.《习近平在联合国成立70周年系列峰会上的讲话》,人民出版社,2015,第11页。
2.《〈中国军队参加联合国维和行动30年〉白皮书新闻发布会(文字实录)》,国防部官网,2020年9月18日,http://www.mod.gov.cn/topnews/2020-09/18/content_4871417.htm,最后访问日期:2021年3月15日。

二 男女平等基本国策为妇女参与维和奠定坚实基础

西奥多·伊斯梅尼·吉塞利斯（Theodor-Ismene Gizelis）在讨论妇女赋权和建设和平的关系时提出，在妇女赋权水平更高的社会，联合国主导的冲突后建设和平的前景一般会更成功。妇女的社会地位是多种社会网络和家庭能力的反映，因此在妇女地位相对高的社会，她们有更多机会在建设和平进程中表达自己的意见，并能更广泛地参与由外部领导的维持和平行动。这种更高水平的参与又成为联合国维和行动可以利用的巨大社会资本，从而带来更好的成功前景；在妇女社会地位相对较低的国家，情况则正好相反。[1]这一论证逻辑对分析妇女参与维和行动也有一定的借鉴作用。

随着男女平等基本国策的落实，中国妇女的受教育水平提高、就业机会增加，性别平等得到进一步发展。社会和家庭地位的切实提高，反过来推动妇女参与公共事务、突破传统职业选择的性别分野，使更多妇女进入军队、警察等传统上由男性主导的领域，为她们成为联合国维和人员奠定了基础。自2016年以来，中国在派驻维和人员的考量上，提出不仅要增加派驻人数，还要增加武器等科技资源类投入，同时加强对维和人员的培训尤其是针对性别平等议题的培训，这为中国妇女高水平参与维和行动打下了坚实基础。

榜样的力量是无穷的。女性维和人员带来的榜样力量能激励更多同行和年轻一代立志成为维和人员。这一良性循环的形成，同样有赖于全球性别平等运动的发展、国际社会对"妇女、和平与安全"议程的落实，以及各国将承诺变成行动的努力。国内外关于性别平等与联合国维和行动研究的发展、

---

1. Theodor-Ismene Gizelis, "Gender Empowerment and United Nations Peacebuilding," *Journal of Peace Research*, Vol 46, No. 4, 2009.

第六章
中国妇女参与联合国维和行动

大众媒体的传播以及对于维和行动的认知程度加深等,都在一定程度上发挥着作用。值得一提的是,自2015年尤其是2018年以来,中国维和警察培训中心[1]与高等院校的交流合作进一步加强。在高校研究给培训中心提供了理论支撑的同时,培训中心也为高校学生提供了熟悉和了解联合国维和行动的窗口,向高校学生做了关于维和行动的公共教育。[2]

三 中国女性参与维和行动仍面临挑战

尽管中国妇女在参加联合国维持和平行动中已经取得了一些进步,但整体上还有待进一步增加女性维和人员的数量、拓展其任职范围并增加妇女参与决策的机会。根据中国女性维和人员的亲身经历,维和人员中女性所占比例小的原因可大致概括为以下四个方面。

第一,从整体上看,无论是军队还是警察队伍,在全世界普遍被视为"男性的领地",女性在这些领域中所占比例明显少于男性,这种状况在中国也同样存在。

第二,维和人员的选拔标准严格,不仅要身体和语言过关,还有具体的资格要求。例如,根据维和警察的筛选条件,候选人需要参加公安工作5年以

---

1. 中国维和警察培训中心设立于中国人民警察大学,主要从事联合国维和警察培训、维和学研究生教育、维和学术研究及国际交流。
2. 白杨:《国际关系学院师生参访中国维和警察培训中心》,2017年4月20日,http://news.pku.edu.cn/xwzh/2017-04/20/content_297517.htm;王益静:《中国维和警察培训中心来外语学院进行调研》,2018年7月2日,http://www.sis.zju.edu.cn/sischinese/2018/0702/c12619a819307/page.htm;赵青:《西北工业大学外国语学院与中国维和警察培训中心签署合作协议》,2018年11月05日,https://news.nwpu.edu.cn/info/1003/59338.htm;清欢:《中国维和警察培训中心何银副主任到访西北大学丝绸之路研究院,就"维和与文物保护"做专题讲座》,2018年11月22日,https://www.sohu.com/a/277178068_100000377。所有网址的最后访问日期均为2021年3月15日。

上,年龄在25周岁以上,还要具备2年以上的驾龄等。通过初选后,他们要经历"地狱式训练""魔鬼式训练",除了学习外语、维和业务,还要完成武器运用和射击、汽车驾驶、通信、识图、防雷、急救、安全、野外生存等课程。中国维和警察培训中心主任高心满说,"全国有近200万名警察,能到这里培训的不到2000人,中国维和警察绝对是千里挑一"。[1]对于总体人数少、基数小的女军人、女警察等维和预备人选来说,这些条件都不容易达到。

第三,维和任务区一般为欠发达或者是战后重建国家和地区,相对来说条件比较落后,缺少针对女性维和人员的设施,艰苦的条件对女性也是一大挑战;在充斥着"男性特质"的任务区,维和人员一旦进入任务区就需要时时刻刻对各类危险保持高度警惕;在冲突地区,性暴力有可能被冲突各方系统地用作武器,给女性带来更大的威胁。这些方面的考虑往往成为阻碍妇女加入维和行动的因素。

第四,在传统文化和社会因素影响下,相较于男性维和人员,女性更不容易获得家人的同意;已建立家庭的女性比男性更不容易放下家庭、孩子和父母远赴他乡。比如,曾赴海地的维和女警汪雪艳,就曾经因为舍不下处于哺乳期的孩子,在家人的劝阻下放弃了参与维和任务,等到孩子长大以后才参与到维和行动中来。[2]

正因为妇女参加维和行动面临众多障碍和阻力,和志虹的事迹才值得特

---

1. 赵超、邹伟:《和平之剑这样铸成——中国维和警察培训选拔全记录》,中国政府网,2010年2月7日,http://www.gov.cn/govweb/jrzg/2010-02/07/content_1530224.htm,最后访问日期:2021年3月15日。

2. 恒泉、阿峰:《维和女警察汪雪艳》,《政府法制》2010年第20期。

别提及。2007年3月,中国第六支赴海地维和警察防暴部队组队中,和志虹以优异的外语成绩和综合成绩入选。当时她的孩子只有1岁多,正是离不开家人呵护的时候,她的丈夫在银行工作又非常忙,基本没时间照顾家。经过一番慎重思考和艰难抉择,和志虹下定决心:国大家小,在家只能照顾一个孩子,如果参加防暴部队执行国际维和任务,可能会有更多的孩子得到安宁,甚至保住生命。她毅然将孩子留给老人照顾,自己作为赴海地维和先遣队员于2007年12月启程,一到达海地任务区就立即投入紧张的工作中。[1] 和志虹先后两次赴海地执行维和任务,2010年1月在海地殉职时,就像习近平在联合国维和演讲中所说的,她的孩子只有4岁。

和志虹和她的同事们根据各自的具体情况,统筹协调了家庭责任与社会责任,无论是先顾大家后顾小家还是先顾小家后顾大家,最终都加入联合国维和的事业中,在一定程度上打破了军人、警察等职业领域的传统性别分野,挑战了"男主外、女主内"的传统性别角色定位,为各国女性特别是青年女性树立了榜样。

小　结

中国妇女参与维和行动的发展与中国融入国际社会的程度、综合国力不断提升及中国外交理念与导向的转变紧密相关。2013年以来,中国在国际舞台上积极有为地塑造中国负责任的大国形象,在参与维和行动中注重保障弱

1.《和志虹:为联合国官员担任翻译》,公安部官网,2010年1月17日,https://www.mps.gov.cn/n2255079/n2255721/n2255727/c3660907/content.html,最后访问日期:2021年3月15日。

势的妇女儿童权益，致力于实现2030年全球可持续发展目标，在提高妇女参与维和行动水平的同时，系统化、有针对性地推动任务区性别平等的发展。

中国妇女参与维和行动的人数不断增长，且呈现继续增加的趋势，虽然目前中国妇女维和人员数量和担任领导和性别事务人员的所占比例仍然不高，但从数据中可见，波动中向好趋势逐渐明显，且中国在培训性别事务军官方面比较积极，中国维和警察培训中心与高校合作进行的针对维和的公共教育，也为促进高水平人才进入维和队伍打下了基础。同时，推动妇女全面、平等地参与联合国维和行动，需要全世界携手共进，脚踏实地地解决性别不平等给妇女带来的各种困难与挑战。切实实现联合国维和行动中的性别平等，仍然任重而道远。

第七章　中国治理家庭暴力与人口贩运问题

第四次世界妇女大会在《行动纲领》中提出，"对妇女的暴力行为阻碍实现平等、发展与和平的目标"。"'对妇女的暴力行为'一语是指公共生活或私人生活中发生的基于性别原因的任何暴力行为，这种暴力行为造成或可能造成妇女受到身心或性方面的伤害或痛苦，也包括威胁采用此种行为，胁迫或任意剥夺自由。"对妇女的暴力行为包括但并不仅限于：家庭中发生的身心和性方面的暴力行为，一般社区中发生的身心和性方面的暴力行为，国家所施行或容忍的身心和性方面的暴力行为。暴力行为或暴力威胁，不论在家中或社区中发生，不论由国家施行或容忍，都会给妇女生活带来恐惧和不安全感，并且阻碍实现平等，阻碍发展与和平。[1]以联合国安理会第1325（2000）号决议为基石的"妇女、和平与安全"议程将保护、预防、救济与恢复视为和参与并列的三大支柱。在武装冲突背景下，针对妇女、儿童的暴力特别是性暴力问题，以及难民和境内人员流离失所问题，一直是国际社会关注的焦点。

---

1. 第四次世界妇女大会、'95北京非政府组织妇女论坛丛书编委会编《第四次世界妇女大会重要文献汇编》，中国妇女出版社，1998，第220~221页。

对于中国这样没有武装冲突的国家，家庭暴力和人口贩运对妇女儿童的危害更加明显，可被视为落实"妇女、和平与安全"议程的主要内容。中国政府历来十分重视保护妇女儿童的权益，反对任何形式侵害妇女儿童的行为，特别是近年来加大了打击家庭暴力与拐卖妇女儿童的力度，出台了《中国反对拐卖妇女儿童行动计划（2008—2012年）》《中国反对拐卖人口行动计划（2013—2020年）》《反家庭暴力法》《中华人民共和国民法典》等，加强了国内的规范建设和综合预防。本章主要探讨中国治理家庭暴力、人口贩运的进展及其面临的复杂问题并提出对策建议。

第一节　家庭暴力问题与中国《反家庭暴力法》的实施

有学者指出，"家庭暴力是一个和平问题"，当暴力冲突存在，家庭也就成为一个特定意义的"战场"，它与国际、国内的其他形式的直接暴力在根源上有相通之处，一脉相承，都是社会发展的产物，来源于包括男子支配妇女的父权制在内的不平等社会权力结构，以及崇尚暴力的文化传统和意识形态。[1] 乔治城大学妇女、和平与安全研究所提出的"妇女、和平与安全指数"包括从家庭、社区到社会三个层次的安全指数，即"亲密伴侣暴力""社区安全""有组织暴力"，家庭暴力即其中一项重要指标。[2]

---

1. 李英桃：《女性主义和平学》，上海人民出版社，2012，第167~168页。
2. GIWPS, "Women, Peace, and Security Index," 2019, http://giwps.georgetown.edu/the-index/, accessed March 20, 2021.

第七章
中国治理家庭暴力与人口贩运问题

一 国际社会对家庭暴力的认识与界定

恩格斯在《家庭、私有制和国家的起源》中指出："母权制的被推翻，乃是女性的具有世界历史意义的失败。丈夫在家中也掌握了权柄，而妻子则被贬低，被奴役，变成丈夫淫欲的奴隶，变成单纯的生孩子的工具了。"[1]家庭暴力是人类社会中普遍存在的古老问题，然而人们对家庭暴力问题的研究却是很晚近的事情。有研究指出，西方学术界于1938年发表了第一篇相关文章。[2]近半个世纪以来，人们才逐步认识到家庭暴力是一个社会问题。学者们最初主要研究虐待儿童问题，后来开始关注针对妻子的家庭暴力。在过去的30~40年，学术研究视角也投向其他各种形式的暴力，比如约会暴力、男性遭受暴力等问题。[3] 1999年11月3日，联合国大会将每年11月25日定为"国际消除对妇女暴力日"（International Day for the Elimination of Violence against Women）。

消歧委员会于1992年通过的针对落实《消歧公约》的《第19号一般性建议》中界定了家庭暴力。家庭暴力是对妇女的最有害的暴力形式之一。它在所有的社会都普遍存在。在家庭关系中，各个年龄的子女都会遭受各种各样的暴力，包括殴打、强奸、其他形式的性攻击、精神方面的暴力以及由于传统观念而长期存在的其他形式的暴力。因缺乏经济独立，许多妇女被迫处在

---

1. 恩格斯：《家庭、私有制和国家的起源》，载《马克思恩格斯选集》（第四卷），人民出版社，1995，第54页。
2. Murray A. Straus, "Forword," in *Encyclopedia of Domestic Violence*, edited by Nicky Ali Jackson, New York: Routledge, 2007, p.xv.
3. "Introduction," in *Encyclopedia of Domestic Violence*, edited by Nicky Ali Jackson, New York: Routledge, 2007, p.xix.

暴力关系之中。男子不承担其家庭责任的行为,也是一种形式的暴力和胁迫。[1]之后,国际社会对家庭暴力的界定提出补充和深化,通过了《消歧公约》的第31、33、34、35号一般性建议。荣维毅在《消除一切形式对妇女的暴力——对近五年中国治理对妇女暴力行动的评估》一文中梳理了这一变化轨迹。[2]

在中国,由于传统法律文化中存在尊卑的思想,尊对卑的家庭暴力在古代法律中处罚轻微,甚至是免除处罚,这在很大程度上纵容了家庭暴力的存在。[3]正因此种传统法律文化的影响,直至20世纪90年代,随着国际妇女运动的不断开展,中国学者才开始关注并研讨家庭暴力问题,在中国地方政府与学术界的推动下,与家庭暴力相关的法律法规逐步出台。2015年12月27日通过、2016年3月1日实施的《反家庭暴力法》是中国防治家庭暴力过程中的一个里程碑,标志着中国在反对家庭暴力的征程中迈出了重要的一步。[4]

二 中国家庭暴力问题的治理进程

吕孝权主编的《扬法治之剑 惩家暴罪戾》、[5] 蒋月娥的《中国反家庭暴力立法的进程》[6] 等系统梳理了中国反家暴专门立法经历的发展阶段。参考既有研究资料和实践总结,本章将分四个阶段来归纳中国治理家庭暴力的进程。

---

1. 联合国:《国际人权文书》(第二卷),HRI/GEN/1Rev.9(Vol.II),2008年5月27日,https://undocs.org/pdf?symbol=zh/HRI/GEN/1/Rev.9%20(Vol.II),最后访问日期:2021年3月16日。
2. 荣维毅:《消除一切形式对妇女的暴力——对近五年中国治理对妇女暴力行动的评估》,《山东女子学院学报》2020年第1期。
3. 王立民:《中国当今家暴的传统法律原因》,《政治与法律》2017年第12期。
4. 张丽娜:《〈反家庭暴力法〉实施现状与反思》,《理论观察》2019年第11期。
5. 吕孝权主编《扬法治之剑 惩家暴罪戾》,中国人民公安大学出版社、群众出版社,2017。
6. 蒋月娥:《中国反家庭暴力立法的进程》,《中国妇运》2014年第6期。

第七章

中国治理家庭暴力与人口贩运问题

第一阶段为1990~1995年。在该阶段,家庭暴力概念初步被引入并正式成为学术议题。1990年10月11~14日,全国妇联与美国环球交流公司共同在北京举办了中美妇女问题研讨会,美方代表强调了家庭机能失调会严重影响家庭成员的健康状况,并介绍了美国一些地方推行的护士家庭访问模式——儿童和家庭健康保护计划。[1] 1991年7月,《中国妇女》杂志发表《家庭暴力白皮书》一文,这是中国首次提出将家庭暴力视为社会问题。[2] 1992年9月1日,北京红枫妇女心理咨询服务中心开通了国内第一条妇女热线——红枫妇女热线。[3] 在这一阶段,家庭暴力问题尚未进入法律范畴,亦没有专门惩治家庭暴力的官方依据,大多数情况是通过家庭成员私下协商、社区邻里调解等手段来缓解家庭暴力问题的。

第二阶段为1995年世妇会召开至2001年《中华人民共和国婚姻法》修订,这是中国反家庭暴力立法的起步期。1995年8月7日,国务院发布《中国妇女发展纲要(1995—2000年)》。在中国政府的第一部关于妇女发展的专门规划中,第一次正式使用了"家庭暴力"概念,提出要"依法保护妇女在家庭中的平等地位,坚决制止家庭暴力"。[4] 第四次世界妇女大会通过的《北京宣言》和《行动纲领》明确把对妇女的暴力和基本人权自由联系在一起,提出家庭暴力包括"家庭中发生的身心和性方面的暴力行为,包括殴打、对家

---

1. 艳霞、小姜:《中美妇女问题研讨会在京召开》,《妇女研究论丛》1999年第4期。
2. 皮小明:《家庭暴力白皮书》,《中国妇女》1991年第12期。
3. 许惠英、王行娟:《女性困惑引发的思索——来自"妇女热线"的报告》,《妇女研究论丛》1993年第3期。
4.《中国妇女发展纲要(1995—2000年)》(1995年8月),国务院妇女儿童工作委员会网站,http://www.nwccw.gov.cn/2017-04/05/content_149162.htm,最后访问日期:2021年3月17日。

庭中女孩的性虐待、与嫁妆问题有关的暴力、配偶强奸、切割女性生殖器官和对妇女有害的其他传统习俗、非配偶的暴力行为以及与剥削相关的暴力行为"。[1]北京世妇会的召开对中国推进反对家庭暴力具有重大影响。1996年1月10日，湖南省长沙市委办公厅、市政府办公厅联合下发《关于预防和制止家庭暴力的若干规定》，这是中国第一个以政府名义出台的反家庭暴力的规范性文件。2000年3月，湖南省人大常委会审议通过的《关于预防和制止家庭暴力的决议》成为中国第一部预防和制止家庭暴力的地方性法规，把家庭暴力正式纳入法制范畴。

第三阶段为2001~2011年，该阶段中国反家庭暴力立法进入迅速发展期。2001年修改后的《婚姻法》明确禁止家庭暴力，并规定了对家庭暴力受害人的救助措施和加害人的法律责任，这是中国第一次在国家立法中对家庭暴力问题做出明确规定。[2]之后，相关法律相继修改，增加了防制家庭暴力及保障家庭成员人身权利的具体规定。2008年3月，最高人民法院发布《涉及家庭暴力婚姻案件审理指南》，这是中国第一份反家庭暴力司法审判的参考性指导文件。2008年7月全国妇联、中共中央宣传部、最高人民检察院等联合颁布的《关于预防和制止家庭暴力的若干意见》以及2009年发布的《国家人权行动计划（2009—2010年）》等均涉及家庭暴力问题的治理。

第四阶段为2012年以后，该阶段中国反家庭暴力立法进入深入发展期。2012年全国人大常委会通过立法论证，首次将制定反家庭暴力法列入立法工

---

1. 第四次世界妇女大会、'95北京非政府组织妇女论坛丛书编委会编《第四次世界妇女大会重要文献汇编》，中国妇女出版社，1998，第220~221页。
2. 蒋月娥：《中国反家庭暴力立法的进程》，《中国妇运》2014年第6期。

第七章
中国治理家庭暴力与人口贩运问题

作计划,反家庭暴力进入国家级立法阶段。[1] 国务院妇女儿童工作委员会起草了《中华人民共和国反家庭暴力法(草案送审稿)》,于2014年3月报请国务院审议。2014年11月25日,国务院法制办公室公布《中华人民共和国反家庭暴力法(征求意见稿)》,向社会广泛征求意见。[2] 2015年3月2日,最高人民法院、最高人民检察院、公安部、司法部联合颁布《关于依法办理家庭暴力犯罪案件的意见》,确立了公权力对家庭暴力依法进行及时、有效干预,对弱势群体特殊保护等原则,这是中国首份反家暴刑事司法指导性文件。2015年8月24日,反家庭暴力法草案由国务院提请第十二届全国人大常委会第十六次会议初次审议。2015年9月8日,中国人大网公布《反家庭暴力法》草案全文,向社会公开征求意见,截至当年10月7日,共有8792名社会公众提出42203条意见,另收到3封群众来信。[3] 2015年12月27日,第十二届全国人大常委会第十八次会议表决通过了《中华人民共和国反家庭暴力法》,明确规定国家禁止任何形式的家庭暴力,反家庭暴力是国家、社会和每个家庭的共同责任。该法的适用范围扩展到家庭以外共同生活的人之间发生的暴力行为,规定了家庭暴力的预防、处置和对家暴受害人的救助机制,包括强制报告制度、告诫制度、人身安全保护令及其代为申请制度等。《反家庭暴力法》为保障妇女人身权利提供了新的法律武器,具有里程碑式意义。2016年3月1日,《反家庭暴力法》正式施行。

---

1. 陈丽平:《9成被调查者支持反家庭暴力立法 送审稿已报国务院》,《法制日报》2014年6月4日,http://gongyi.people.com.cn/n/2014/0604/c152509-25104103.html,最后访问日期:2021年3月17日。
2. 王俏:《反家暴 民意背景下的司法操作》,《人民法院报》2015年1月31日,http://rmfyb.chinacourt.org/paper/html/2015-01/31/content_93417.htm?div=-1,最后访问日期:2021年3月17日。
3. 王春霞:《反对家庭暴力是国家社会和家庭共同责任——专访全国人大常委会法工委社会法室副主任陈佳林》,《中国妇女报》2016年4月1日,第1版。

从1995年世妇会在北京召开前"家庭暴力"概念进入中国公众视野，到《反家庭暴力法》正式出台，走过了20余年的艰难历程。1 在这20余年间，国家政府、妇联、其他民间组织这三类主体在《反家庭暴力法》的立法过程中发挥了各自的作用，"虽然不同叙事之间存在着权力等级、主旋律和次旋律之分，但其中任何一种叙事都无法单独决定中国反家庭暴力立法的进程，因为，即使是再弱小的声音，也会在历史的画卷上留下印记，并不知不觉改变历史的色调"。2

三 《反家庭暴力法》的主要内容与实施进展

对于《反家庭暴力法》的意义，学术界有大量分析和评论。在该法律出台一周年之际，李明舜指出，《反家庭暴力法》的出台标志着中国防治家庭暴力的法律体系正式形成。《反家庭暴力法》以其"国家禁止任何形式的家庭暴力"的鲜明态度"宣告了国家对家庭暴力的否定和谴责，明确了家庭暴力不是个人私事而是社会公害，不是一般的家庭纠纷，而是违法犯罪，是对家庭成员人权的侵犯。这深刻反映了立法者顺应时代潮流推动社会发展的先进理念，充分体现了国家尊重和保障人权的宪法精神"。3

（一）《反家庭暴力法》的主要内容

《反家庭暴力法》包括总则、家庭暴力的预防、家庭暴力的处置、人身安

---

1. 蒲晓磊：《消除家庭暴力缘何成为国家意志——全国人大常委会法工委原副主任阚珂披露立法过程》，《海南人大》2016年第4期。
2. 罗清：《中国〈反家庭暴力法〉诞生中的三重叙事》，《法制与社会发展》（双月刊）2020年第1期。
3. 李明舜：《〈反家庭暴力法〉实施一周年的忆与思》，今日中国官网，2017年3月30日，http://www.chinatoday.com.cn/chinese/sz/zggc/201703/t20170330_800092403.html，最后访问日期：2021年3月17日。

第 七 章
中国治理家庭暴力与人口贩运问题

全保护令、法律责任、附则六章共38条,主要内容如下。[1]

第一,《反家庭暴力法》的宗旨是:预防和制止家庭暴力,保护家庭成员的合法权益,维护平等、和睦、文明的家庭关系,促进家庭和谐、社会稳定(第一条)。

第二,家庭暴力是指家庭成员之间以殴打、捆绑、残害、限制人身自由以及经常性谩骂、恐吓等方式实施的身体、精神等侵害行为(第二条)。法律同时规定,家庭成员以外共同生活的人之间实施的暴力行为,也参照该法规定执行(第三十七条)。

第三,《反家庭暴力法》规定,家庭成员之间应当互相帮助,互相关爱,和睦相处,履行家庭义务。反家庭暴力是国家、社会和每个家庭的共同责任。国家禁止任何形式的家庭暴力(第三条)。

第四,关于执行《反家庭暴力法》的责任:县级以上人民政府负责妇女儿童工作的机构,负责组织、协调、指导、督促有关部门做好反家庭暴力工作;县级以上人民政府有关部门、司法机关、人民团体、社会组织、居民委员会、村民委员会、企业事业单位,应当依照该法和有关法律规定,做好反家庭暴力工作;各级人民政府应当对反家庭暴力工作给予必要的经费保障(第四条)。

第五,反家庭暴力工作遵循预防为主,教育、矫治与惩处相结合原则。反家庭暴力工作应当尊重受害人真实意愿,保护当事人隐私。未成年人、老

---

1. 这一部分的总结,参见《中华人民共和国反家庭暴力法》。

年人、残疾人、孕期和哺乳期的妇女、重病患者遭受家庭暴力的，应当给予特殊保护（第五条）。

第六，《反家庭暴力法》对家庭暴力的预防、处置做出了具体规定，包括国家开展家庭美德宣传教育，普及反家庭暴力知识，增强公民反家庭暴力意识；县级以上人民政府有关部门、司法机关、妇女联合会应当将预防和制止家庭暴力纳入业务培训和统计工作；医疗机构应当做好家庭暴力受害人的诊疗记录。家庭暴力受害人及其法定代理人、近亲属可以向加害人或者受害人所在单位、居民委员会、村民委员会、妇女联合会等单位投诉、反映或者求助；有关单位接到家庭暴力投诉、反映或者求助后，应当给予帮助、处理等（第六条、第七条、第十三条）。

第七，《反家庭暴力法》对于"人身安全保护令"及相关事宜做了专门规定：当事人因遭受家庭暴力或者面临家庭暴力的现实危险，向人民法院申请人身安全保护令的，人民法院应当受理；作出人身安全保护令，应当具备下列条件：有明确的被申请人、有具体的请求，及有遭受家庭暴力或者面临家庭暴力现实危险的情形；被申请人违反人身安全保护令，构成犯罪的，依法追究刑事责任（第二十三条、第二十七条、第三十四条）。

第八，《反家庭暴力法》对相关法律责任做出了明确规定：加害人实施家庭暴力，构成违反治安管理行为的，依法给予治安管理处罚；构成犯罪的，依法追究刑事责任（第三十三条）。

在《反家庭暴力法》通过并开始实施后，全国人大常委会副委员长、全国妇联主席沈跃跃强调，需要"进一步加强对贯彻实施反家庭暴力法重要性的认识，各有关方面要加强普法宣传教育、强化责任意识、依法履行职责、更加主动作为、完善联动机制,着力解决法律实施中的重点难点问题,进一步推动反家庭暴力法更好地实施,为维护社会和谐稳定、实现中国梦作出新的更大贡献"。[1]

(二)实施《反家庭暴力法》的整体进展

关于《反家庭暴力法》的实施情况,相关政府部门、妇联和其他妇女组织都在进行持续的跟踪监测和阶段性总结。

根据荣维毅的总结评估,自2016年3月1日《反家庭暴力法》实施至2019年12月,在立法方面,山东、湖北、湖南、甘肃、贵州等省人大常委会先后出台了《反家庭暴力法》的实施细则或实施办法;陕西、广东省人大就立法草案正在征求意见;湖南、黑龙江、江西、云南、甘肃、湖北等省先后出台了多机构合作实施《反家庭暴力法》的具体措施,涉及强制报告和告诫制度等。在司法实践方面,2016年3月1日至2018年底,全国法院共发出3743份人身安全保护令。2015年6月至2017年4月,最高法中国应用法学研究所研究员陈敏作为专家证人,先后为浙江温州、安徽马鞍山、四川华蓥、云南楚雄等地因长期被家暴而实施"以暴制暴"妇女的家庭暴力案件出庭作证,维护了受暴妇女的合法权益。在为受害者服务方面,2015年9月,民政部、全国妇联印发了《关于做好家庭暴力受害人庇护救助工作的指导意见》。2015年以来,妇联系统为受暴妇女儿童提供救助/庇护机构2009个,救助/庇护妇女儿童近9200人次。[2]

---

1. 王比学:《沈跃跃强调推动反家庭暴力法更好实施》,《人民日报》2017年9月8日,第4版。
2. 荣维毅:《消除一切形式对妇女的暴力——对近五年中国治理对妇女暴力行动的评估》,《山东女子学院学报》2020年第1期。

到2020年3月，实施《反家庭暴力法》的总体成绩可概括为：一是反家庭暴力的制度措施不断完善，中央各部门制定了一系列规范性文件来落实反家暴职责；二是反家庭暴力联动机制不断创新，各地相关部门在不断强化部门职责的基础上，积极建立多部门协调联动机制，很多基层法院依托家事审判改革联席会议制度建立实施了人身安全保护令协调联动机制；三是反家庭暴力的宣传教育不断加强。目前，反家暴工作呈现"三高（强）""两低"的可喜变化。"三高（强）"是指社会公众反家暴意识普遍增强，家庭暴力受害人自我保护意识日益增强，司法机关对家暴处置的能力明显增强，家庭暴力不是家务事，公权力应该对家庭暴力进行干预的观念已成为社会共识。"两低"是指近年来妇联投诉家庭暴力的妇女人数降低，以及恶性家暴案件数量降低。[1]

第二节　人口贩运问题与中国打击拐卖妇女儿童犯罪的行动

人口贩运（human trafficking）属于严重侵犯人权的行为，是对国际社会危害最大的犯罪之一。[2] 正如"家庭暴力是一个和平问题"，[3] 人口贩运同样是一个和平问题。世界历史上的跨境人口贩运对象主要有两种，一种是非洲的奴隶，另一种是欧洲妇女。随着全球化的发展，特别是苏联解体、东欧剧变之

---

1. 王春霞、田珊檑：《反家庭暴力法实施四年来成效显著——本报专访全国妇联、最高法、公安部相关部门负责人》，《中国妇女报》2020年3月3日，第1版。
2. 人口贩运又称"人口贩卖""拐卖人口"等，由于被贩运人口通常为妇女、儿童，国内也称为"拐卖妇女儿童"，英文亦作trafficking in persons、trafficking in human beings等。
3. 李英桃：《女性主义和平学》，上海人民出版社，2012，第168页。

第七章
中国治理家庭暴力与人口贩运问题

后,国际移民流动及与日俱增的跨国人口贩运成为一个全球性问题。[1] 与跨境人口贩运同时存在的是限于一个国家领土范围内的人口贩运。因此,人口贩运既是一个国内问题,又是一个全球性问题。它同时具有性别和年龄倾向性,妇女和儿童是当代人口贩运的主要对象,妇女与女童大多数被卖入色情行业,被剥夺了最基本的人权,身体与精神都受到严重损害。[2] 因此,治理人口贩运问题主要以打击贩运妇女、儿童犯罪为重点和突破口。

一 "人口贩运"的界定及其全球治理实践

2000年11月15日,第55届联合国大会通过《联合国打击跨国有组织犯罪公约》(The United Nations Convention against Transnational Organized Crime),即《巴勒莫公约》(Palermo Convention),其中包括《关于预防、禁止和惩治贩运人口特别是妇女和儿童行为的补充议定书》(Protocol to Prevent, Suppress and Punish Trafficking in Persons, Especially Women and Children, supplementing the United Nations Convention against Transnational Organized Crime),即《巴勒莫议定书》(Palermo Protocol)。

(一)"人口贩运"的定义与性别、年龄特点

《巴勒莫议定书》对"人口贩运"做出了明确规定。

(a)"人口贩运"系指为剥削目的而通过暴力威胁或使用暴力手段,

---

1. 张云筝、刘永成:《全球化进程中的跨国贩卖人口问题》,《中华女子学院学报》2006年第1期。
2. 张云筝、刘永成:《全球化进程中的跨国贩卖人口问题》,《中华女子学院学报》2006年第1期。

或通过其他形式的胁迫，通过诱拐、欺诈、欺骗、滥用权力或滥用脆弱境况，或通过授受酬金或利益取得对另一人有控制权的某人的同意等手段招募、运送、转移、窝藏或接收人员。剥削应至少包括利用他人卖淫进行剥削或其他形式的性剥削、强迫劳动或服务、奴役或类似奴役的做法、劳役或切除器官；

（b）如果已使用本条（a）项所述任何手段，则人口贩运活动被害人对（a）项所述的预谋进行的剥削所表示的同意并不相干；

（c）为剥削目的而招募、运送、转移、窝藏或接收儿童，即使并不涉及本条（a）项所述任何手段，也应视为"人口贩运"；

（d）"儿童"系指任何18岁以下者。[1]

在全球化背景下，人口贩运的流动性日益增强并影响世界各地的弱势群体，特别是妇女和儿童。根据国际劳工组织2012年的统计，全球有将近2100万人被贩运为"现代奴隶"，其中包括1140万妇女和女童，占总受害人数的55%。[2] 联合国毒品和犯罪问题办公室（United Nations Office on Drugs and Crimes, UNODC，以下简称"联合国毒罪办"）2014年的全球报告确定了152

---

1. 联合国大会：《联合国打击跨国有组织犯罪公约关于预防、禁止和惩治贩运人口特别是妇女和儿童行为的补充议定书》，2000年11月15日，https://www.un.org/zh/documents/treaty/files/A-RES-55-25-2.shtml，最后访问日期：2021年3月17日。
2. International Labour Organization, "ILO Global Estimate of Forced Labour: Results and Methodology," 2012, http://www.ilo.org/wcmsp5/groups/public/---ed_norm/---declaration/documents/publication/wcms_182004.pdf, accessed March 17, 2021.

第七章
中国治理家庭暴力与人口贩运问题

名不同国籍的受害者，他们生活在124个国家中，从而揭示了人口贩运的全球性质。[1] 据联合国毒罪办2018年全球报告的统计，全球人口贩运的受害者中有71%是妇女和女童，大多数女性受害者是成年女性，女童受害者的数量占比从2004年的10%增加到2016年的23%（见图7-1）。

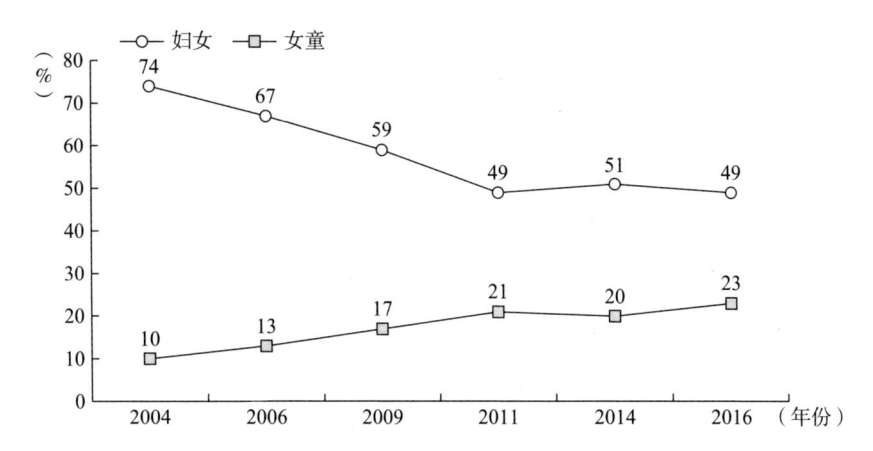

图7-1　全球妇女和女童在受害者中所占百分比（2004~2016年）

资料来源：笔者根据UNODC, "Global Report on Trafficking in Persons," 2018, https://www.unodc.org/documents/data-and-analysis/glotip/2018/GLOTiP_2018_BOOK_web_small.pdf 自制。

人口贩运的特殊犯罪性质使人们很难了解其真实情况和严重程度。贩运目的不仅包括卖淫、债务束缚和家务劳动，还包括贩运儿童为奴隶劳工、儿童兵、骆驼骑师[2]和性奴隶等。人口贩运具有低风险和高利润的特点，受害者

---

1. UNODC, "Global Report on Trafficking In Persons," 2014, https://www.unodc.org/documents/data-and-analysis/glotip/GLOTIP_2014_full_report.pdf, accessed March 17, 2021.
2. 儿童担任骆驼骑师是在海湾地区较为盛行的一种现象，指被拐卖来的儿童被系在骆驼背上充当骑师来参加骆驼竞赛，他们常常遭受虐待，因为据说哭声能让骆驼跑得更快。担任骆驼骑师的儿童常被迫忍饥挨饿，以确保不会增加体重。

往往由于恐惧或羞耻而不向当局公开自己的身份和受害经历，因此贩运者很难受到起诉，也难以确定受害者和贩运者的准确人数。

根据联合国毒罪办2009年的全球报告，全球范围内将近80%的受害者因性剥削被贩运。[1] 具体到2016年，世界上有59%的受害者因性剥削而被贩运（其中94%为妇女和女童），34%的受害者因强迫劳动而被贩运（其中35%为妇女和女童）。妇女和女童具有多重脆弱性，如在性别、年龄、地域方面处于不利地位，在流动过程中（包括流动前、流动中、流动后）处于不利地位，在获取信息和其他服务上处于不利地位。[2] 此外，妇女和女童受强迫乞讨、买卖儿童、强迫婚姻等的威胁更大。

人口贩运问题已经引起了国际社会、各国政府和民间组织的关注，各方为解决这一问题做出努力，出台了各项政策方法和措施，但是，贩卖妇女和女童仍然是一个有待解决的复杂且严峻的问题。

（二）人口贩运的产生原因及其全球治理实践

人口贩运的显著特征是存在以剥削为目的的强迫、胁迫或欺骗。形成人口贩运的原因可以分为"推动"和"拉动"因素。"推动"因素包括贫困、失业、缺乏社会保障、性别不平等、冲突和暴力、环境恶化、自然灾害等；"拉动"因素包括稳定就业的希望、更好的生活条件、对廉价劳动力以及性服务

---

1. UNODC, "Global Report on Trafficking in Persons 2009," 2009, https://www.unodc.org/documents/human-trafficking/Global_Report_on_TIP.pdf, accessed March 17, 2021.
2. 蔡一平：《中国在消除对妇女暴力方面所面临的新挑战——对女童和青年妇女以劳动剥削为目的的拐卖》，《妇女研究论丛》2005年第S1期。

第七章
中国治理家庭暴力与人口贩运问题

的需求等。[1] 近年来，对妇女的暴力行为和对性服务的需求等原因造成贩运妇女的情况更加严重。在网络和数字技术空前发展的今天，贩运者往往使用包括互联网、社交媒体和移动设备在内的网络技术招募受害者、做广告和出售服务。互联网使犯罪分子有机会接触到更广泛的受众，并在国际上扩大其招募范围等，使人口贩运犯罪呈现更为复杂的状况。

1949年，联合国通过《禁止贩卖人口及取缔意图赢利使人卖淫的公约》（Convention for the Suppression of the Traffic in Persons and of the Exploitation of the Prostitution of Others），将贩运人口的概念等同于"商业性剥削"，[2] 即将卖淫视为人口贩运的唯一目的，而未能保护其他受害者。2000年11月15日通过的《巴勒莫议定书》首次提出一个全球普遍接受的"人口贩运"定义，为随后的国际和国家文书的提出奠定了基础。该议定书扩大了对人口贩运的惩治范围以涵盖各种非性剥削形式（例如强迫劳动等），并将贩运视为犯罪，在法律上加以处罚，是打击人口贩运的重要里程碑。

2005年，欧洲理事会（The European Council）出台的《打击贩运人口行动公约》（Council of Europe Convention on Action against Trafficking in Human Beings）把受害者的人权置于核心位置，要求各方向受害者施以保护和法律援

---

1. UNODC, "Trafficking in Human Beings – A Guidance Note," Regional Bureau for Europe and the CIS, 2004, pp. 8–9, http://childhub.org/sites/default/files/library/attachments/357_42_EN_original_0.pdf, accessed March 17, 2021.

2. 联合国大会：《禁止贩卖人口及取缔意图赢利使人卖淫的公约》，https://www.un.org/zh/documents/treaty/files/A-RES-317(IV).shtml，accessed March 17, 2021。

助。[1] 2006年，国际劳工组织出台了全球首个关于强迫劳动人数的统计信息，其中包括被贩运从事强迫劳动、性剥削的人口。[2] 2010年，联合国大会通过《联合国打击贩运人口的全球行动计划》（United Nations Global Plan of Action to Combat Trafficking in Persons）。[3] 国际移民组织（International Organization for Migration, IOM）致力于在世界范围内制止贩运移民现象及保护移民权利，现已涵盖了《巴勒莫议定书》中的所有领域。[4] 2012年，联合国毒罪办提出综合型协作战略，与打击人口贩运的机构间协作组织、联合国打击人口贩卖全球倡议、全球移民组织以及联合国人口贩运信托基金协同合作，以预防和打击贩运人口及偷运移民。[5]

联合国于2015年通过的《变革我们的世界：2030年可持续发展议程》中有多处提到人口贩运问题。其中第27段提出"我们将消灭强迫劳动和人口贩运，消灭一切形式的童工"；目标5提出"消除公共和私人领域中针对所有妇女和女

---

1. The Council of Europe, " Council of Europe Convention on Action against Trafficking in Human Beings," 2005, https://assets.publishing.service.gov.uk/government/uploads/system/uploads/attachment_data/file/236093/8414.pdf, accessed March 17, 2021.

2. Gergana Danailova-Trainor & Patrick Belser, "Globalization and the Illicit Market for Human Trafficking: an Empirical Analysis of Supply and Demand," Geneva, International Labour Office, 2006, https://www.ilo.org/wcmsp5/groups/public/---dgreports/---integration/documents/publication/wcms_081759.pdf, accessed March 17, 2021.

3. 联合国大会：《联合国打击贩运人口的全球行动计划》，A/RES/64/293，2010年7月30日，https://undocs.org/zh/A/RES/64/293，最后访问日期：2013年3月20日。

4. Jacqueline Berman, Phil Marshall, "Evaluation of the International Organization for Migration and its Efforts to Combat Human Trafficking," 2011, http://www.oecd.org/derec/norway/47048055.pdf, accessed March 17, 2021.

5. UNODC, "A Comprehensive Strategy to Combat Trafficking in Person and Smuggling of Migrants," February 2012, https://www.unodc.org/documents/human-trafficking/UNODC_Strategy_on_Human_Trafficking_and_Migrant_Smuggling.pdf, accessed March 17, 2021.

第七章

中国治理家庭暴力与人口贩运问题

童的一切形式暴力,包括贩运、性剥削和其他形式的剥削";目标8提出"立即采取有效措施,废除强迫劳动,终止现代奴隶制和人口贩运,禁止和消除最恶劣的童工劳动,包括招募和使用儿童兵,到2025年时终止一切形式的童工";目标16提出"制止虐待、剥削、贩运儿童行为和对儿童实施的所有形式暴力和酷刑"。[1] 可见,人口贩运治理是全球可持续发展目标的重要组成部分,是实现性别平等、促进人人有体面工作、创建和平和包容的社会的关键内容。

根据国际移民组织2020年的最新报告,自20世纪90年代中期以来,国际移民组织已经帮助了全球超过10万名人口贩运的受害者。通过这些直接援助行动,国际移民组织开发了中央案件管理数据库,其中载有2002年以来的55000余个个案的资料,并将这些数据提供给公众,以便在全世界反对人口贩运的行为体中开发和分享有价值的见解。[2]

二 中国打击拐卖妇女儿童的法律法规和国家承诺

中国治理人口贩运的工作,是全球人口贩运治理的有机组成部分。由于人口贩运的主要受害者是妇女、儿童,国内常称之为"拐卖妇女儿童"。拐卖妇女儿童犯罪是中国重点打击的犯罪行为之一。中国政府一直认真落实《巴勒莫议定书》的各项规定,坚决采取切实措施,有效预防、严厉打击拐卖妇女儿童犯罪活动,积极开展对被解救妇女儿童的救助、安置和康复工作。中国政府近年来针对拐卖妇女儿童犯罪的防治工作已取得重要成绩。

---

1. 联合国大会:《变革我们的世界:2030年可持续发展议程》,2015年10月21日,https://www.unfpa.org/sites/default/files/resource-pdf/Resolution_A_RES_70_1_CH.pdf,最后访问日期:2021年3月17日。

2. IOM, "World Migration Report 2020," 2019, https://publications.iom.int/system/files/pdf/wmr_2020.pdf, accessed March 17, 2021.

1997年，中国开始施行新的《中华人民共和国刑法（修正）》，后又对该法进行11次修正。2020年12月26日，第十三届全国人民代表大会常务委员会第二十四次会议通过刑法修正案（十一）。修改后的刑法自2021年3月1日开始施行。这也是继1997年全面修订刑法后通过的第十一个刑法修正案。此外，中国相继制定和修正了《中华人民共和国收养法》（1998年修正，于2021年废止）、《中华人民共和国婚姻法》（2001年修正，于2021年废止）、《中华人民共和国未成年人保护法》（2012年修正）、《中华人民共和国预防未成年人犯罪法》（2012年修正）、《中华人民共和国妇女权益保障法》（2018年修正）、《中华人民共和国劳动法》（2018年修正）等法律。近20年来中国制定的相关法律法规还有：《最高人民检察院关于人民检察院直接受理立案侦查案件立案标准的规定（试行）》（1999），《公安部关于打击拐卖妇女儿童犯罪适用法律和政策有关问题的意见》（2000），《最高人民法院关于审理拐卖妇女案件适用法律有关问题的解释》（2000），《最高人民法院关于审理拐卖妇女儿童犯罪案件具体应用法律若干问题的解释》（2016），《最高人民法院、最高人民检察院、公安部、民政部、司法部、全国妇联关于打击拐卖妇女儿童犯罪有关问题的通知》（2000），《最高人民法院、最高人民检察院、公安部、司法部关于依法惩治拐卖妇女儿童犯罪的意见》（2010）等。这些法律法规对拐卖妇女儿童犯罪认定问题进行细化规定。在此过程中，中国打击拐卖妇女儿童犯罪的法律体系形成并逐步完善。

2015年11月1日开始施行的《刑法修正案（九）》对拐卖妇女、儿童相关条例进行了修正，从1997年的"收买被拐卖的妇女、儿童，按照被买妇女的意愿，不阻碍其返回原居住地的，对被买儿童没有虐待行为，不阻碍对其进行解救的，可以不追究刑事责任"修改为"收买被拐卖的妇女、儿童，对被买儿童没有虐待行为，不阻碍对其进行解救的，可以从轻处罚；按照被买妇

第七章
中国治理家庭暴力与人口贩运问题

女的意愿，不阻碍其返回原居住地的，可以从轻或者减轻处罚"。这一修正，加重了行为人的刑事责任，意在通过严格的法律规制，打击拐卖人口犯罪。"拐卖人口犯罪"包括拐卖妇女、儿童罪，收买被拐卖的妇女、儿童罪，妨碍公务罪，拐骗儿童罪四项罪名，并规定了"以出卖为目的"的行为指向，而不以出卖为目的的"拐骗儿童罪"所规定的受害人年龄为14周岁以下："拐骗不满十四周岁的未成年人，脱离家庭或者监护人的，处五年以下有期徒刑或者拘役。"[1]

中国同时出台了多项行动计划，使之与法律共同发挥效用。2007年12月，国务院办公厅印发《中国反对拐卖妇女儿童行动计划（2008—2012年）》；2009年7月，公安部、民政部等5部委发出《关于进一步加强城市街头流浪乞讨人员救助管理和流浪未成年人解救保护工作的通知》；2009年12月，全国人大常委会批准中国政府加入《联合国打击跨国有组织犯罪公约关于预防、禁止和惩治贩卖人口特别是妇女和儿童行为的补充议定书》；2013年3月，国务院办公厅印发《中国反对拐卖人口行动计划（2013—2020年）》，对拐卖人口犯罪严重、防控打击不力的地区，依法依纪追究有关人员的责任，并实行社会管理综合治理一票否决，显示了中国关于反拐工作的调整，从而更好地适应复杂的跨国反拐卖形势，也标志着中国关于拐卖人口的法律体系日臻完善。

2016年发布的《中国国民经济和社会发展第十三个五年规划纲要（2016—2020年）》提出坚持男女平等基本国策和切实加强妇女权益保护，公

1.《中华人民共和国刑法修正案（九）》，2015年8月29日第十二届全国人民代表大会常务委员会第十六次会议通过，中国人大网，http://www.npc.gov.cn/wxzl/gongbao/2015-11/06/content_1951896.htm，最后访问日期：2021年3月17日。

平参与和分享发展成果。其"促进妇女全面发展"一节中明确写道:"实施妇女发展纲要。严厉打击拐卖妇女儿童、暴力侵害妇女等违法犯罪行为。消除对妇女的歧视和偏见,改善妇女发展环境。"[1] 此外,国务院印发了《中国妇女发展纲要(1995—2000年)》《中国妇女发展纲要(2001—2010年)》《中国妇女发展纲要(2011—2020年)》《中国儿童发展纲要(2001—2010年)》《中国儿童发展纲要(2011—2020年)》,将预防、打击和减少拐卖等侵害妇女儿童合法权益的犯罪行为作为保护妇女儿童的重要目标。

《中国妇女发展纲要(2011—2020年)》和《中国儿童发展纲要(2011—2020年)》中治理拐卖妇女儿童的主要目标可概括为:

(1)严厉打击强奸、拐卖妇女和组织、强迫、引诱、容留、介绍妇女卖淫等严重侵害妇女人身权利的犯罪活动。

(2)加大反对拐卖妇女的工作力度。坚持预防为主、防治结合,提高全社会的反拐意识和妇女的防范意识。加强综合治理,加大对拐卖妇女犯罪行为的打击力度。加强被解救妇女身心康复和回归社会的工作。

(3)严厉打击强奸、拐卖、绑架、虐待、遗弃等侵害儿童人身权利的违法犯罪行为和组织、胁迫、诱骗儿童犯罪的刑事犯罪。

(4)加强预防和打击拐卖儿童犯罪的法制宣传教育,提高儿童及其

1.《中华人民共和国国民经济和社会发展第十三个五年规划纲要》,2016年3月16日第十二届全国人民代表大会第四次会议批准,中国人大网,http://www.npc.gov.cn/wxzl/gongbao/2016-07/08/content_1993756.htm,最后访问日期:2021年3月17日。

第七章
中国治理家庭暴力与人口贩运问题

家长"防拐"意识和能力,为被解救儿童提供身心康复服务,妥善安置被解救儿童。[1]

2016年国务院发布了第三期《国家人权行动计划(2016—2020年)》,在有关妇女权利部分提出落实《中国反对拐卖人口行动计划(2013—2020年)》,有效预防和依法打击拐卖妇女犯罪行为;在儿童权利部分提出依法打击拐卖、虐待、遗弃儿童,利用儿童进行乞讨,以及针对儿童的一切形式的性侵犯等违法犯罪行为。[2]

2016年9月,李克强总理在纽约联合国总部宣布了《中国落实2030年可持续发展议程国别方案》。针对各项可持续发展目标中关于治理人口贩运的内容,中国政府提出了具体落实举措:预防和制止针对妇女和女童一切形式的暴力行为,严厉打击严重侵害妇女和女童的犯罪行为,包括拐卖妇女儿童、强迫妇女卖淫等,及时受理侵害妇女权益案件;依法打击使用童工、强迫劳动等违法犯罪行为,对满十六周岁不满十八周岁的未成年工予以特殊保护,实施《中国反对拐卖人口行动计划(2013—2020年)》,预防、打击拐卖人口犯罪,严格落实侦办拐卖儿童案件责任制;实施《中国儿童发展纲要(2011—2020年)》,编制新一期《中国儿童发展纲要(2021—2030年)》,落实《中华人民共和国未成年人保护法》,依法打击使用童工、强迫劳动、拐卖

1.《国务院印发中国妇女发展纲要和中国儿童发展纲要》(2011年7月30日),国务院妇女儿童工作委员会官网,http://www.nwccw.gov.cn/2017-05/12/content_155807.htm,最后访问日期:2021年3月17日。

2. 国务院新闻办公室:《国家人权行动计划(2016—2020年)》,国新网,2016年9月29日,http://www.scio.gov.cn/wz/Document/1492804/1492804.htm,最后访问日期:2021年3月17日。

儿童等违法犯罪行为。做好儿童法律援助工作。[1]

三 中国治理拐卖妇女儿童犯罪的主要成果

2009年4月，国务院批准建立了国务院反拐部际联席会议制度，其中公安部作为牵头部门，联合29个部门下发了落实国家反拐行动计划的实施细则；财政部向打拐工作重点地区追加3000万元打拐办案专项补助经费；商务部在中国与联合国儿童基金会合作方案中设立反拐项目，在2006~2010年合作周期争取援助款100万美元。同时，公安部成立专门的"打拐"专项行动办公室，专项行动办公室成为全国公安机关打击拐卖儿童妇女犯罪行动的主要指挥者和协调者，有力推动了打拐行动的开展。[2] 目前，中国已经形成了以政府为主导、各部门齐抓共管，社会各界广泛参与、综合治理的工作机制。

（一）建立预防犯罪机制

按照对拐卖人口犯罪活动重点行业、重点地区和重点人群进行预防犯罪工作的要求，结合社会管理创新和打好"合成战、科技战、信息战、证据战"的要求，中国现已形成"培训+宣传"的预防模式。打拐反拐工作培训在全国各省市有序开班，各方总结交流经验，分析当前拐卖犯罪形势及工作中的困难与问题，研讨继续深化打拐反拐工作的新措施，推动打拐反拐工作

---

1. 《中方发布〈中国落实2030年可持续发展议程国别方案〉》，外交部网站，2016年10月13日，http://www.gov.cn/xinwen/2016-10/13/content_5118514.htm，最后访问日期：2021年3月17日；《中国落实2030年可持续发展议程国别方案》（2016年9月），中国政府网，http://www.gov.cn/xinwen/2016-10/13/5118514/files/4e6d1fe6be1942c5b7c116e317d5b6a9.pdf，最后访问日期：2021年3月17日。
2. 邹伟、周英峰：《反拐，利剑出鞘！——公安机关"打拐"专项行动进行时》，中国政府网，2010年9月19日，http://www.gov.cn/jrzg/2010-09/19/content_1706128.htm，最后访问日期：2021年3月17日。

第七章
中国治理家庭暴力与人口贩运问题

深入持续开展。[1] 各地方政府已积极行动起来。例如，2013年11月，辽宁省政府下发《关于加强反对拐卖人口工作的实施方案》，要求在完善学校各项制度规定的同时，将反拐教育纳入中小学和中职学校教育内容，加强学生自我保护意识。[2]

各项宣传工作也在全国展开，形式多样，传播途径广泛。《亲爱的》（2014）、《失孤》（2015）、《找到你》（2018）等热门反拐题材电影均在全国获得了较高的热度。2017年4月，大型防拐话剧《回家·宝贝》在吉林省通化市艺术剧院首演，并在多个省份进行巡演。该话剧以真实事件为原型，通过张宝艳、秦艳友创建"宝贝回家寻子网站"帮助被拐、走失、遗弃妇女儿童寻亲的一个个故事，讲述寻亲道路的坎坷曲折。值得关注的是，在多方的积极宣传下，"宝贝回家志愿者协会"的人数已发展到34万余人，先后帮助3100多名被拐及失踪儿童找到亲人，帮助警方解救被拐妇女千余名。[3]

2019年6月，国务院反拐部际联席会议办公室、公安部刑事侦查局在全国范围内开展以"关爱儿童·反对拐卖"为主题的反对拐卖儿童宣传活动，大力宣传《中国反对拐卖人口行动计划（2013—2020年）》，介绍反拐工作概况和防拐常识，进一步增强社会各界尤其是儿童的防范拐卖犯罪意识，动员全

---

1. 黄明健：《全国打拐反拐工作培训班开班》，中国警察网，2012年3月31日，http://www.cpd.com.cn/n1695/n3559/c11328251/content.html，最后访问日期：2021年3月17日。
2. 辽宁省人民政府办公厅：《辽宁省人民政府办公厅关于印发加强反对拐卖人口工作实施方案的通知》，《辽宁省人民政府公报》2013年第23期。
3. 左颖：《大型原创话剧〈回家·宝贝〉首演》，《通化日报》2017年4月19日，http://www.thrbs.com/Html/szbz/20170419/szbz16818.Html，最后访问日期：2021年3月17日。

社会积极参与反拐工作，共同减少拐卖儿童犯罪，构建和谐社会。[1] 截至2014年，中国农村留守妇女互助组总数已超30万个。[2] 此外，妇女热线、妇女维权站点、妇女之家、留守妇女互助组等机制的建立，有效提高了我国流动、留守妇女儿童的反拐能力；在收买人口犯罪活动高发地区开展综合治理，有效从源头减少了拐卖人口犯罪的发生。

（二）打击跨国拐卖妇女儿童犯罪

自《中国反对拐卖妇女儿童行动计划（2008—2012年）》公布并实施以来，民政部制定下发了一系列政策文件，各级民政部门积极帮助被解救人员解决实际生活困难，将符合条件的纳入城乡最低生活保障、临时救助和医疗救助的范围，确保其基本生活。民政部与公安部等部委合作，形成了预防、救助、安置工作体系和长效机制。[3]

与此同时，在严厉打击拐卖人口特别是拐卖妇女儿童战线，中国已形成"内部多部门"及"外部多国家"的双向联动机制。为摧毁境内外拐卖犯罪团伙、及时解救被拐卖受害人、依法惩治实施跨国拐卖人口和婚姻诈骗的犯罪分子，柬埔寨、中国、老挝、缅甸、泰国、越南于2003年11月举办了六国政府圆桌会议，共同确定在政府间开展高层合作，建立一个区域合作机制，即湄公河次区域合作

---

1. 蔡长春、赵婕：《"关爱儿童反对拐卖"主题反拐宣传活动启动》，《法制日报》2019年6月3日，第2版，http://epaper.legaldaily.com.cn/fzrb/content/20190603/Articel02004GN.htm?spm=zm1012-001.0.0.3.BATmJh，最后访问日期：2021年3月17日。
2. 刘声：《全国农村留守妇女互助组超30万个》，《中国青年报》2015年1月14日，第4版，http://zqb.cyol.com/html/2015-01/14/nw.D110000zgqnb_20150114_3-04.htm，最后访问日期：2021年3月17日。
3. 潘跃：《全国打拐联动机制形成》，《人民日报》2011年5月5日，第11版。

第七章
中国治理家庭暴力与人口贩运问题

反拐项目（COMMIT）。[1] 在此基础上，各方建立了多部门合作机制，定期召开政府、非政府和联合国机构等机构间反拐会议，促进国家内部的多部门反拐合作，同时加强了政府与国际组织在反拐方面的合作和信息交流。2014年4月，联合国反对拐卖人口合作行动项目（UN-ACT）中国项目启动仪式在北京举行，自2014年至2018年协助中国政府开展湄公河次区域合作框架下的各项工作。[2]

2018年，中国等六国联合进行打击拐卖人口行动，各地公安机关按照公安部统一部署要求，认真抓好各项措施落实，坚持"主动侦查、积极经营、深度研判、集中打击"的模式，迅速形成了打击整治此类犯罪的压倒性态势，摧毁了一大批跨国拐卖犯罪网络。行动期间破获拐卖案件共634起，抓获犯罪嫌疑人1130名，其中外国籍犯罪嫌疑人有153名，解救外籍被拐妇女1130名、儿童17名；破获婚姻诈骗案件共126起，抓获犯罪嫌疑人202名，其中外国籍犯罪嫌疑人有109名。[3] 借此态势，公安机关又建立了打击防范此类犯罪的长效机制，2018年11月，中泰两国代表签署了《中华人民共和国与泰王国政府关于合作预防和遏制拐卖人口的谅解备忘录》。[4] 中国政府始终保持严打高压态势，加强与各国的执法合作，强化案件侦查，全链条打击，对收买被拐外籍妇女儿童重点地区进一步开展综合治理。

---

1. 《湄公河次区域六国政府反对拐卖人口合作进程》，反拐项目网，2019年7月3日，http://www.notip.org.cn/2019/7233.html，最后访问日期：2021年3月17日。
2. 黎玲玲：《联合国合作反拐行动项目启动仪式在北京举行》，中国警察网，2014年4月17日，http://news.cpd.com.cn/n3559/c22588569/content.html，最后访问日期：2021年3月17日。
3. 《中国等六国联合打击拐卖人口行动成效显著》，中国政府网，2019年6月22日，http://www.gov.cn/xinwen/2019-06/22/content_5402319.htm，最后访问日期：2021年3月17日。
4. 辛闻：《中泰签署政府间合作预防和遏制拐卖人口谅解备忘录》，中国警察网，2018年11月2日，http://news.cpd.com.cn/n3559/c42360142/content.html，最后访问日期：2021年3月17日。

（三）做好受害人救助、安置与康复工作

中国政府开展多部门合作，形成被拐卖受害人救助、安置和康复工作机制。首先，"互联网+打拐"保护行动对受害人的救助起到了重要作用。2016年5月，中国公安部联合阿里巴巴开发的中国公安部儿童失踪信息紧急发布平台（"团圆"系统）上线并开始运用。到2020年5月，"团圆"系统已发布4467名儿童的失踪消息，找回4385名，找回率达到98.2%，"团圆"系统也因此被称为"打拐神器"。[1] 而且，"互联网+儿童保护"系统也在不断升级。2009年，公安部建立了世界上第一个打拐DNA信息库；2017年，中国儿童虹膜防丢网络平台在北京正式启动，成为"互联网+儿童保护"系统的重要工具。除了"团圆"系统，中国儿童失踪预警平台、微博打拐、宝贝回家寻子网等网络平台也在共同助力打拐工作。

其次，由民政部牵头开展了多项培训，着力加强社会关怀，为回归社会的被拐卖受害人提供必要服务，切实帮助解决就业、生活和维权等问题。根据民政部社会事务司救助管理处的工作总结，民政部于2008~2009年在加强能力建设、提高救助保护水平方面有三项主要工作。一是2009年5月，民政部在北京举办了"保护拐卖受害人指导原则"研讨培训班，共同研讨保护拐卖受害人指导原则的背景、意义、具体内容等；二是2009年8月，民政部与湄公河次区域合作反拐项目中国办公室合作举办了云南省、贵州省救助管理机构反拐能力建设培训班，对两省救助管理机构的工作人员进行反拐能力建设培训，提高他们的理论认识水平和实际工作能力；三是2008年3月、9月、

1.《32年前被拐儿被寻回 "团圆"系统已找回失踪儿童4385名》，中国新闻网，2020年5月18日，http://www.chinanews.com/business/2020/05-18/9187789.shtml，最后访问日期：2021年3月17日。

第七章
中国治理家庭暴力与人口贩运问题

10月和2009年6月,民政部分别在河北省石家庄市、河北省秦皇岛市、河南省郑州市和新疆维吾尔自治区阿克苏地区开展了音乐疗法、非正规教育、困境儿童预防和保护等多种形式的培训,200多名流浪未成年人救助保护工作人员参加了培训,理论认识和工作技能得到明显提升。2009年5月,民政部社会事务司编写了《流浪儿童救助保护工作指南》,总结推广"类家庭""家庭寄养""街头外展"三个儿童保护和照顾方法。[1]

根据2015年2月最高人民法院的通报,2010年至2014年,全国各级法院共审结拐卖妇女、儿童犯罪案件7719件,对12963名犯罪分子判处刑罚,其中判处五年以上有期徒刑至死刑的有7336人,重刑率达56.59%。在持续高压严惩态势下,此类犯罪案件数量自2012年起呈逐年下降趋势。2014年,全国法院审结拐卖妇女、儿童犯罪案件978件,与2012年审结1918件、2013年审结1313件相比,下降幅度明显。[2]

《2018年〈中国妇女发展纲要(2011—2020年)〉统计监测报告》在严厉打击拐卖妇女儿童犯罪部分总结道:为严厉打击拐卖妇女儿童犯罪行为,中国发布了第二个反拐行动计划《中国反对拐卖人口行动计划(2013—2020年)》。各相关部门通过开展各种专项行动,加大拐卖人口犯罪"买方市场"的整治力度,从源头减少拐卖人口案件的发生。2018年,公安机关破获拐卖妇女案件434起。打击拐卖妇女儿童犯罪的行动取得重要

---

1. 民政部社会事务司救助管理处:《民政部救助管理系统救助保护拐卖受害人工作情况》,反拐项目网,2019年7月3日,http://kidnap.bz.cn/2019/3770.html,最后访问日期:2021年3月17日。
2. 罗书臻:《最高人民法院通报惩治拐卖妇女儿童犯罪情况》,《人民法院报》2015年2月28日,http://rmfyb.chinacourt.org/paper/html/2015-02/28/content_94300.htm?div=-1,最后访问日期:2021年3月17日。

成绩，发生案件数量逐年下降。[1] 从2015年至2018年11月，全国法院共审结（一审）拐卖妇女儿童犯罪案件2806件，审结收买被拐卖的妇女儿童犯罪案件288件。[2]

第三节 中国家庭暴力与人口贩运的治理方向与工作思路

中国在实施《反家庭暴力法》、打击人口贩运方面取得了可喜成绩，但同时也面临一系列挑战。家庭暴力和人口贩运在本质上具有一致性，面对的问题与需要进一步采取的治理措施既相互关联又有不同之处，带有各自的特点。

一 中国实施《反家庭暴力法》的发展方向

《反家庭暴力法》是中国政府、全国妇联、其他民间组织、媒体工作者以及专家学者等共同努力的成果，是中国反对家庭暴力的里程碑，标志着中国在反对家庭暴力的征程中迈出了重要的一步。地方法律的不断跟进、专项调查的有序开展、关注范围的逐渐扩大以及服务功能的有效整合，都体现了中国反对家庭暴力法律司法过程中显著的性别视角，增进了女性的生活福祉。在取得成绩的同时，中国实施《反家庭暴力法》也存在一系列需要深入研究与推进的领域。

---

1. 国家统计局:《2018年〈中国妇女发展纲要（2011—2020年）〉统计监测报告》，2019年12月6日，http://www.stats.gov.cn/tjsj/zxfb/201912/t20191206_1715998.html，最后访问日期：2021年3月17日。
2. 罗沙:《全国法院三年多来一审审结拐卖妇女儿童案件超2800件》，新华网，2018年12月5日，http://www.xinhuanet.com/2018-12/25/c_1123901403.htm，最后访问日期：2021年3月17日。

第七章
中国治理家庭暴力与人口贩运问题

（一）关于"家庭暴力"定义的讨论

早在制定《反家庭暴力法》的工作开始之初，各界对于制定一部什么样的法律就有各种讨论，其焦点就是如何界定家庭暴力。例如，巫昌祯写道："家庭暴力是指以婚姻和血缘关系维系起来的家庭成员中的一方对另一方的施暴行为。"施暴行为涉及身体、性和精神等方面。对于精神暴力和性暴力是否属于家庭暴力，有学者存在一些疑问，认为这种暴力一方面很难界定其程度，另一方面也影响司法执行的可操作性和严肃性。[1] 由专家起草的《中华人民共和国家庭暴力防治法（专家建议稿）》中将家庭暴力的概念定义为七个方面，集中体现为损害家庭成员身体、精神、性或财产的行为。[2]

2014年11月25日，《〈中华人民共和国反家庭暴力法〉征求意见稿》公布并向各界征求意见，[3] 各种意见和建议随即以不同的形式表达出来。例如，李春斌认为，世界范围内认为家庭暴力的行为类型主要有四种：身体暴力、精神暴力、性暴力和经济控制。《反家庭暴力法（草案）》只认定身体暴力和精神暴力，而对性暴力和经济控制不置可否，只用一个"等"字全面涵括，指向非常不明显，无法起到法律应有的明晰指引作用。他认为，"性暴力"是一

---

1. 巫昌祯：《关于家庭暴力的研究概况》，载中国法学会等编《防治家庭暴力研究》，群众出版社，2003，第14页。
2. 夏吟兰主编《家庭暴力防治法制度性建构研究》，中国社会科学出版社，2011。
3.《〈中华人民共和国反家庭暴力法〉征求意见稿》，中国人大网，2014年11月25日，http://www.npc.gov.cn/zgrdw/npc/lfzt/rlyw/2014-11/26/content_1943909.htm，最后访问日期：2021年3月17日；《中华人民共和国反家庭暴力法征求意见》，中国政府网，2014年11月25日，http://www.gov.cn/wenzheng/2014-11/25/content_2783060.htm，最后访问日期：2021年3月17日。

种独立的家庭暴力行为类型,应予专门规定。[1]夏吟兰指出,性暴力不可简单分化为身体暴力和精神暴力,从规范性、执法统一的角度,应把性暴力明确写入家庭暴力的类型,既符合家庭暴力的特点,也可避免法律实施过程中的不确定性以及将来出现执法不一、同案不同判的情况。[2]

关于家庭暴力的界定,《反家庭暴力法》的最终文本和相关专家学者的建议及对草案的修改期待仍有差距,法律中并没有明确规定性暴力、经济控制等。因此,如何修正、弥补这一明显的法律不足,是立法工作的下一步任务。

(二)反家暴信息量变化的"喜"与"忧"

为平妇女权益机构(以下简称"为平")是一家成立于2014年的妇女民间组织,其自我定位是倡导完善和实施相关法律政策,协助相关机构和专业人员进行性别平等和反暴力的能力建设,通过服务和支持促进妇女和女童赋权,尤其是增强受暴力影响的妇女和女童的能力。[3]

近年来,"为平"持续跟踪监测《反家庭暴力法》实施情况。根据该机构的最新监测报告,[4]从2016年3月1日至2020年2月28日,在报告监测范围内的新闻媒体网站、各相关单位官方网站、公益机构网站及微博共发布反家暴

---

1. 李春斌:《论性暴力是家庭暴力的行为类型——以〈反家庭暴力法(草案)〉为例》,《妇女研究论丛》2015年第5期。
2. 夏吟兰:《性暴力不可简单分化为身体和精神暴力》,《中国妇女报》2015年12月25日,第A4版。
3. "关于我们",为平妇女权益机构,http://www.equality-beijing.org/about.aspx?id=0,最后访问日期:2021年3月17日。
4. 为平妇女权益机构:《〈中华人民共和国反家庭暴力法〉实施四周年监测报告(2016年3月1日—2020年2月29日)》,夏天、冯媛撰文,曹苧予数据、图表,2020年4月,http://www.equality-beijing.org/editor/attached/file/20200704/20200704133754_7100.pdf,最后访问日期:2021年3月17日。

第七章
中国治理家庭暴力与人口贩运问题

信息7401条。在这些网站的海量信息中，7401是一个非常小的数字，更值得注意的是信息数量的逐年大幅下降。第一个统计年度发布3227条，占4年总量的44%，到第四个统计年度仅为815条，占4年总量的11%，下降趋势显著。令人忧虑的是，反家暴信息量的逐年减少反映了媒体和相关反家暴责任部门对这个议题的重视程度在降低。

积极的信号是，国家相关责任部门虽然信息发布量少但走势有所抬升。以国家机构为主体的责任部门，国务院妇儿工委、卫健委（原卫计委）、司法部、教育部、民政部、公安部、最高法院、最高检，以及共青团中央、全国总工会、全国残联，以上8个国家机构和3个群团组织在四年间共发布159条关于反家暴的信息，第四年的走势有明显抬升，发布量超过第二、三年。但整体来看，相关责任部门发布信息过少，卫健委在第四年实现了零的突破，但公安部网站发布反家暴信息数仍为空白（见表7-1）。

表7-1 各责任部门逐年信息累计

单位：条

部门	第一年（10个月）	第二年	第三年	第四年
全国妇联	32	89	135	178
司法部	18	29	30	31
最高检	12	21	27	38
妇儿工委	7	19	27	52
全国总工会	8	8	8	8
全国残联	0	6	10	12
共青团中央	0	4	4	4
教育部	0	3	4	6
最高法院	0	3	4	5

续表

部门	第一年（10个月）	第二年	第三年	第四年
民政部	0	2	2	2
卫健委	0	0	1	1
公安部	0	0	0	0

资料来源：为平妇女权益机构：《〈中华人民共和国反家庭暴力法〉实施四周年监测报告（2016年3月1日—2020年2月29日）》，夏天、冯媛撰文，曹苧予数据、图表，2020年4月，http://www.equality-beijing.org/editor/attached/file/20200704/20200704133754_7100.pdf，最后访问日期：2021年3月17日。

整体来看，在家庭暴力事件中，弱势群体的可见度仍比较低，除未成年人、老年人家庭暴力有一定的可见度，重病患者、残疾人、孕妇和哺乳期妇女所遭遇的家庭暴力，特别是他们是否得到了各地具体的特殊保护措施，在媒体报道中还不多见；农村家暴问题更少得到报道。如何保持各界对家暴问题持续的关注、扩大关注范围，增加社会弱势群体和边缘群体的可见度，让他们的声音得到倾听，这是今后反家暴工作的重要关注点。

（三）制度建设与法律执行面临的挑战

"为平"提供的监测报告对围绕《反家庭暴力法》进行的制度建设和该法律的执行情况进行了梳理和评估。

近四年来，国家级的多机构合作的进展主要体现为多部门联合发文，一方面聚焦儿童保护，突出了对幼儿园儿童、留守儿童遭遇家庭暴力的强制报告（向公安机关报案）；另一方面聚焦司法层面，在家事审判制度建设和妇女维权方面加强了对反对家庭暴力工作的重视。最高人民法院、司法部和全国妇联这3个机构还发布了对本部门、本系统工作有指导意义的文件。

第七章
中国治理家庭暴力与人口贩运问题

在地方层面，截至2020年2月29日，山东、湖北、湖南和贵州等地人大已通过省级实施《反家庭暴力法》的配套法规；陕西、内蒙古公布了配套法规草案的征求意见稿；西藏和宁夏两个自治区修订了实施《妇女权益保障法》的办法。这些地方法规在家庭暴力的表现形式、保护范围、处置措施上各有特色，更加具体化且可操作性更强。各地陆续出台了200多个政策文件，对《反家庭暴力法》的具体制度，如强制报告、庇护和救助、告诫书、保护令、监护权临时转移等做了进一步的规定，推动了当地反对家庭暴力工作的开展。

制度建设方面存在的挑战主要是：国家层面上的强制报告还局限在幼儿园、留守儿童的范围，没有覆盖到所有未成年人，更没有覆盖成年但不具有民事行为能力的家庭暴力受害者，如残障人士或失能失智的老人。在地方层面，截至2020年3月，仍然尚未能检索到北京、福建、河南实施《反家庭暴力法》的省一级法规和政策上的进展；其他有地方法规和部门文件的省份，也大多集中在部分措施，如强制报告、告诫书、保护令，而对庇护和临时救助、监护权转移的具体实施要求还很少或没有。

人身安全保护令是《反家庭暴力法》中最受媒体瞩目的反对家庭暴力措施，绝大多数省份先后发出关于贯彻落实人身安全保护令的文件，保护令的核发数逐年增加，从2016年的687份增加到2019年的2004份。截至2019年12月底，全国法院共发出人身安全保护令5749份。但是，轻视《反家庭暴力法》规定、拒绝受理保护令申请的情况仍然屡见不鲜，一些地方将调解和保护令当作二选一的选项并在实际操作中优先偏向调解。

民间力量的作用主要体现在法律政策推动、宣传教育、提供能力建设培训、开展直接服务方面，并利用每一个机会为法律和政策的完善献计献策。自媒体的蓬勃发展，让一些问题如恋爱中的精神控制得到曝光，但也引发了受害者个人信息难以有效保护等新的挑战。[1]另外，相关人员对《反家庭暴力法》认识水平的高低、性别平等意识的强弱，都是直接影响《反家庭暴力法》实施的重要因素，因此，为相关人员提供及时有效的培训十分必要。

综合各方信息，"为平"监测报告得出的结论是"进展是令人鼓舞的，但也是理所应当的，而很多阻力和障碍尚未发生期待中的变化"。为此，该机构针对不同的责任主体提出了具体建议，并认为"通过当事人的驱动、通过各责任方的回应，通过民间力量的促进，有意义的改变正在发生，这个过程中一点一滴的进步都值得被彰显，微小或洪亮的呼吁都值得被听见"。[2]

二　中国人口贩运犯罪的发展特点与治理思路

近30年来，中国人口贩运犯罪的发展具有一些共同特点，也呈现新的变化。很好地把握这些连续性和变化，对采取有针对性的措施是十分必要的。

（一）中国人口贩运犯罪的发展特点

早在20世纪90年代初，潘力、袁红坪就反思了中国拐卖妇女现象的产生原因：一是区域经济文化影响下的性别比例失调；二是婚姻圈的户籍限制；

---

[1]. 为平妇女权益机构：《〈中华人民共和国反家庭暴力法〉实施四周年监测报告（2016年3月1日—2020年2月29日）》，夏天、冯媛撰文，曹苧予数据、图表，2020年4月，http://www.equality-beijing.org/editor/attached/file/20200704/20200704133754_7100.pdf，最后访问日期：2021年3月17日。

[2]. 为平妇女权益机构：《〈中华人民共和国反家庭暴力法〉实施四周年监测报告（2016年3月1日—2020年2月29日）》，夏天、冯媛撰文，曹苧予数据、图表，2020年4月，http://www.equality-beijing.org/editor/attached/file/20200704/20200704133754_7100.pdf，最后访问日期：2021年3月17日。

第七章
中国治理家庭暴力与人口贩运问题

三是农村婚姻介绍体系缺环；四是农村嫁娶传统的负效应；五是农村区域性的法制薄弱。[1] 在此基础上，潘力、郑雨堂等认为，"从贫困到贫困"是拐卖妇女发展的主要背景，其中既包括"卖方市场"的贫困，也包括"买方市场"的贫困。这种妇女、儿童从偏远贫困的流出地被贩卖到偏远贫困落后的流入地的"双向贫困"现象，揭示了一个有说服力的结论："发展经济是杜绝拐卖现象的根本途径。"[2]

30年后，薛敏霞等于2020年发表的研究成果同样指出，农村地区出生性别比失衡、没有法律意识以及道德滑坡均会带来风险，"没有法律意识的村民通过接受被拐卖来的妇女和儿童来'传宗接代'"，"性别失衡导致拐卖妇女儿童的犯罪活动增加，也为农村性暴力案件、农村校园性侵案、农村性奴案的滋生提供了土壤"。[3]

与国内拐卖妇女儿童的情况相一致，跨国人口贩运犯罪传统上是由发展中国家向发达国家输出的。但20世纪90年代以来，发展中国家内部相互流动的现象日益突出，国际贩卖人口犯罪的特点主要表现为：案件数量庞大；受害妇女、儿童大多被贩入色情服务行业，遭受商业性剥削；被贩卖妇女、儿童由发展中国家向发达国家输出；跨国贩卖手法多样化，诸如非法劳务输出、非法出入境、非法收养、跨国婚姻、组织旅游、传教和国际互联网络，以及贩卖人口活动组织化等。[4] 根据最高人民法院2015年的通

---

1. 潘力、袁红坪：《关于拐卖妇女的社会反思》，《社会》1992年第4期。
2. 潘力、郑雨堂、郑燕林：《从贫困到贫困：拐卖妇女现象的反思之二》，《社会》1992年第9期。
3. 薛敏霞、舒曼：《性别失衡农村社会家庭风险及其应对策略》，《长江师范学院学报》2020年第3期。
4. 张宗亮：《全球化境域下跨国有组织犯罪的发展态势》，《中国人民公安大学学报》2004年第5期。

报，中国惩治预防拐卖妇女儿童犯罪工作出现了一些新情况、新特点，突出表现在：采取偷盗、强抢、诱骗方式实施拐卖儿童犯罪的案发数量明显下降，大部分被拐儿童系被亲生父母出卖或遗弃，继而被人贩子收买、贩卖；对收买被拐卖儿童行为的打击力度还需要进一步加大；拐卖妇女迫为人妻的犯罪仍时有发生，拐卖、拐骗妇女强迫卖淫的犯罪问题日益突出，特别是一些不法分子与境外人员相互勾结，拐卖、拐骗外籍妇女的犯罪在部分地区有增多趋势。[1]

同时，中国拐卖儿童犯罪的特点也值得注意。根据李钢等的研究，中国被拐儿童的去向主要是被收养；总量上男童多于女童；频率上低年龄段高发；年龄上青春期阶段女童居多，新生儿、婴儿期、幼儿及学龄前期和学龄期阶段男童多，各年龄段由低到高可依次分为"家庭操控型""诱骗养子型""复合过渡型""成人劳工型"四个贩运类型。中国拐卖儿童犯罪呈现"西部集中拐出，东部分散拐入"的特点，这与东西部经济基础差异导致的"推—拉"作用有关；随着城市化进程的推进，存在大量"留守儿童"的"空心村"和存在大量"流动儿童"的"城中村"是儿童拐卖犯罪的潜在高发区，这对未来的防控是一大挑战。[2]事实上，中国被拐卖儿童的特点也体现出性别不平等对男童和女童被拐卖情况的不同影响。

综合来看，"双向贫困"现象给打击和管控拐卖妇女儿童犯罪带来困难，

---

1. 罗书臻：《最高人民法院通报惩治拐卖妇女儿童犯罪情况》，《人民法院报》2015年2月28日，http://rmfyb.chinacourt.org/paper/html/2015-02/28/content_94300.htm?div=-1，最后访问日期：2021年3月17日。
2. 李钢、谭然、王会娟、颜祥、邵琰：《中国拐卖儿童犯罪的地理特征研究》，《地理科学》2017年第7期。

第七章
中国治理家庭暴力与人口贩运问题

国内城市化步伐加快与全球化程度加深，使跨国人口贩卖犯罪滋生和蔓延的环境更为复杂，社会中性别不平等的普遍存在反映在人口贩运的具体情况中。因此，消除贫困、促进发展、提高妇女地位、强化跨国合作治理，在全球范围内加速实现2030年可持续发展目标，对于治理人口贩运特别是拐卖妇女儿童至关重要；持续跟踪、研究人口贩运形势的变化与新特点，是严厉打击、惩治和预防拐卖妇女儿童犯罪的有效途径。

（二）中国政府治理人口贩运的基本观点与工作思路

2017年9月28日，中国代表吴海涛在联合国大会第二十六次全会评估《联合国打击贩运人口的全球行动计划》的大会高级别会议上的发言，体现了中国对于治理人口贩运的基本观点与工作思路。

> 贩运人口是一个全球性的突出问题，任何国家都不可能独善其身。中方强烈谴责贩运人口、特别是拐卖妇女和儿童的行为，呼吁国际社会重点做好以下工作：
>
> 第一，应全面落实2030年可持续发展议程，促进经济社会发展，着力消除贫困，弘扬公平正义，从根本上铲除贩运人口罪行滋生的土壤。
>
> 第二，应建立健全工作机制。建立以政府为主导、全社会共同参与的工作机制，做好预防、打击和救助、康复等工作，形成良好的社会治理格局。
>
> 第三，应加强国际执法合作，充分发挥区域和次区域组织作用，及时交流情报信息，有效开展刑事司法互助，严厉惩治贩运人口犯罪。

第四，应切实保障受害者合法权益，加强对受害者的救助、保护、康复、安置，重点帮助受害者重新融入家庭和社会。

中国政府高度重视打击贩运人口工作，认真落实《联合国打击跨国有组织犯罪公约关于预防、禁止和惩治贩运人口特别是妇女和儿童行为的补充议定书》。中国政府分别于2007年、2013年发布和实施了《中国反对拐卖妇女儿童行动计划（2008—2012年）》、《中国反对拐卖人口行动计划（2013—2020年）》。2009年，中国成立了由33个部门组成的国务院反拐部际联席会议制度，完善以政府为主导、社会各界力量广泛参与的工作机制，为预防和打击贩运人口、救助和保护受害者提供了坚实的体制保障。

打击贩运人口是国际社会刻不容缓的共同任务。中国愿与各国一道，齐心协力，全面落实《打击贩运人口全球行动计划》，为全人类共享和谐与进步作出贡献。[1]

因此，打击人口贩运是一个整体工程，需要全世界、各方力量全方位的持续努力。促进经济发展、消除社会不公至关重要，而消除性别歧视，保证妇女、儿童等各类脆弱人群的权益，关注交叉性歧视对特定人群的多重影响，在打击人口贩运特别是拐卖妇女儿童行动中居于关键地位。

---

1. 联合国大会：《第二十六次全体会议正式记录》，A/72/PV.26，2017年9月28日，http://www.un.org/zh/documents/view_doc.asp?symbol=A/72/PV.26，最后访问日期：2020年11月20日。

第七章
中国治理家庭暴力与人口贩运问题

小 结

本章从"妇女、和平与安全"议程的四大支柱中"保护、御防、救济与恢复"的角度梳理了中国治理家庭暴力、严厉打击人口贩运特别是拐卖妇女儿童犯罪的进展、挑战与相关争论。家庭暴力与人口贩运密切相关,两者往往交织在一起,给遭受连续性暴力过程的受害人造成了巨大的身心创伤,严重侵害其人权。

人口贩运与家庭暴力都是实现和平、安全和"创建和平、包容的社会"的障碍;两者都具有鲜明的性别和年龄特点——妇女、儿童是最大的受害者;逃离家庭暴力的妇女和儿童极有可能成为人口贩运的受害者;被拐卖妇女在日常生活中,往往遭遇各种形式的暴力特别是家庭暴力;家庭暴力的施暴者可能会利用受害者被贩运的历史来恐吓、控制和进一步虐待受害者等等。更重要的是,人口贩运与家庭暴力都是滥用权力和强制控制的体现,都是性别不平等社会机制的产物与表现。家庭暴力和人口贩运犯罪本身处于多重歧视与不平等因素的交叉点上,不仅是和平问题,更是平等和发展问题,因此迫切需要综合、整体性的治理思路。建立"反拐+反家暴"的预防、处置、救助联动机制,有助于形成"国内反家暴、跨国反拐卖"的良性互动关系。

在《反家庭暴力法》出台之前就有学者指出,国际和国家层面对于家庭暴力的理论研究和反对家庭暴力的实践表明,无论是民事还是刑事制裁,都不可能为家庭暴力问题提供一个完美的解决办法,也难以有效应对给那些经历家庭暴力的人所造成的种种后果。究其原因,家庭暴力并非一个简单的法律问题，不可能仅用法律手段来消除这一现象。家庭暴力既是社会问题、心理问题、健康问题，更是不平等的社会结构和两性权力问题。由此，只有通过赋权妇女、变革社会、改变传统文化对妇女的态度和提升妇女在各个领域的地位，才可做到最终消除家庭暴力。[1] 这一观点不仅适用于当下的反对家庭暴力和严厉打击人口贩运的工作，而且指明了国际社会和各国政府、民间组织和所有人不懈努力的方向。

---

1. 黄列：《家庭暴力：从国际到国内的应对（下）》，《环球法律评论》2002年第2期。

第八章　中国建构性别平等的和平文化

"自古以来,和平就是人类最持久的夙愿。和平像阳光一样温暖、像雨露一样滋润。有了阳光雨露,万物才能茁壮成长。有了和平稳定,人类才能更好实现自己的梦想。"[1] 和平不仅意味着没有战争、消除暴力,还意味着促进社会公正和保障人权。将性别平等与和平理念纳入教育理念与教育实践,是实现性别平等和致力于和平文化建构的关键工作,是落实"妇女、和平与安全"议程的重要实践。

《联合国教科文组织组织法》中写道,"战争起源于人之思想,故务需于人之思想中筑起保卫和平之屏障",[2] 和平文化构建与和平教育就是"于人之思想中构建和平"。在1995年北京世妇会通过《行动纲领》和2000年联合国安理会通过第1325(2000)号决议之前,构建和平文化和进行和平教育的思想已经成为包括中国在内的世界各国人民为和平而努力的重要组成部分。本章

---

1. 习近平:《在南京大屠杀死难者国家公祭仪式上的讲话》,人民出版社,2014,第4页。
2. 联合国教科文组织:《联合国教科文组织简介——使命与任务》,https://zh.unesco.org/about-us/introducing-unesco,最后访问日期:2021年3月18日。《联合国教科文组织组织法》于1945年11月16日通过,后多次修正。

主要总结中国的和平文化建构、和平教育发展取得的成绩，探讨将性别平等纳入和平文化建构及和平教育发展的情况。

第一节　中国的和平研究、和平城市与和平文化

人类追求和平的先声可以追溯到古代奥林匹克运动会确立的"奥林匹克休战"（Olympic Truce）。近代以降，包括广大妇女在内的中国人民追求和平的脚步从未停歇。新中国成立后，中国开始参与国际和平活动，致力于和平问题研究。但是，"国际和平学"意义上的和平研究在中国的发展尚不足40年。从20世纪80年代末开始，中国的和平研究逐步成长并延伸到不同学科，经历过大屠杀的江苏省南京市成为和平研究的重镇，见证了"芷江受降"的湖南省怀化市芷江成为和平研究的另一个基地，它们在学科发展中都起到重要的推动作用。和平研究与世界和平城市建设紧密联系在一起。

一　中国和平研究的发展历程

1959年，约翰·加尔通创建了世界上第一个和平学研究机构——奥斯陆国际和平研究所（PRIO）；1964年，他创办了第一份致力于和平研究的学术期刊《和平研究杂志》（*Journal of Peace Research*），从而开启了和平学这一门独立学科。"和平学"就是"如何用和平方式创造和平的研究"。[1]

---

1. 刘成：《和平学》，南京出版社，2006，第2页。

第八章

中国建构性别平等的和平文化

（一）和平研究的起步与发展

新中国成立伊始就开展了对和平问题的研究工作，成立了"中国人民保卫世界和平委员会"，开展了对和平共处五项原则、中国和平外交政策、和平解决国际争端等问题的研究；编辑和翻译出版了多种和平研究杂志，如《国际展望：和平月刊》《争取持久和平，争取人民民主！》《和平和社会主义问题》《保卫和平》等，还出版了相关图书。虽然当时的和平理念与加尔通所创立的"和平学"并不相同，但毫无疑问，这一起步具有重要的标志性意义。遗憾的是，由于历史原因，此和平研究进程被迫中断了。

1982年11月16日，第37届联合国大会通过决议，接受经济及社会理事会第1982/15号建议的提议，宣布1986年为"国际和平年"，请所有国家、联合国系统内所有组织和有关的非政府组织尽一切努力筹备和纪念"国际和平年"，并且慷慨捐输以达到"国际和平年"的目标。[1] 该决议指出，促进和平是联合国的基本目标，但尽管联合国坚决努力，和平目标仍然未达到，因此必须制定一个特别时间，集中联合国及其会员国的努力，宣扬和平理念，并以一切可行方式表达它们对和平的承诺。[2]

20世纪80年代，中国的和平研究展现出新面貌。1985年6月1日，"中国人民争取和平与裁军协会"在北京成立，其宗旨为"同世界各国人民一起，为维护世界和平、争取裁军、争取全面禁止和彻底销毁核武器、反对军备竞

---

1. 联合国大会：《国际和平年》，1982年11月16日，https://www.un.org/zh/documents/view_doc.asp?symbol=A/RES/37/16，最后访问日期：2020年11月28日。
2. 联合国大会：《国际和平年》，1982年11月16日，https://www.un.org/zh/documents/view_doc.asp?symbol=A/RES/37/16，最后访问日期：2020年11月28日。

赛、防止世界战争而努力"。[1] 协会成立后，积极开展了争取和平与裁军的宣传和教育工作。在1986年的第一个国际和平年，中国举行了全国性和地方性的和平集会和学术讨论会，出版了《国际和平年学术讨论会资料汇编》[2]《为了和平与人类的未来——纪念国际和平年》[3]等书，举办了"国际和平年国际知识竞赛"，中国人民对外友好协会出版了《友声》和平年专辑。

1986年"国际和平年"后，评介和平学的成果陆续发表。1987年，熊建华的《和平学与和平教育》一文介绍了和平学这"一门新兴的跨学科的运用科学"，认为"它的内容一般包括和平研究、冲突研究、裁军研究和战争研究"，强调和平学"是一门研究人类生存的科学"。[4]《学海》杂志2004年第3期专门设了"和平学研究专栏"，刊登了4篇国外学者的文章。其中，英国学者艾伦·亨特（Alan Hunter）的文章介绍了当时和平研究中引起关注的一些问题，如战略冲突化解、和解、底层的和平运动、冲突解决后的和平建设以及文化与宗教方面的问题等。[5]

2001年，联合国大会决定把每年的9月21日确定为"国际和平日"。当年，南京大学历史系世界史学科与考文垂大学（Coventry University）和平与和解研究中心建立了长期合作研究关系，在中国高校内建立了第一个和平研究中心及和平学学科。2003年9月3日，南京国际和平研究所经有关部门批准

---

1. 赵朴初：《赵朴初文集》（下卷），华文出版社，2007，第742页。
2. 国际和平年中国组织委员会编《国际和平年学术讨论会资料汇编》，社会科学文献出版社，1986。
3. 国际和平年中国组织委员会编《为了和平与人类的未来——纪念国际和平年》，世界知识出版社，1986。
4. 熊建华：《和平学与和平教育》，《社会主义研究》1987年第5期。
5.〔英〕艾伦·亨特、陈仲丹：《什么是和平研究——学科发展史》，《学海》2004年第3期。

第八章
中国建构性别平等的和平文化

在南京成立。2004年,南京出版社出版了日本学者池尾靖志(Yasushi Ikeo)的《和平学入门》一书,这是"和平学研究系列丛书"中的一本。2005年3月,南京大学在南京举办了中国首次和平学国际学术研讨会,同年刘成在《国外社会科学》发表《西方国家和平研究综述》一文,[1] 系统介绍了国际和平学的发展理路。

其后,南京出版社推出了一批和平学著作和相关研究成果。其中的"和平学丛书"分为"原创"(国内学者研究成果)和"译丛"(翻译作品)两个系列,出版的著作主要包括:刘成的《和平学》、朱成山的《世界和平学概况》、陈仲丹主编的《圣贤讲和》等,[2] 译著主要包括约翰·加尔通的《和平论》,大卫·巴拉什(David Barash)、查尔斯·韦伯(Chavles Webb)的《积极和平:和平与冲突研究》等。[3] 2015年,南京出版社还出版了日本学者君岛东彦(Akihiko Kimijima)等编的《和平学研究的新范式(亚太篇)》,这是"和平学译丛"中的一部。[4] "和平学译丛"中还包括戴安娜·弗朗西斯(Diana Francis)的《人民、和平与权力:冲突转化的实践》、艾伦·亨特的《人类安全的挑战》、汉斯·冈特·布劳赫(Hans Gunter Brauch)等编的《面对全球环境变化:环境、人类、能源、食品、健康和水安全的观念》和《应对全球环境

---

1. 刘成:《西方国家和平研究综述》,《国外社会科学》2005年第2期。
2. 刘成:《和平学》,南京出版社,2005;朱成山:《世界和平学概况》,南京出版社,2006;陈仲丹主编《圣贤讲和》,南京出版社,2007。
3. 〔挪威〕约翰·加尔通:《和平论》,陈祖洲等译,南京出版社,2006;〔美〕大卫·巴拉什、查尔斯·韦伯:《积极和平:和平与冲突研究》,刘成等译,南京出版社,2007。
4. 〔日〕君岛东彦、〔印〕维迪亚·杰恩编《和平学研究的新范式(亚太篇)》,阮岳湘译,南京出版社,2015。

变化、灾害及安全：威胁、挑战、缺陷和风险》。[1] 从这一组译著可以看出，和平研究中纳入了安全研究，特别是非传统安全内容，这使得和平研究与安全研究之间的界限更加模糊。

同期，南京出版社出版了"和平档案"丛书，覆盖和平研究的主要议题，包括王宇博、张嵩的《和平之殇：人类历史上的战争灾难》、刘成等人的《和平之困：20世纪战争与谈判》、马约生、钱澄的《和平之愿：20世纪冲突与化解》、熊伟民的《和平之声：20世纪反战反核运动》、梅雪芹主编的《和平之景：人类社会环境问题与环境保护》、刘金源等编的《和平之望：当代世界贫富问题与社会公正》、洪霞编著的《和平之途：当代世界移民问题与种族关系》、张红编著的《和平之侣：人类社会性别冲突与婚恋和谐》等。[2] 2008年，南京出版社又出版了"中国传统和平思想研究丛书"以挖掘中国传统文化中的和平思想。南京大学的和平学资深学者陈仲丹在"丛书总序"中指出，中国古代没有和平学却有丰富的和平思想，中国传统的和平思想主要体现在儒、佛、道三家学术之中，儒、佛、道三家的和平思想同中有异，中国传统文化

---

1. 〔英〕戴安娜·弗朗西斯：《人民、和平与权力：冲突转化的实践》，陈建荣译，南京出版社，2015；〔英〕艾伦·亨特：《人类安全的挑战》，奚慧玲译，南京出版社，2015；〔德〕汉斯·冈特·布劳赫等编《面对全球环境变化：环境、人类、能源、食品、健康和水安全的观念》，杨潇雨译，南京出版社，2015；〔德〕汉斯·冈特·布劳赫等编《应对全球环境变化、灾害及安全：威胁、挑战、缺陷和风险》，叶觅译，南京出版社，2015。
2. 王宇博、张嵩：《和平之殇：人类历史上的战争灾难》，南京出版社，2006；刘成、金燕、魏子任编著《和平之困：20世纪战争与谈判》，南京出版社，2006；马约生、钱澄：《和平之愿：20世纪冲突与化解》，南京出版社，2006；熊伟民：《和平之声：20世纪反战反核运动》，南京出版社，2006；梅雪芹主编《和平之景：人类社会环境问题与环境保护》，南京出版社，2006；刘金源、费明燕、刘金霞编著《和平之望：当代世界贫富问题与社会公正》，南京出版社，2006；洪霞编著《和平之途：当代世界移民问题与种族关系》，南京出版社，2006；张红编著《和平之侣：人类社会性别冲突与婚恋和谐》，南京出版社，2006。

中的和平思想对构建和谐社会有借鉴和指导意义。[1]

继南京成为中国和平学研究重镇后,由湖南省社科规划办批准成立,依托怀化学院、湖南商学院联合共建的"湖南省和平文化研究基地"于2010年成立。该基地确定了五个重点研究方向:一是和平文化基础理论研究,包括和平文化哲学研究、中外和平思想(史)研究、和平文化与和谐社会研究、和谐世界构建研究;二是芷江和平文化及其相关人物研究,包括芷江和平文化研究、芷江和平人物研究、芷江和平教育研究;三是湖南和平文化资源整理与旅游开发研究,包括湖南历史、宗教与民俗和平文化资源整理研究,湖南和平文化旅游与开发研究;四是和平文化与战争文学研究,包括和平与战争的关系研究、战争文学中的和平文化意蕴研究;五是抗战文化研究,包括湖南抗战研究、大西南抗战文化研究。[2] 石希欣、田均权主编的《和平文化初论》是湖南省和平文化研究基地的代表性成果之一。[3]

(二)和平心理学与其他学科中的和平研究

20世纪90年代以来,和平成为心理学家关注的重要内容,"以和平心理学研究实现世界和平愿景"的心理学运动在西方迅速兴起。[4] 和平心理学主张运用心理学知识,减少和阻止暴力的发生,提升人类的尊严和幸福,探索实现人类和平社会的可能性。和平心理学包括四大相辅相成的支柱:研究、教

---

[1] 王月清、刘丹:《佛学和平思想研究》,南京出版社,2008,"丛书总序"第2~4页。
[2] 湖南省和平文化研究基地,http://hpwh.hhtc.edu.cn/index.php?read-39.html,最后访问日期:2021年3月19日。
[3] 石希欣、田均权主编《和平文化初论》,湖南人民出版社,2008。
[4] 刘邦春、郭永玉、彭运石:《和平心理学:历史、模型和展望》,《心理科学》2013年第5期。

育、实践和推广。[1]

刘邦春的《心理学的和平关照——西方和平心理学研究》在详尽搜集资料的基础上，通过对和平心理学产生的时代背景、科学奠基、哲学基础、心理学先驱的考察，论述和平心理学的重要观点、主要研究领域，客观评价和平心理学取得的主要贡献、存在的问题，并展望未来发展，力求客观、现实地勾勒和平心理学的真实图景，从心理学视角，探寻和平心理学对建构中国和谐社会主义的启示与借鉴意义。[2]作者在书中记录了中国和平心理学的第一次实践活动，即2000年4月在成都举办的小型会议"和平教育与和平心理学"学术研讨会。[3]

2016年中国社会科学出版社出版了美国学者杜艾文（Alvin Dueck）、凯文·赖默（Kevin Reimer）合著的《和平心理学》。书名中的"和平"并非加尔通意义上的"和平"，更像是"平和"（peaceable）。这是一本基督教心理学的著述，更多是从宗教角度讨论心理学与心理治疗问题，但其理念与和平学十分契合。译者在"译者序"中写道："我所愿意促进的心理学，不是少数西方专家、学者的话语特权。在每一个文化的基因里，原本就有与生俱来自我疗愈、成长的心理力量。真正的医治，不止于个体、私人的'平和'——和平与平和，皮之不存，毛将焉附！"[4]作者鼓励不同国家、地区的人们在心理治疗中抛开西方心理学和心理治疗霸权，充分利用本土资源，以大主教德斯

---

1. ［美］杜艾文、凯文·赖默：《和平心理学》，黄晓楠译，中国社会科学出版社，2016。
2. 刘邦春：《心理学的和平关照——西方和平心理学研究》，知识产权出版社，2013。
3. 刘邦春：《心理学的和平关照——西方和平心理学研究》，知识产权出版社，2013，第8页。
4. ［美］杜艾文、凯文·赖默：《和平心理学》，黄晓楠译，中国社会科学出版社，2016，"译者序"第2~3页。

第八章

中国建构性别平等的和平文化

蒙德·图图（Desmond Tutu）的观点强调，与镇压相比，和平的代价小得多；作者非常同意翁沃（Nlenanya Omwu）的主张：人类需要三种和平，即个人和平、社会和平和冲突中的和平。[1]

和平学理念也逐步进入国内的其他研究领域，传播学研究中的和平视角较为明显。潘祥辉在《华夏传播新探：一种跨文化比较视角》中专门设有一章，从古代世界的"秦晋之好"来考察女性的媒介属性及其传播功能，认为女性是一种流动媒介，是和平与文化的信使。[2] 该书认为，女性的"流动属性"使其更容易成为"世界主义者"和"和平主义者"。历史上就有女性通过自身的流动，成为沟通不同文化与族群之间的桥梁和使者。在政治传播中，她们往往成为和平的使者，在融合民族、化解仇恨、消弭战争以及传播文化中都起到了重要作用。[3] 徐波在《跨文化沟通——国家形象的有效传播》中讨论了和平文化问题，书中记述了联合教育、科学及文化组织前总干事费德里科·马约尔（Federico Mayor）与作者的对话。其中指出，"与西方国家不同，中国没有侵略过任何国家的历史，中国人民爱好和平，这种来自东方的和平文化对目前动荡不安的世界会是一种莫大的贡献"；中国政府倡导的"一带一路"的好处就在于它是一种文化对话战略，是中国对世界和平的贡献；现在是中国和平文化与世界和平文化对话的良好机遇。[4]

在介绍西方和平研究的同时，中国学者同步发掘中国文化中的和平因子，

1.〔美〕杜艾文、凯文·赖默：《和平心理学》，黄晓楠译，中国社会科学出版社，2016，第314~315页。
2. 潘祥辉：《华夏传播新探：一种跨文化比较视角》，复旦大学出版社，2018，第314页。
3. 潘祥辉：《华夏传播新探：一种跨文化比较视角》，复旦大学出版社，2018，第175~176页。
4. 徐波：《跨文化沟通——国家形象的有效传播》，复旦大学出版社，2018，第36~37页。

总结中国和平实践，并努力建构中国特色的和平学。姚洪越的《创建中国特色的和平学——兼论中国和平大国形象的塑造》将中国特色的和平学的主要内容总结为和平理论的研究、和平问题的研究、和平战略的研究。他提出：中国特色的和平学将在马克思主义的理论指导下，充分弘扬中国丰富的和平文化，汲取西方和平学研究的科学成果和科学方法，结合新的时代和世界人民不断创新的和平实践，通过一批又一批优秀的和平学者的不断努力而不断地发展壮大。[1]

二 中国和平城市建设与和平文化建构

中国的和平研究具有鲜明的地域特点，与所在地域和城市的历史特点、文化资源、城市定位及城市发展设想有极为密切的联系。江苏省南京市、湖南省怀化市芷江、山东省潍坊市和黑龙江省齐齐哈尔市等在创建和平城市、建构和平文化方面已经做出了成绩。

（一）南京：中国首座国际和平城市

1937年12月13日，"六朝古都"南京被日本侵略者占领，经历40余天"南京大屠杀"。作为第二次世界大战中"三大惨案"[2]发生地和世界"四大殉难城市"[3]之一，南京在和平研究、和平文化倡导方面做出了积极贡献。

2017年8月31日，国际和平城市协会（International Cities of Peace）正式

---

1. 姚洪越：《创建中国特色的和平学——兼论中国和平大国形象的塑造》，《石家庄经济学院学报》2006年第2期。
2. 南京大屠杀、奥斯威辛集中营惨案和广岛原子弹爆炸被称为第二次世界大战中的"三大惨案"。
3. 德国德累斯顿、中国南京、英国考文垂和日本广岛并称为世界"四大殉难城市"。

第八章

中国建构性别平等的和平文化

批准南京成为世界第169座"国际和平城市",南京也成为中国首座加入该协会的城市。[1]国际和平城市协会执行会长弗雷德·阿姆特(J. Fred Arment)在写给南京的信中特别指出,南京这座城市是在第二次世界大战中饱受战火摧残的典型。在"南京大屠杀"事件中,有约30万名中国军民丧生,约两万名妇女遭受强暴。南京成为"国际和平城市"后,能够让世人更多地了解中华民族热爱、追求和平的悠久传统,以及中国在实现构建"国际和平城市"这一目标时做出的努力。南京大学历史学院教授、和平学研究者刘成认为,南京加入"国际和平城市"的意义"在于向全世界发声,历史上的南京饱受战争摧残践踏;牢记历史,不是为了仇恨,而是为了和平"。[2]

徐波在《跨文化沟通——国家形象的有效传播》中记录了他在联合国教科文组织工作时参与2014年第二届青年奥林匹克运动会(Ⅱ Summer Youth Olympic Games,"南京青奥会")组织工作的情况。他当时敏锐地意识到,南京如果需要打造其新的国际影响力,就需要深度挖掘青奥会有关青年、文化、体育与和平的素材,徐波认为"和平"是南京最好的城市名片。他与联合国教科文组织的同事共同撰写了"联合国教科文组织+南京青奥会组委会世界青年、体育、文化、和平论坛"文案,在内部立了项,得到了总干事伊琳娜·博科娃(Irina Bokova)的支持。南京青奥会提出了《南京倡议》,强调青年一代在解决当今全球化世界中众多地区依然存在的武力冲突、暴力和敌意方面负有的关键责任,建议从2016年开始,每两年由"和平城市"南京,或者世

---

1. International Cities of Peace, "Listing of International Cities of Peace," http://www.internationalcitiesofpeace.org/cities-listing/, accessed March 19, 2021.
2. 朱晓颖:《南京获准成为"国际和平城市"》,2017年9月9日,http://news.sina.com.cn/o/2017-09-09/doc-ifyktzim9092211.shtml, 最后访问日期:2021年3月19日。

界其他城市发起，举办一次以"体育、文化与和平"为主题的夏季青年节等。"《南京倡议》为后青奥会南京与教科文组织的合作，南京参与世界青年事务留下了一笔无形资产和法律依据，只要南京愿意，这面大旗可以一直扛下去了。"[1] 徐波同时认为，"和平"是国家形象传播的核心要素。

2018年，国际和平日纪念活动在江苏南京举行，主题为"推动构建人类命运共同体，携手建设持久和平、普遍安全的世界"。习近平在向2018年国际和平日纪念活动致贺的信中指出，和平始终是人类社会的普遍期待与殷切向往。当今世界，和平与发展已成为时代主题，但各国面临的安全威胁日益复杂，战争威胁始终挥之不去。中华民族热爱和平，中国人民深知和平之可贵，中国坚定不移走和平发展道路，永远是世界和平的建设者、全球发展的贡献者、国际秩序的维护者。他希望大家集思广益、凝聚共识、汇聚力量，为推动构建人类命运共同体、建设更加美好的世界发挥积极作用。[2]

2014年2月27日，第十二届全国人大常委会第七次会议决定：将12月13日设立为南京大屠杀死难者国家公祭日。每年12月13日举行国家公祭活动，悼念南京大屠杀死难者和所有在日本帝国主义侵华期间惨遭日本侵略者杀戮的死难者。[3] 2014年12月13日是纪念南京大屠杀死难者的首个国家公祭日，公祭仪式在南京举行。习近平在南京大屠杀死难者国家公祭仪式上的讲话中指出："今天的中国，是世界和平的坚决倡导者和有力捍卫者，中国人民将坚定

---

1. 徐波：《跨文化沟通——国家形象的有效传播》，复旦大学出版社，2018，第129页。
2. 《习近平向2018年国际和平日纪念活动致贺信》，新华网，2018年9月19日，http://www.xinhuanet.com/politics/leaders/2018-09/19/c_1123452898.htm，最后访问日期：2021年3月19日。
3. 《中华人民共和国年鉴（2015年）》，总第35期，中华人民共和国年鉴社，2015，第64页。

第八章
中国建构性别平等的和平文化

不移维护人类和平与发展的崇高事业,愿同各国人民真诚团结起来,为建设一个持久和平、共同繁荣的世界而携手努力!"[1]

在每年的国家公祭仪式上,南京市的中学生们会齐声诵读由著名诗人冯亦同所做的《和平宣言》。他们是代表中国的青年学生向世界人民呼吁和平。2014年国家公祭仪式上的诵读内容如下。

巍巍金陵,滔滔大江,钟山花雨,千秋芬芳。

一九三七,祸从天降,一二一三,古城沦丧。

侵华倭寇,掳掠烧杀,尸横遍野,血染长江。

三十余万,生灵涂炭,炼狱六周,哀哉国殇。

举世震惊,九州同悼,雪松纪年,寒梅怒放。

亘古浩劫,文明罹难,百年悲叹,警钟鸣响。

积贫积弱,山河蒙羞,内忧外患,国破家亡。

民族觉醒,独立解放,改革振兴,国运日昌。

前事不忘,后事之师,殷忧启圣,多难兴邦。

七十七载,青史昭彰,生生不息,山高水长。

二零一四,国家公祭,中外人士,齐聚广场。

---

1. 习近平:《在南京大屠杀死难者国家公祭仪式上的讲话》,人民出版社,2014,第6页。

> 白花致哀，庄严肃穆，丹忱抒写，和平诗章。
>
> 大道之行，天下为公，大德曰生，和气致祥。
>
> 和平发展，时代主题，民族复兴，世代梦想。
>
> 龙盘虎踞，彝训鼎铭，继往开来，永志不忘。[1]

2018年11月23日，江苏省第十三届人大常委会第六次会议通过了《南京市国家公祭保障条例》，这是首部国家公祭地方法规，自2018年12月13日起施行。

（二）芷江等中国城市的和平文化建构

1945年8月21日，侵华日军在湖南省怀化市芷江侗族自治县草签投降书。芷江被称为"抗战之城""胜利之城""和平之城"，先后举办过五届具有世界性影响的"中国芷江·国际和平文化节"。[2] 2003年11月15~16日，首届"中国芷江·国际和平文化节"在芷江机场举办，主题是"弘扬和平文化，推进和平事业"，主要包括"和平之声""和平文化之旅""和平文化研究""经济与贸易"四大部分。2015年9月5日，第五届"中国芷江·国际和平文化节"开幕。2005年7月，湖南省和平文化研究会成立，通过了《湖南省和平文化研

---

1. 《中华人民共和国年鉴（2015年）》，总第35期，中华人民共和国年鉴社，2015，第64页。
2. 芷江侗族自治县人民政府："2020年芷江概况"，http://www.chnzj.gov.cn/chnzj/c102439/202004/63815aa4fcfb4f01b8b2d6b0b4dbc207.shtml，最后访问日期：2021年3月19日。

第八章
中国建构性别平等的和平文化

究会章程》,并选举怀化学院院长夏立发为第一任会长。[1]

2013年8月,在湖南怀化召开了中国新文学学会第29届年会暨"和平文化与战争文学"国际学术研讨会,《怀化学院学报》2013年第10期以特刊形式刊发"和平文化研究"专题。与会者指出,研讨会的召开必将促进和平文化的宣传与推广,促进和平文化事业的进一步发展。[2]日本早稻田大学的王智新认为,由于日本战后不同时期的"反战文学"缺乏对战争和平性质的认识,他们不可能达到人类对和平理想境界追求的高度。他期待着日本作家能从加害者的角度,从整体上、从广阔的文化背景上,探讨和剖析战争的内在原因;如能对战争的帝国主义性质给予必要的批判,将具有更加发人深省的影响和巨大推动力量。[3]

2016年,湖南省社会科学界第七届学术年会召开,会后出版了《湖南省社会科学界第七届学术年会论文集(2016年度)》。湖南省和平文化研究会的刘克兵在《弘扬抗战和平文化,强化湖南精神》一文中将"和平文化"定义为"以爱好和平、追求和平、维持和平为核心理念而形成的一种精神文明,而这种精神文明又外在表现为人们的心理结构、思维模式、生活方式、行为习惯和物质实体等"。在社会主义核心价值观中,自由、平等、公正等社会层

---

1. "湖南省和平文化研究会成立",http://news.sina.com.cn/o/2005-07-30/10046567021s.shtml,最后访问日期:2021年3月19日。
2. 王庆生:《与时代偕行的当代中国文学——王庆生自选集》,华中师范大学出版社,2017,第137页。
3. 罗先海:《和平文化视野下当代战争文学发展的新趋向———中国新文学学会第29届年会暨"和平文化与战争文学"国际学术研讨会综述》,《怀化学院学报》2013年第10期。

面的价值取向是广义的"和平"内涵里不可或缺的要素。[1]

《怀化学院学报》已成为以湖南特别是怀化芷江为中心的和平文化建构的学术平台。2002~2020年，该学报共刊载8071个成果，以关键词"和平文化"检索，有35个成果，最新一篇文章发表于2018年第12期。[2] 何咏梅在《芷江和平文化的形成因素分析》中提出，芷江和平文化的形成是有其深厚的思想文化基础和社会历史背景的。中华"和"文化的精神内核是芷江和平文化形成的思想基础；兼容并包的多元宗教文化是芷江和平文化形成的影响因子；约定俗成的乡规民俗是芷江和平文化形成的内在机理机制；抗战胜利落尘芷江的史实是芷江和平文化形成的历史印证；构建社会主义和谐社会的理念是芷江和平文化形成的现实引领。[3]

2021年2月3日，国际和平城市协会向全球公告，中国湖南怀化芷江、山东潍坊获准成为第307、308座国际和平城市。芷江、潍坊是继南京之后中国新增的两座国际和平城市。[4] "和平"也是黑龙江省齐齐哈尔市的城市符号。为纪念2005年8月15日中国人民抗日战争暨世界反法西斯战争胜利60周年，齐齐哈尔修建了和平广场。2007年5月30日，经齐齐哈尔市第十四届人民代表大会常务委员会第二次会议批准，2007年8月15日成为该城市的首个和平节，和平节当天全市放假一天。

---

1. 刘克兵：《弘扬抗战和平文化，强化湖南精神》，转引自宋智富，郑升主编《湖南省社会科学界第七届学术年会论文集（2016年度）》，湘潭大学出版社，2018，第495页。
2. 笔者从北京外国语大学网关通过中国知网检索，检索时间：2020年6月29日。
3. 何咏梅：《芷江和平文化的形成因素分析》，《怀化学院学报》2018年第12期。
4. International Cities of Peace, "Listing of International Cities of Peace," http://www.internationalcitiesofpeace.org/cities-listing/, accessed March 19, 2021.

第八章
中国建构性别平等的和平文化

"和平文化"是齐齐哈尔城市文化的重要元素之一。齐齐哈尔在城市建设、成长的历程中生成了"和平文化"的精神基因。[1] 吴艳玲、张志勇等认为,首先,齐齐哈尔的城市基石下埋藏着"和平文化"的精神基因,包括抗日的枪声激荡了"和平文化"的脉搏、和平年代的军工建设打造了和平的利器、"齐齐哈尔"舰服役中国海军为"和平文化"又添新彩。其次,传承"和平文化"基因、延续文化血脉,包括挖掘史料和历史遗存、研究"和平文化"。"和平文化"元素融入城市建设的规划与实践,齐齐哈尔深入开展文化艺术创作,讴歌"和平精神",加强舆论宣传,传播"和平文化"。最后,他们倡导把握"九·一八事变"纪念日、"西安事变"纪念日、"七·七事变"纪念日、南京大屠杀死难者国家公祭日、国家英雄烈士纪念日、日本投降日、世界反法西斯战争胜利纪念日、江桥抗战纪念日、齐齐哈尔解放日等时间节点进行历史回顾,唤醒历史记忆,宣传珍爱和平理念,营造"和平文化"氛围。每年8月15日的"齐齐哈尔和平节",使"和平文化"成为该市独具特色的城市文化品牌。[2]

所有这些内容都体现了中国的和平理念,建设和平城市的过程就是建构和平文化的过程,两者相辅相成,并在不断发展中为人类和平做出贡献。

第二节 中国的和平教育与性别平等教育

"为了改变世界,我们必须从教育人民开始",教育的主要任务是"生成

---

1. 吴艳玲、张志勇:《论齐齐哈尔"和平文化"血脉与基因的传承》,《齐齐哈尔大学学报》(哲学社会科学版)2019年第7期。
2. 吴艳玲、张志勇:《论齐齐哈尔"和平文化"血脉与基因的传承》,《齐齐哈尔大学学报》(哲学社会科学版)2019年第7期。

并传播有关和平与冲突、缔造和平及解决冲突等问题的信息,并提出这些信息对政策和行动的启示"。[1]中国较早介绍和平学和和平教育的熊建华认为:"和平教育是通过对人们进行和平知识,人道主义,平等和人权观念的教育来增进国际间的了解与合作。它是随着五十年代和平学的产生发展而兴起的。"[2]著名学者钱乘旦强调:"现代的和平教育以第二次世界大战的结束为起点。"[3]中国的和平教育思想,可以追溯到第一次世界大战结束前后,远远早于第二次世界大战结束。时至今日,很多国家不仅在高校设有和平教育的院系,中小学和幼儿园也有和平教育的课程和训练项目。

一 中国和平教育的发展历程

中国著名教育家蒋梦麟于1919年1月在《教育杂志》第11卷第1期上发表《和平与教育》一文。他指出:"和平非不战之谓也,和平亦非不战可得而几也。战争之战仗武力,和平之战仗正义。正义存乎世,则真正之和平始可得而保。若夫武人专权,正义扫地,虽无战争,非和平也,苟安耳。国民各怀苟安之心,而犹自诩其爱和平,游鱼嬉釜,供人烹调而已。""强国之道,不在强兵,而在强民。强民之道,惟在养成健全之个人,创造进化的社会。……苟非个人健全,社会进化,则战时不足以制胜,平时亦不足以享受其幸福。故有健全之个人,进化的社会,则可战可和;无此,则战固不足恃,和平亦不足恃也。"[4]

---

1. 〔美〕路易丝·戴蒙德、约翰·麦克唐纳:《多轨外交:通向和平的多体系途径》,李永辉等译,北京大学出版社,2006,第72页。
2. 熊建华:《和平学与和平教育》,《社会主义研究》1987年第5期。
3. 何岚:《责任与和平》,南京出版社,2009,"序"第1页。
4. 朱清时主编《现代大学校长文丛·蒋梦麟卷》,安徽教育出版社,2015,第40~41页。

第八章
中国建构性别平等的和平文化

对蒋梦麟而言,"教育者,即达此和平目的之一方法也。欲图永久之和平,必先解决教育之根本问题"。[1] 平民主义教育包括养成独立不移之精神、养成健全之人格、养成精确明晰之思考力,因此需要改良起居、修筑公路、振兴实业、奖进学术。[2] "以正义为先导,以养成健全之个人进化的社会为后盾,张旗鸣鼓,勇猛前进,此即所谓为和平而战也。战而胜,则平民主义由是而生存,真正和平由是而永保。和平与教育之关系,如是如是。"[3]

中国教育学会沙磁分会于1944年著文《战后世界和平与教育改造之意见》提出,"自人群未来幸福而言,战后世界应充分表现自由、平等、亲爱精诚之精神,吾人对于次一代之新分子,必须扶植和平理想,铲除种族偏见及彼此仇视之心理,以免人类再陷于战争之浩劫。故战后和平之建立,实有待于教育之改造"。[4] 文中提出关于世界教育改造的原则包括以下几点:

> 一、和平教育之设施,应根据先贤之仁爱哲学与现代民主思想,以陶融国际友谊及互助精神,指导国际道德义务,建立种族平等世界大同之理论为积极目标以打破国际间损人利己之企图,扑灭帝国主义之理论,制裁一切妨碍和平秩序之行动为消极目标。

---

1. 朱清时主编《现代大学校长文丛·蒋梦麟卷》,安徽教育出版社,2015,第41页。
2. 朱清时主编《现代大学校长文丛·蒋梦麟卷》,安徽教育出版社,2015,第42~47页。
3. 朱清时主编《现代大学校长文丛·蒋梦麟卷》,安徽教育出版社,2015,第47页。
4. 中国教育学会沙磁分会:《战后世界和平与教育改造之意见》,原载《三十三年中国教育学会年报》,1944,转引自张建中、罗玲、吴波主编《中国战时首都档案文献·战时教育》,西南师范大学出版社,2017,第818页。

二、推行和平教育，应本"爱人以德"之精神，运用启发及诱导之方策，贯彻改进计划，而不取报复与侵略之态度。

三、和平教育之设施应特别注意于各国学龄儿童之基础教育及一般民众之社会教育，充分培养国际道德，沟通国际文化，启发友好思想，陶铸互助精神，并发扬种族平等、世界大同之理论，俾全世界溶化为一个协调共进的国际人群。

四、各国和平教育设施之内容，应有最低限度之共同问题与标准，俾各国能获得共同之和平理想，并应依据客观的科学程序编选教材，务期公正切实泯除偏见。

五、各国和平教育推进之步骤，应根据战争停止至逐渐恢复和平状态时之各个阶段与各国之特殊情形而决定之。

六、各国教育之改造须与国际政治经济制度之改造相辅而行，密切联系。[1]

关于世界教育改造的方法，文中特别提出组织国际教育机构、编审教育与文化资料、确立国际教育视导制度、倡导国际文化合作、协助各国文化建设等内容。文章在结论部分指出："第一，欲求和平教育之有效率，积极的建设和消极的防止，均属需要，不能偏废。第二，世界教育的改造，必须以世

---

1. 中国教育学会沙磁分会：《战后世界和平与教育改造之意见》，原载《三十三年中国教育学会年报》，1944，转引自张建中、罗玲、吴波主编《中国战时首都档案文献·战时教育》，西南师范大学出版社，2017，第818~819页。

界各国为对象，吾人决不能误会以为惟有轴心国家需要从事教育之改造。第三，世界教育的改造，在目前即应立刻展开其决定性之行动，不能等待战争结束后始行策划。第四，吾人深信我民主国家之民主理想，先圣昔贤之仁爱哲学观点，以及中山先生之世界大同学说，确可为世界教育改造之理论根据，以是在策划及推行和平教育计划中，我民主国家责任尤为重大，必须特别努力以谋全世界人类之共同福利。"[1]

蒋梦麟在第一次世界大战结束时和中国教育学会沙磁分会在第二次世界大战结束前都表达了相同的理念：所有国家都需要进行教育改造，以仁爱和民主思想为依据，通过"爱人以德"突破恶性循环，倡导种族平等、世界大同，强调政治经济制度与和平教育的整体联系。

二　当代中国的和平教育

2014年3月27日，习近平在位于巴黎的联合国教科文组织总部发表演讲："千百年来，人类都梦想着持久和平，但战争始终像一个幽灵一样伴随着人类发展历程。此时此刻，世界上很多孩子正生活在战乱的惊恐之中。我们必须作出努力，让战争远离人类，让全世界的孩子们都在和平的阳光下幸福成长。""只要世界人民在心灵中坚定了和平理念、扬起了和平风帆，就能形成防止和反对战争的强大力量。人们希望通过文明交流、平等教育、普及科学，消除隔阂、偏见、仇视，播撒和平理念的种子。"习近平同时指出："让收藏在博物馆里的文物、陈列在广阔大地上的遗产、书写在古籍里的文字都活起

---

1. 中国教育学会沙磁分会：《战后世界和平与教育改造之意见》，原载《三十三年中国教育学会年报》，1944，转引自张建中、罗玲、吴波主编《中国战时首都档案文献·战时教育》，西南师范大学出版社，2017，第820页。

来，让中华文明同世界各国人民创造的丰富多彩的文明一道，为人类提供正确的精神指引和强大的精神动力。"[1] 从演讲中可以清晰地感受到和平文化建构与和平教育的重要性。

"作为一种抽象的教育思潮，和平教育指的是在教育过程中贯彻非暴力、宽容和尊重生命等价值诉求。作为一项现实的教育实践，和平教育指的是向学生传授和平知识、培养学生的和平建构技能、帮助学生内化和平理念的教育活动。"[2] 一般认为，构成教育过程的基本要素至少包括教师、学生和教材三个主要因素，这就是所谓的"三因素"说，[3] 其他因素还有教育过程、教育环境等。

钱乘旦认为，和平教育主要包括五个方面的内容：一是将具有正义与人权内容的"发展"问题整合进和平教育的概念之中；二是强调造成现有社会不公正现象的社会政治、经济、文化等方面的原因；三是努力创建符合个性特点的多形式学习环境；四是关注学习内容与方法的创新；五是研究考试方式上的理论与实践的结合。[4] 进入21世纪以来，与教材建设相结合，和平教育在幼儿园、小学、中学和大学层面上逐步开展，不同的培训项目业已产生了一定影响，目前国内和平教育的"星星之火"已渐成燎原之势。[5]

南京大学是大学和平教育的基地。刘成在中国高校第一个开设了"和平

1.《不忘初心 继续前进》编写组编《不忘初心 继续前进》，人民出版社、学习出版社，2017，第63~64页。
2. 王正青：《社会冲突中的和平教育：学校层面的目标与策略》，人民出版社，2014，第22页。
3. 李国庆主编《教育学》，陕西师范大学出版社，2001，第191页。
4. 何岚：《责任与和平》，南京出版社，2009，"序"第1页。
5. 王正青：《社会冲突中的和平教育：学校层面的目标与策略》，人民出版社，2014，第254页。

第八章

中国建构性别平等的和平文化

学"课程[1]并长期开设硕士生课程"和平学的理论与方法"。2005年由南京出版社出版的《和平学》是中国第一本和平学教材。[2] 2017年，南京大学申报的"联合国教科文组织和平研究教席"获批，南京大学在相关报道中强调："南京大学是国内外公认的中国和平学中心。十多年来，在历史学院刘成教授团队的努力下，南京大学率先在国内高校开设和平学课程，出版和平学成果，召开和平国际会议，举办和平学培训班，开展和平活动，为推动和平学在中国发展、开展国际合作等方面作出了突出贡献。"[3]

南京大学和南京出版社也致力于为中国青少年提供和平教育的普及读物。2009年，南京出版社出版由刘成主编的"和平成长丛书"，包括《爱与和平》《认知与和平》《责任与和平》三本。在《责任与和平》的结语中，作者写道："和平是热爱生活的人们所向往的理想状态。""和平要求人与人之间和睦相处，平等互利，和谐发展，共享成果。这就要求人人应该以平等的思想对待身边的每一个人，以平和的心态面对身边的每一件事，以宽大的胸怀包容无处不在的矛盾，用充满智慧和技巧的非暴力手段化解冲突。因此，维护和平和发展和平是每一个人义不容辞的责任。"[4]这套书被称为"国内青少年和平教育的开山之作"，位列2010年新闻出版总署向全国青少年推荐的百本优秀图书之中。

---

1. 刘成：《简谈"和平学"》，2014年10月10日，http://www.charhar.org.cn/newsinfo.aspx?newsid=8231，最后访问日期：2021年3月19日。
2. 刘成：《和平学》，南京出版社，2005。
3. 南京大学国际处：《我校申报"联合国教科文组织和平研究教席"获批》，2017年3月1日，https://njuedf.nju.edu.cn/c8/54/c4482a182356/page.htm，最后访问日期：2021年3月19日。
4. 何岚：《责任与和平》，南京出版社，2009，第125页。

在中学教育中，南京师范大学附属中学自2005年开设了"高中和平教育实践课程"。据南师附中历史教研组组长、《南京大屠杀死难者国家公祭读本》高中版编写组成员陶建萍介绍，除了传统的教学形式，历史老师们还集体制作了"微课"推送给学生，"比如《南京安全区》、《南京保卫战》等方面的一些微课，通过这一系列实践课程，希望能够在学生心中埋下一颗和平的种子，希望这颗种子能够生根发芽"。一位高三学生说："我们牢记历史，不是为了记住仇恨，而是要坚守和平，在以后为国家复兴做贡献的过程中，将它内化于我们自己的行动。"[1]

从和平学培训看，2014年8月，南京大学成功举办了第四届东北亚地区和平建设协会（NARPI）暑期和平学研讨班。来自中国、美国、加拿大、日本、韩国、蒙古国、菲律宾等国家和地区的70余名高校学者、在校学生、非政府组织成员和社会人士参加了此次培训。教学课程包括"冲突与和平构建"（Conflict and Peace Framework）、"和平教育的理论与实践"（Theory and Practice of Peace Education）、"历史冲突的恢复性解决途径"（Restorative Approach to Historical Conflict）、"和平建设中的艺术与故事"（Arts and Stories for Peacebuilding: Presenting Our Histories Justly）、"社会心理创伤：意识与反应"（Psychosocial Trauma: Awareness and Response）、"和平建设的技巧：转化中的调解"（Peacebuilding Skills: Transformative Mediation）。[2] 2019年8月，南

---

1. 姚伟、吴红鲸：《牢记历史，捍卫和平 这所学校连续15年开设"和平教育实践课"》，2019年12月12日，http://news.jstv.com/a/20191212/bd898dc5a8634229bd5cc4fea0265202.shtml，最后访问日期：2021年3月19日。
2. 南京大学人文社会科学高级研究院：《驻院学者刘成教授与东北亚区域和平教育机构合作举办和平学暑期训练营》，2014年9月12日，https://ias.nju.edu.cn/56/8d/c36388a480909/page.htm，最后访问日期：2021年3月19日。

京大学以"人类命运共同体视野下的国际和平教育"为主题举办了国际暑期学校。课程通知中写道：南京是中国首座国际和平城市，拥有特殊的和平资源。南京大学是中国的和平学研究中心，拥有中国唯一的"联合国教科文组织和平学教席"，在和平研究、和平教育、和平活动方面做了大量开拓性工作，取得了显著成效。[1]

三　中国的性别平等教育

在和平教育发展的同时，性别平等正在逐步成为教育的核心理念，逐步纳入学校教育和课堂教学之中。性别平等教育要求女童和成年女性享有平等的受教育权利，并将性别平等纳入教学内容和教育的全过程。

（一）《中国妇女发展纲要》中的妇女与教育

从1995年至今，中国政府发布了三个《中国妇女发展纲要》（以下简称"纲要"），其中对于妇女与教育主题有明确的规划。

1995年至2000年的"纲要"中重点强调"大力发展妇女教育，提高妇女的科学文化水平"，包括全国基本普及九年义务教育，降低适龄女童的失学率和辍学率，使适龄女童失学率、辍学率均控制在2%以下；每年扫除300万妇女文盲，力争到20世纪末，全国基本扫除青壮年妇女文盲；大力发展各级、各类职业教育、职工培训和实用技术培训，提高妇女就业能力。"纲要"并没有把教育局限在学校教育和学生上，而是特别指出在城乡妇女中大力开展不

---

[1] 复旦大学教务处：《南京大学关于举办2019年C9国际暑期学校的通知》（复旦教通字〔2019〕60号），2019年5月9日，http://www.jwc.fudan.edu.cn/a4/23/c9420a173091/page.htm，最后访问日期：2021年3月19日。

同层次、不同形式的职业教育和职业培训等。[1]

2001年至2010年的"纲要"中，关于妇女与教育的内容更为丰富、具体，主要目标包括保障女童接受九年义务教育的权利；小学适龄女童的净入学率达到99%左右，小学5年巩固率提高到95%左右，基本杜绝小学适龄女童失学；初中女童毛入学率提高到95%左右；高中阶段受教育女性毛入学率提高到75%左右，高等教育阶段女性毛入学率提高到15%左右；成人妇女识字率提高到85%左右，其中青壮年妇女识字率提高到95%左右；提高妇女的终身受教育水平。在具体策略措施部分，涉及教学内容，强调在课程、教育内容和教学方法改革中，把社会性别意识纳入教师培训课程，在高等教育相关专业中开设妇女学、马克思主义妇女观、社会性别与发展等课程，增强教育者和被教育者的社会性别意识；同时提到教育环境问题，重视广泛宣传性别平等和有关教育的法律法规，创造有利于妇女接受教育的社会环境。[2]

在前一个"纲要"的基础上，2011年至2020年的"纲要"在主要目标中首先指出教育工作全面贯彻性别平等原则，性别平等原则要在各级各类教育课程标准及教学过程中得到充分体现。在策略措施部分，第一条就强调在教育法规、政策和规划的制定、修订、执行和评估中，增加性别视角，落实性别平等原则，加强妇女理论研究和高等学校女性学学科建设；在国家社科基金等科研基金中增加社会性别和妇女发展的相关项目和课题，推动妇女理

---

[1].《中国妇女发展纲要（1995—2000年）》（1995年8月），国务院妇女儿童工作委员会网站，http://www.nwccw.gov.cn/2017-04/05/content_149162.htm，最后访问日期：2021年3月19日。
[2].《中国妇女发展纲要（2001—2010年）》（2002年6月），国务院妇女儿童工作委员会网站，http://www.nwccw.gov.cn/2017-04/05/content_149163.htm，最后访问日期：2021年3月19日。

第八章
中国建构性别平等的和平文化

论研究;提高女性学学科等级,鼓励高等学校开设女性学专业或女性学课程,培养女性学专业人才;实施教育内容和教育过程中的性别评估;加强教育工作者的社会性别意识;提高各级各类学校和教育行政部门决策和管理层的女性所占比例。"纲要"还特别指出要均衡中、高等教育学科领域学生的性别结构;鼓励学生全面发展,弱化性别因素对学生专业选择的影响;采取多种方式,鼓励更多女性参与高科技领域的学习和研究。[1]

(二)性别平等教育试点与成果

在中小学开展性别平等教育,是《中国妇女发展纲要》的要求,由中国国务院妇女儿童工作委员会办公室组织领导、统筹推进。

2014年,广东省中山市被省妇儿工委确定为性别平等教育试点城市。中山市妇儿工委、市妇联牵头,联合市教育和体育局积极开展性别平等教学,推动男女平等基本国策进入中小学校的各种实践探索,引起社会各界及众多媒体的广泛关注。[2]中山市创设了性别平等专题课、融合课、实践课三类课程,编写《中山市中小学性别平等教育指导大纲(试行)》《中小学性别平等教育指南》《中山市中小学性别平等教育优秀教学案例汇编》"三大教学法宝",为全市中小学开展性别平等教育工作提供科学系统的教学指引。[3]冯继有编著的

1.《中国妇女发展纲要(2011—2020年)》(2011年7月),国务院妇女儿童工作委员会网站,http://www.nwccw.gov.cn/2017-04/05/content_149165.htm,最后访问日期:2021年3月19日。

2. 中山教育信息港:《率先开创性别平等教育"中山模式"——中山市推动男女平等基本国策进校园工作回顾》,2016年6月20日,http://www.zsedu.cn/info/173754.jspx,最后访问日期:2020年7月4日。

3.《国务院妇儿工委全面推进新时代中小学性别平等教育工作纪实》,2019年1月29日,https://www.sohu.com/a/292294132_120039124,最后访问日期:2021年3月19日。

《中小学性别平等教育指南》一书即起源于他在2014年参加的中小学性别平等教育专题座谈会。[1]该书分为使命、观念、行动三个部分，是中山市探索性别平等教育的初步成果，凝聚了妇女儿童工作者和中小学教育工作者的智慧与心血。

2015年12月22～23日，全国教育工作者社会性别意识培训班在广东省中山市举办，将中山市妇儿工委、市妇联在教育领域贯彻落实男女平等基本国策的创新实践作为示范向全国各地推广。国务院妇儿工委办公室副主任张立指出，中山率先将性别平等理念融入学校、社区和家庭教育，开创专题课、融合课、实践课三类课程，建立"三位一体"教育体系，有力推动男女平等基本国策落实，在全国发挥了示范引领作用。[2]

除了中山市打造的"中山模式"，广东省茂名市也在摸索中形成了可供全国学习借鉴的"茂名模式"。针对偏远农村留守儿童数量众多等情况，茂名市编写了一套适宜农村留守学生的性别平等教育试点教材，分年级就生命教育、性别认同与平等教育、自我发展教育等专题内容研发了18个课时的课程，建立了农村小学性别平等教育监管制度。珠海、梅州、东莞和惠州等地积极学习，大胆探索，在试点经验的基础上打磨新亮点，创造新成绩。[3]

国务院妇儿工委于2016年组织编写了《男女平等基本国策的贯彻与落实》

---

1. 冯继有：《中小学性别平等教育指南》，华南理工大学出版社，2015。
2. 中山教育信息港：《率先开创性别平等教育"中山模式"——中山市推动男女平等基本国策进校园工作回顾》，2016年6月20日，http://www.zsedu.cn/info/173754.jspx，最后访问日期：2020年7月4日。
3. 茂名市妇联：《茂名市性别平等教育工作从试点推行到全面铺开》，2018年10月26日，http://woman.maoming.gov.cn/newsshow.php?cid=67&id=9644，最后访问日期：2021年3月19日。

第八章
中国建构性别平等的和平文化

《中小学性别平等教育工作手册（试行）》，在山西、内蒙古、江西、山东和贵州等省（自治区）设立中小学性别平等教育进课堂项目试点；2017年3月召开"中小学性别平等教育进课堂项目启动暨培训会""中小学性别平等教育进课堂交流研讨会"，在天津、内蒙古、江苏、贵州和陕西等省（自治区、直辖市）再次设立项目试点。在2018年12月召开的"中小学性别平等教育进课堂项目试点总结推进会"上，天津、江苏、山东、湖南、贵州和陕西等省（直辖市）设立第三批项目试点。到2019年初，全国已有13个省（自治区、直辖市）开展了中小学性别平等教育进课堂工作，其中天津、黑龙江、广东和贵州实现了全覆盖。[1] 2019年11月21日，国务院妇儿工委办公室在江苏省南京市举办全国中小学性别平等教育培训班，31个省（自治区、直辖市）和新疆生产建设兵团妇儿工委办公室负责人以及教育行政部门相关同志、中小学校长和教师代表参加了培训。[2]

总体来看，在国务院妇儿工委的直接领导下，中国的性别平等教育已经在各地中小学校铺开，覆盖面广，具有较大的影响力。在有教材、有示范的同时，又做到了有特色、有创新，为推动把性别平等教育纳入学校教育、家庭教育和社会教育做出了成绩。

1.《国务院妇儿工委全面推进新时代中小学性别平等教育工作纪实》，2019年1月29日，https://www.sohu.com/a/292294132_120039124，最后访问日期：2021年3月19日。
2. 国务院妇儿工委办：《国务院妇儿工委办公室举办全国中小学性别平等教育培训班》，2019年12月6日，http://www.nwccw.gov.cn/2019-12/06/content_276401.htm，最后访问日期：2021年3月19日。

第三节　将性别平等纳入中国和平教育与和平文化建构

性别平等教育与和平教育、和平文化建构不是各自独立、截然分开的，而是一个相互吸收、相互促进的整体。在将性别平等纳入和平教育、建构性别平等的和平文化的过程中，学术界有两种主要研究路径。一种是在和平研究中纳入性别平等的内容，另一种是用社会性别视角审视、建构和平研究与和平文化。这两种类型的研究，都为性别平等的和平教育与和平文化建构做出了贡献。从20世纪80年代后期开始的中国当代和平研究，在起步之初就已有意识地将性别平等纳入其中。

一　探索将性别平等纳入和平教育的路径

女性主义学者认为，随着社会性别分析的意义逐渐为国际关系学者所认识，"非女性主义"学者对国际关系进行社会性别分析的情况必定会有所增加。尽管"非女性主义"学者的社会性别研究可能会模糊女性主义日程，但具有包容性的女性主义国际关系学应该欢迎"非女性主义"学者的尝试，并更慎重、积极地对待其提出的问题。这种研究可以吸引更多主流学者进行社会性别研究，拓展社会性别研究领域，激发女性主义与"非女性主义"之间的对话，为女性主义国际关系研究的发展提供新的养料，[1]在和平研究中也是如此。

刘成的《和平学》专门设有一节讨论性别平等与和平议题，介绍社会性别理论的基础，分析性别暴力、男女平等主题，认为应采取有效措施提高妇

---

1. 李英桃：《女性主义国际关系学及其发展前景》，《世界经济与政治》2005年第7期。

第八章
中国建构性别平等的和平文化

女的社会经济地位和家庭地位,在司法体系中支持妇女,妇女本身也要改变态度,对歧视妇女的现象实行"零容忍"。该书认为,通过教育、媒体宣传、劳动划分和行为方式来改变现有的一些惯性思维,要从娃娃抓起,重视男女平等教育,在教材内容和教学方式的选择上,要防止重男轻女现象;各类媒体、书刊、广告要注重妇女的平等形象,根本消除将女性作为男性"玩物"的公开和隐性的歧视性内容。该书还介绍了南希·史密斯(Nancy Smith)的《只要有一个女人》(*For Every Woman*)。[1]

在面向青少年的"和平成长丛书"中,《认知与和平》一书专门设有一章讨论"性别与和平"。其中区别了性与性角色,提出只有消弭两性之间的隔阂,增进互相的了解,给女性以应有的地位与尊重,社会才能始终唱响"和平"的主旋律。这一章也清楚地告诉青年学生,"社会生活中,性别歧视的观念依然根深蒂固,家庭暴力的阴影仍然挥之不去,要打破这些桎梏,建设一个两性和谐相处的社会,我们年轻一代依然任重而道远"。[2]《责任与和平》一书的第四章"构建和平"中,在"人权与和平"一节讨论了妇女的权利问题;并专门设有一节"性别与和平",从直接暴力、结构暴力和文化暴力三个方面讨论了性别暴力问题,指出"男性对女性的暴力来源于父权制,它与社会制度和文化传统有关,它是由社会的性别结构决定的,社会制度造成的性别歧视是性别暴力的根本原因,性别不平等是家庭暴力的基础"。[3]《责任与和平》一书提出,为了实现真正的男女平等,社会要提高女性的经济地位和家庭地

---

1. 刘成:《和平学》,南京出版社,2005,第111~124页。
2. 刘伟、夏武华:《认知与和平》,南京出版社,2009,第26页。
3. 何岚:《责任与和平》,南京出版社,2009,第87页。

位；司法体系要支持女性，保护女性的合法权益不受侵犯；女性自身也要改变态度，对于歧视女性的现象坚决说"不"；各类媒体、书刊、广告要注重男女平等形象，拒绝报道和宣传歧视女性的内容；在工作上真正实现男女平等，抛弃某种工种只能由女性或男性承担的观念，因为人是否合适某种工作，依据的是其条件而不是性别；父母要改变对不同性别孩子抱有不同期望和采取不同教育方式的错误做法。[1]

张红编著的《和平之侣：人类社会性别冲突与婚恋和谐》是"和平档案"系列丛书中专门研究性别问题的著述。该书讨论了世界各地普遍存在的性别不平等和性别冲突现象，涉及家庭暴力、强奸妇女、荣誉谋杀、血亲复仇、嫁妆问题、"二奶"现象等，以及对人类历史上和当前世界各国同性恋、变性问题及其发展现状的相关研究与思考。该书第四部分主要介绍了英国跨时代的女权主义者弗吉尼亚·伍尔夫（Virginia Woolf），法国存在主义女权主义者西蒙娜·德·波伏娃（Simone de Beauvoir），美国激进女权主义的代表凯特·米利特（Kate Millet）、舒拉米斯·费尔斯通（Shulamith Firestone），美国反对性骚乱和淫秽作品的斗士凯瑟琳·麦金农（Catharine MacKinnon），以及中国女权主义的先锋李银河。书中指出：未来的世界将是一个男女携手营造的爱、喜乐与和平的世界，"成功自信的男男女女成为志同道合的伙伴，也是心心相印的伴侣，带着对于正义、平等和自由的追求，将超越历史，开创人类和谐的新境界。"[2]

在《和平学视域下的性别平等权》一文中，刘成指出，性别平等权的核

---

1. 何岚：《责任与和平》，南京出版社，2009，第88~89页。
2. 张红编著《和平之侣：人类社会性别冲突与婚恋和谐》，南京出版社，2006，第42页。

第八章

中国建构性别平等的和平文化

心内容是和平学关注的重点问题。战争源于人类社会的等级制度,而性别不平等就是典型代表。和平学以在社会中的权力关系上发生的暴力这一概念为线索,以实现"和平"为目标,在权力关系上立足于被压迫者的立场,探究实现对现存的诸如性别不平等的权力关系的替代方案。父权制是一种针对女性的暴力三角机制,即直接暴力(强奸)、结构暴力(机会不平等)和文化暴力(性别歧视)。人的权利、价值、能力和潜能不应该与性别挂钩。性别平等权是人类追求和平与正义的重要主题,是现代社会文明的基本要求,也是人类实现可持续发展的重要条件。[1]

以性别视角考察既有的和平学研究成果,可以发现一些相互矛盾甚至不符合性别平等基本理念的提法。例如,有的书中特别指出:"上帝造就了男女,就要他们各司其职,相互补充。在男人支配的领域,男人就要多去支撑一些;同样,在女性擅长的领域,女性就要多付出一些。"在讨论男女和谐相处之道时,书中提出,"男女智力没有高下之分,但思维特点却不尽相同。男同学喜欢数理化,推理能力强,女同学偏爱语文、外语和文科类科目,形象思维更胜一筹"[2]等。这些说法仍需要深入讨论,因为它们可能会固化传统文化中的关于两性的传统思维模式和性别刻板印象,但这种现象也说明,在性别平等的和平文化建构中,仍需要做大量工作。

尽管其中的观点具有差异性、矛盾性,一些内容与性别平等理念不相符,和平学研究成果中所包含的性别平等主题在一定程度上展现了其与女性主义和平研究的"同盟"关系。相关讨论能够凸显两性关系与性别平等的和平意

---

1. 刘成:《和平学视域下的性别平等权》,《西南政法大学学报》2018年第4期。
2. 刘伟、夏武华:《认知与和平》,南京出版社,2009,第25、36页。

义，有助于在沟通互动中深化思考，推动性别平等与和平研究的发展。

二 女性主义和平学在中国的发展

在中国和平研究的多学科、多领域发展过程中，以社会性别为研究视角的女性主义和平研究逐步发展起来。较早的女性主义和平研究成果是叶德兰于2005年发表在《浙江学刊》的《女性主义与和平文化》[1]和李英桃于2005年发表在《国际观察》的《对女权主义和平研究的几点初步认识》。与中国和平学发展的特点不同，女性主义和平学主要建立在既有社会性别研究的基础上，与研究者所在城市的关系不大。

《对女权主义和平研究的几点初步认识》指出，由于学者们总是通过分析"战争"来理解"和平"，一部国际关系教科书向学生展示的只是无数场生动鲜活的战争和一种模糊不清的和平，因此通过社会性别视角分析妇女、和平与战争的关系具有重要的意义。文章强调，和平不只是没有战争和暴力，不只是没有社会骚乱，和平是一种行为方式。通过长期对话，参加对话的双方相互影响，在不知不觉中调整自己的行为方式，以新的方式与对方发展关系，而通过把这种发展关系的方式扩展到学校、车间、教堂、社区、工厂等社会的各个领域，和平的社会基础面就逐步扩大了。[2] 该文多方面阐释了女权主义的"和平"定义：女权主义的和平定义是综合性的、多层次的；消除战争和各种形式的直接暴力是实现和平的至关重要的组成部分；消除战争和各种形式的直接暴力，只是实现了"消极和平"，只有实现世界各国人民都可以接受

---

1. 叶德兰：《女性主义与和平文化》，《浙江学刊》2005年第6期。
2. 李英桃：《对女权主义和平研究的几点初步认识》，《国际观察》2005年第2期。

第八章

中国建构性别平等的和平文化

的、对所有人的正义与公平,"积极和平"才能实现;和平是一整套在世界各国之间和各国人民之间建立起来的,以信任、合作和承认相互依存和平等互利为基础的关系纽带;和平是一种宽容的、相互尊重、相互理解、承认彼此的差异、可以实现人的全面发展的社会环境;平等、发展与和平是紧密联系、不可分割的整体。[1] 该文还呼吁更多国际关系学者关注对妇女和战争与和平关系的研究。

2006年毕业的复旦大学硕士研究生钱亚平的学位论文为《女性主义视野下的和平研究》,该文概述了和平研究的兴起以及两种不同的和平观,介绍了社会性别概念及不同的女性主义流派分类,从联合国妇女大会特别是第四次联合国妇女大会的和平实践分析了女性主义和平实践对和平研究的作用及其局限性。该文认为,女性主义对和平的介入和研究不仅有利于改善学科的性别偏见,更是对人类共同命运的关注。[2] 中共中央党校(国家行政学院)的周绍雪、[3] 上海交通大学的邱吉青[4] 等女性主义学者也先后著文讨论了与女性主义和平学相关的议题。

李英桃、林静的《女性主义和平研究:思想渊源与和平构想》[5] 一文探究了女性主义和平研究的思想渊源,认为界定和平本身是一个无止境的过程,各国女性主义和平学者从不同角度充实和平定义,但其始终处于一种动态、

---

1. 李英桃:《对女权主义和平研究的几点初步认识》,《国际观察》2005年第2期。
2. 钱亚平:《女性主义视野下的和平研究》,硕士学位论文,复旦大学,2006。
3. 周绍雪:《论女性主义视角下的战争与和平》,《新远见》2010年第9期。
4. 邱吉青:《女性诺贝尔和平奖获得者对国际社会的影响》,《理论与改革》2015年第2期。
5. 李英桃、林静:《女性主义和平研究:思想渊源与和平构想》,《世界经济与政治》2009年第8期。

开放与多样的状态；主张将内心和平纳入和平定义，并重新思考消极和平的提法，与其说和平的对立面是"暴力"，毋宁称之为"非和平状态"——那是一种人类极大地丧失了智慧的状态，一种失去了总体把握人类命运的状态。"除了加尔通提到的和平分类外，和平的定义中还应该包括内心和平，包括人与人之间的爱心、谅解、宽容，因为真正的和平是内在和平与外在和平的结合。"[1] 该文在最后强调，和平是一种希望的政治，和平的构建是多方面的，包括和平文化新范式的机制化、体制化，教育目标的极大转型，搭建人与人、两性之间、国家与国家之间的文明桥梁，并强调人类的共性与尊重文化的多样性。最重要的是能够把奉献、爱心、宽容和理解融入人类所有的文化之中，在此基础上重建社会、政治、经济、文化、教育体系。"如果每一个人都从自己做起，从内心消除仇恨冲突做起，尽己所能日积月累地努力，在此过程中不断地影响越来越多的人，不断壮大个人和群体的和平构建能力和力量，也许，在不知不觉中，和平就会成为人类的集体选择。"[2]

中国女性主义和平学研究的第一部代表性著作是出版于2012年的《女性主义和平学》。在综述国际学术界关于女性主义和平学的研究成果、探讨实现和平的女性主义途径的基础上，该书分"实现消极和平"和"通往积极和平"两个部分，探析战争与冲突中的妇女角色，战争、暴力与女性主义和平关怀，社会性别与家庭暴力，社会性别与消除贫困问题，社会性别与生态环境问题，以及文化和平——社会性别与和平文化建构六个主要议题。

---

1. 李英桃、林静：《女性主义和平研究：思想渊源与和平构想》，《世界经济与政治》2009年第8期。
2. 李英桃、林静：《女性主义和平研究：思想渊源与和平构想》，《世界经济与政治》2009年第8期。

第八章
中国建构性别平等的和平文化

该书指出：生活在过去与未来之间的当下，作为时间长河中的中转站，每个人都是历史的承载者、和平理念的传递者，因此必须行动起来，"从我做起，从现在做起"，把和平的事业掌握在自己手里。[1]

三 女性主义和平学中的和平教育与和平文化建构

女性主义十分强调社会化对人的重要影响。社会化的过程，就是受教育的过程。在传统的西方儿童教育理念中，女孩子玩洋娃娃、过家家，男孩子玩枪、骑马打仗，这在男女两性的成长、社会文化的建构中都具有特定的影响。由此可知，在儿童社会化的过程中纳入具有性别平等意义的和平教育，在消弭暴力、实现和平、建构性别平等的和平文化中具有重要作用。

《女性主义国际关系学》是中国首部相关教材，其中专门设有一章讨论社会性别、战争与和平问题。该书强调，女性主义关注"妇女议题"，但是不主张仅仅将妇女加入战争与和平研究中，而是要重新检视传统研究的基本信念、价值、态度与假设，探讨为什么妇女未被纳入研究主流，妇女是如何被边缘化的，女性主义观点又是如何影响解决冲突和实现和平的方法的。[2] 书中强调：第一，必须结束对妇女的直接暴力，包括强奸、殴打、性骚扰和性凌辱等，减少对妇女暴力的一个途径就是在学校讲授冲突解决、照顾孩子和维持和平的知识；第二，必须结束妇女在家庭和经济等领域承受的结构暴力和不平等，使她们享受与男子平等的经济、社会、家庭权利；第三，必须认识到国际领域中各种形式的暴力与对妇女实施的公开的、结构性的暴力之间存在密切联

---

1. 李英桃：《女性主义和平学》，上海人民出版社，2012，第405页。
2. 李英桃主编《女性主义国际关系学》，浙江人民出版社，2006，第90页。

系，前者根植于后者，因为当国家彼此将对方视为富有攻击性的竞争对手而不愿意合作时，国际领域的暴力就出现了，这与社会中实施对妇女直接暴力和结构暴力的男性特质是相通的。[1]

《女性主义和平学》第八章设有"和平文化与和平教育"一节，讨论建构性别平等的和平文化和践行性别平等的和平教育问题。书中列举和比较了两个教育孩子的例子，一个是美国女性主义和平教育家比吉特·布罗克-于特内（Birgit Brock-Utne）的例子，另一个是作者自己的例子。

作为一个"儿子们的女性主义母亲"（feminist mother of sons），比吉特·布罗克-于特内从来没给自己的儿子买过枪这类被认为是男孩子该玩的玩具，也从来不打孩子。可是，她发现孩子从幼儿园回来之后，开始发脾气、打家长。比吉特·布罗克-于特内给老师打电话时，老师也正要找她。老师让她教孩子怎么打人，因为有孩子打她儿子的时候，她儿子害怕、躲避与叫喊，结果招致更多孩子打他。比吉特·布罗克-于特内的回答是："教我儿子打架不是我的责任，相反，教其他孩子不要打架才是你作为老师的责任。"比吉特·布罗克-于特内问这位女老师，如果自己的孩子是个女孩，她还会不会提出同样的建议。老师承认，她之所以想改变这个孩子的行为，正是因为他是个男孩子。

《女性主义和平学》作者的儿子小时候一直被教育做"绅士"，从吃饭到待人都要彬彬有礼，结果去幼儿园后比他小的孩子都能抢他的东西、打他、咬他。一次在幼儿园被一个小朋友抢了球，他向爸爸求助，爸爸让他自己想

---

[1] 李英桃主编《女性主义国际关系学》，浙江人民出版社，2006，第126页。

第八章
中国建构性别平等的和平文化

办法解决。据孩子爸爸的描述：儿子冲过去，把那个孩子扑倒，上去在人家的后背上咬了一口，把球抢了过来。家长和老师当时也没有太多责怪，甚至有人说该有人教训那个抢球的孩子，因为他经常欺负别的孩子。儿子或许是尝到了暴力的甜头，在后来的一段时间里，他经常首先想到用"动手"的办法来解决问题——尽管家长事后一再教育他不要再做这样的事情。

两个女性主义者的儿子在幼儿园遇到的问题说明，人们日常生活的社会文化环境对个人成长有很大影响。尽管家庭教育与局部的和平教育至关重要，但如果没有更大范围的和平文化建构与和平教育，个人与家庭的努力会遭遇来自各个方面的阻力，甚至会出现不成功的结果。

如果忽视文化暴力，我们为实现和平而播下的种子，收获的可能是暴力的果实，维持甚至加强直接暴力、间接暴力和文化暴力之间的相互关系。和平理念的倡导、传播与和平教育既是改变已有直接暴力、间接暴力和文化暴力、纠正已有缺失的途径，更是未雨绸缪、防患于未然的良方。通过不同层次的教育机制，将新的和平理念传播开来，通过大众传媒渗透到社会文化的各个方面，孕育出取代暴力文化的和平文化。在此和平文化中，社会性别平等、以和平方式实现和平，都是重要内容。

女性主义者对于和平教育、非暴力沟通都给予很大的重视。在不同国家、不同地区发展出来形式各异的和平教育模式，共同为改变暴力文化、建构和平文化、实现消极和平并通往积极和平做出贡献。而社会性别是和平文化的重要内容。[1]

《女性主义国际关系学》和《女性主义和平学》等成果对于和平文化、和平教育与性别平等的理论探讨，在国内女性主义和平学的发展中具有重要的引领作用。从中可见，将性别平等的和平文化建构与教育实践纳入人们的日常生活，并使其成为中国各级各类教育的有机组成部分，是建构和平文化至关重要的组成部分。

2020年10月1日，习近平在联合国大会纪念北京世界妇女大会25周年高级别会议上讲了个感人的故事："在中国抗击新冠肺炎疫情最紧要的时刻，来自中国全国各地驰援湖北的4万多名医护人员中，三分之二是女性。有一位来自广东省的小护士还不满20岁。记者问她，你还是一个孩子，还需要别人帮助。她回答说，穿上防护服，我就不是孩子了。"[2]在向世界讲中国故事，讲中国女性医护人员的参与、担当和迎难而上、救死扶伤故事的同时，习近平也代表中国为建构性别平等的和平文化做出了贡献。

小 结

和平研究、和平文化建构与性别平等、和平教育密切相关。早在1919年，中国教育家蒋梦麟就开始倡导和平教育。自20世纪80年代以来，以南京、怀

---

1. 李英桃：《女性主义和平学》，上海人民出版社，2012，第394页。
2.《习近平在联合国成立75周年系列高级别会议上的讲话》，人民出版社，2020，第20页。

第 八 章
中国建构性别平等的和平文化

化芷江等地为基地,中国的和平研究逐步兴起,和平教育也开始在南京大学等高等院校和中小学开展;同时,由国务院妇女儿童工作委员会主导,关于性别平等的教育从少数试点学校向全国中小学铺开。

在和平研究中加入性别平等内容的同时,女性主义学者也开始关注和平议题,从两个方面齐头并进,在肯定"教育和平教育者"[1]的同时,强调教育和平研究者要理解性别平等,同时强化女性主义学者的和平意识。和平研究者和女性主义学者之间具有一种"天然同盟"关系,共同为构建性别平等的和平文化和实践性别平等的和平教育贡献力量。

---

1. Nigel Young, "Educating the Peace Educators," *Security Dialogue,* Vol. 12, No.2, 1981, pp.123–135.

结 论

中国妇女追求平等、和平与安全的努力,既有历史的连续性,又在不同阶段呈现不同的新特点。在导论之后,本书主要通过上下两编共八章内容来梳理、总结新中国妇女、和平与安全的历史进程与当代实践(见图结-1),并期待从中发现一些带有规律性、结论性的内容,从而深刻地理解历史和准确地认识现实,并为未来发展提供有价值的借鉴。

```
                         ┌─────────┐
                         │  导论   │
                         └────┬────┘
                              ↓
   ┌──────────────────────────────────────────────────┐
   │             上编:历史进程                        │
   ├──────────────┬──────────────────┬────────────────┤
   │改革开放前中国│中国妇女运动先驱的│改革开放后中国  │
   │妇女为和平与安│妇女解放思想与和平│妇女为和平与安全│
   │全努力→       │主张→             │努力            │
   └──────────────┴──────────────────┴────────────────┘
                              ↓
   ┌──────────────────────────────────────────────────┐
   │             下编:当代实践                        │
   ├─────────┬────────┬────────┬────────┬─────────────┤
   │中国落实 │中国妇女│中国妇女│中国治理│→中国建构性别│
   │"妇女、和│参与外交│参与联合│家庭暴力│ 平等的和平  │
   │平与安全"│实践与和│国维和  │与人口贩│ 文化        │
   │议程的立 │平安全合│行动+   │运问题  │             │
   │场与实践→│作+     │        │        │             │
   └─────────┴────────┴────────┴────────┴─────────────┘
                              ↓
                         ┌─────────┐
                         │  结论   │
                         └─────────┘
```

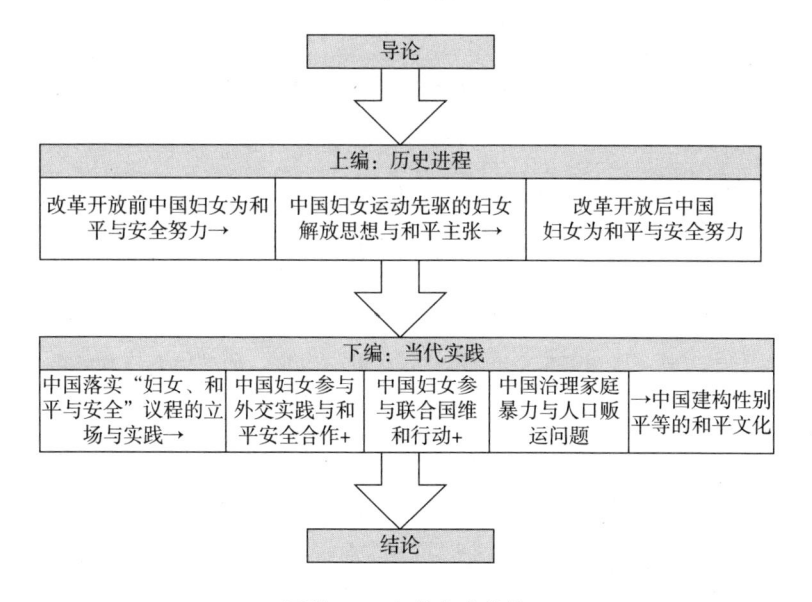

图结-1 本书内容结构

纵观中国推动妇女发展与性别平等的历史进程，考察中国妇女致力于性别平等、和平与安全的努力，检视中国落实"妇女、和平与安全"议程的具体进展，本书得出如下基本观点。

第一，中国妇女追求平等、和平与安全的美好愿望和艰苦努力是恒久持续的，其具体内容又随着国内外形势的发展和对时代主题认知的变化而发展变化。

第二，时代背景和具体时空环境直接或间接影响着中国妇女追求平等、和平与安全的实践。新中国成立前，中国妇女运动是中国人民反对帝国主义、封建主义，争取国家独立、民族解放斗争的组成部分；新中国成立后，中国妇女通过争取和平的国际、国内环境来更好地进行社会主义革命和建设，同时为实现性别平等而奋斗。

第三，妇女是中国实现性别平等、和平与安全的主力军。她们在参与世界和平与安全构筑的同时，与各方力量共同推动性别平等的不断发展。新中国成立之初，宋庆龄提出"用和平的劳动创造着美满幸福的新生活，我们迫切地需要和平的环境来建设我们自己美好的国家"；[1] 改革开放之初，丁雪松用亲身经历实践"反对霸权主义，争取一个较长时期的国际和平环境，为祖国的四化大业服务"；[2] 第四次世界妇女大会前后，张幼云在国际舞台上"推动性别平等，就是为人类和平安全而努力"；21世纪以来，傅莹以自己独特的方式，

---

1. 宋庆龄：《在庆祝十月社会主义革命三十七周年大会上的讲话（一九五四年十一月六日）》，载《宋庆龄选集》（下卷），人民出版社，1992，第54页。
2. 丁雪松口述，杨德华整理《中国第一位女大使丁雪松回忆录》，江苏人民出版社，2000，第21页。

向世界各国展示了中国维护世界和平的意愿。"个人的即是外交的""个人的即是国际的",这些杰出中国女性向世界展示了中国妇女为和平、安全、发展与性别平等做出的贡献。

第四,中国在落实"妇女、和平与安全"议程方面取得了重要进展,也面临艰巨挑战。中国妇女参与外交事业和维和行动的人数所占比例仍有待提高,妇女在各领域参与决策仍普遍存在"职位越高、女性越少"的情况,在反对家庭暴力、打击拐卖妇女儿童方面,还有很多工作要做。要构建性别平等、和平与安全的人类命运共同体,中国和世界都还有很长的路要走,还需要付出持续不断的艰苦努力。

第五,中国妇女为实现平等、和平与安全而努力的历史进程与当代实践也充分表明,实现性别平等、和平与安全是一个主题宏大、内涵丰富的历史任务,是实现人类美好夙愿的全局性工作,而落实联合国安理会"妇女、和平与安全"议程则是2000年以来国际社会、各国政府和相关各方为之奋斗的阶段性、局部性目标,是为实现性别平等、和平与安全而努力的重要组成部分。明确这一关系有助于进一步探讨处理与落实联合国安理会"妇女、和平与安全"议程指标直接相关的武装冲突与非武装冲突、国际议题与国内议题之间的关系问题。

第六,联合国安理会第1325(2000)号决议及其后续决议共同构成的"妇女、和平与安全"议程,是国际社会为实现性别平等、和平与安全而达成的具有里程碑意义的国际规范性成果。但是,要将其由承诺变成现实,在现有成绩与问题的基础上加速推进,最终实现真正的性别平等的和平与安全,同样需更加坚决而持续的努力。

康德在《重提这个问题：人类是在不断朝着改善前进吗？》一文的最后写道："当前战争的惨痛后果却可以迫使政治预言家承认，人类走向改善的转折点即将到来，它现在是已经在望了。"[1] 在安理会第1325（2000）号决议通过20周年之际，人类有理由相信康德的预言"已经在望了"，其前提是"保障妇女权益必须上升为国家意志"。正如习近平所指出的："建设一个妇女免于被歧视的世界，打造一个包容发展的社会，还有很长的路要走，还需要付出更大努力。让我们继续携手努力，加快实现性别平等、促进全球妇女事业发展。"[2]

---

1. 〔德〕康德：《重提这个问题：人类是在不断朝着改善前进吗？》，何兆武译，载《历史理性批判文集》，商务印书馆，1996，第167页。
2. 习近平：《习近平在联合国成立75周年系列高级别会议上的讲话》，人民出版社，2020，第23页。

参考文献

【中文文献】

〔苏〕A.C. 阿尼金等编《外交史》（第五卷下），生活·读书·新知三联书店，1983。

〔美〕阿莉森·贾格尔：《女权主义政治与人的本质》，孟鑫译，高等教育出版社，2009。

〔美〕阿诺德·沃尔弗斯：《纷争与协作：国际政治论集》，于铁军译，世界知识出版社，2006。

〔美〕艾格妮丝·史沫特莱：《中国革命中的妇女》，万高潮译，解放军出版社，1985。

《安全理事会主席的声明》，S/PRST/2004/40，2004年10月28日，https://www.un.org/chinese/aboutun/prinorgs/sc/sdoc/04/sprst40.htm。

《安全理事会主席的声明》，S/PRST/2005/52，2005年10月27日，https://www.un.org/en/ga/search/view_doc.asp?symbol=S/PRST/2005/52&Lang=C。

〔加〕巴巴拉·阿内尔：《政治学与女性主义》，郭夏娟译，东方出版社，2005。

〔美〕保罗·肯尼迪编《战争与和平的大战略》，时殷弘、李庆四译，世界知识出版社，2005。

常玉娜：《我国女性参政现状及对策浅析》，《当代经理人》2006年第11期。

陈力文主编《厦门大学妇女/性别研究学术文选》，厦门大学出版社，2012。

陈漱渝：《宋庆龄传》，人民日报出版社，2012。

程诚、王奕轩、姚远：《职场投入的性别不平等及其影响——兼论"出差"的收入效应》，《社会学评论》2019年第1期。

戴锦华：《性别中国》，麦田出版社，2006。

《邓小平文选》第3卷，人民出版社，1993。

第四次世界妇女大会、'95北京非政府组织妇女论坛丛书编委会编《第四次世界妇女大会重要文献汇编》，中国妇女出版社，1998。

丁雪松口述，杨德华整理《中国第一位女大使丁雪松回忆录》，江苏人民出版社，2000。

〔美〕杜艾文、凯文·赖默：《和平心理学》，黄晓楠译，中国社会科学出版社，2016。

方勇译注《庄子·杂篇·天下第三十三》，中华书局，2015。

傅莹：《看世界2：百年变局下的挑战和抉择》，中信出版社，2021。

傅莹：《在彼处——大使演讲录》，外语教学与研究出版社，2011。

国家统计局：《2018年〈中国妇女发展纲要（2011—2020年）〉统计监测报告》，2019年12月6日。

国家统计局社会科技和文化产业统计司：《中国社会中的女人和男人——事实与数据（2019年）》，2019。

国务院：《国务院印发中国妇女发展纲要和中国儿童发展纲要》，2017年5月12日。

国务院：《中国妇女发展纲要（1995—2000年）》，1995。

国务院：《中国妇女发展纲要（2001—2010年）》，2001。

国务院：《中国妇女发展纲要（2011—2020年）》，2011。

国务院新闻办公室：《平等 发展 共享：新中国70年妇女事业的发展与进步》，国新网，2019。

国务院新闻办公室：《新时代的中国国防》，国新网，2019。

国务院新闻办公室：《中国妇女的状况》，国新网，1994年6月。

国务院新闻办公室：《中国军队参加联合国维和行动30年》，国新网，2020。

国务院新闻办公室：《中国性别平等与妇女发展》，国新网，2015。

何岚：《责任与和平》，南京出版社，2009。

何银：《发展和平：全球安全治理中的规范竞争与共生》，中国社会科学出版社，2020。

何咏梅：《芷江和平文化的形成因素分析》，《怀化学院学报》2018年第12期。

和建花、杨玉静：《新中国70年中国妇女外交的优势和特色》，《中国妇运》2019年第12期。

恒泉、阿峰：《维和女警察汪雪艳》，《政府法制》2010年第20期。

胡传荣：《权利·安全·女性主义》，《国际观察》2005年第2期。

黄粹：《当代中国妇女组织发展的制度创新研究》，人民出版社，2016。

黄桂霞、马冬玲、刘晓辉：《中国妇女发展七十年：回顾与展望》，《山东女子学院学报》2019年第6期。

黄列：《家庭暴力：从国际到国内的应对（下）》，《环球法律评论》2002年第2期。

蒋月娥：《中国反家庭暴力立法的进程》，《中国妇运》2014年第6期。

揭爱花：《国家、组织与妇女：中国妇女解放实践的运作机制研究》，学林出版社，2013。

〔英〕杰夫·贝里奇、艾伦·詹姆斯：《外交辞典》，高飞译，北京大学出版社，2008。

〔澳〕杰弗里·布莱内：《战争的原因》，时殷弘译，商务印书馆，2011。

金一虹：《妇联组织：挑战与未来》，《妇女研究论丛》2000年第2期。

〔德〕康德：《历史理性批判文集》，何兆武译，商务印书馆，1990。

〔加〕克瑞斯汀·丝维斯特：《女性主义与后现代国际关系》，余潇枫、郭夏娟译，浙江人民出版社，2003。

孔静珣：《社会性别与政治学》，《妇女理论研究》2004年第2期。

郎平：《贸易何以促成和平：以中美关系为例》，《世界经济与政治》2006年第11期。

李洪峰：《法国和平安全合作中的女权主张及其实施》，《当代世界与社会主义》（双月刊）2015年第1期。

李慧英：《社会性别与公共政策》，当代中国出版社，2002。

李伶伶：《葛健豪传》，中国妇女出版社，2005。

〔澳〕李木兰：《性别、政治与民主：近代中国的妇女参政》，方小平译，江苏人民出版社，2014。

李秋芳主编《半个世纪的妇女发展——中国妇女五十年理论研讨会论文集》，当代中国出版社，2001。

李伟：《中国的女大使们》，《国际人才交流》1996年第1期。

李小江：《女性乌托邦：中国女性／性别研究二十讲》，社会科学文献出版社，2016。

李秀娟：《"她经济"力量的崛起》，《社会观察》2011年第3期。

李银河：《妇女：最漫长的革命》，中国妇女出版社，2007。

李银河：《女性权力的崛起》，中国社会科学出版社，1997。

李银河：《女性主义》，山东人民出版社，2005。

李英桃、金岳嵘：《妇女、和平与安全议程——联合国安理会第1325号决议的发展与执行》，《世界经济与政治》2016年第2期。

李英桃、林静：《女性主义和平研究：思想渊源与和平构想》，《世界经济与政治》2009年第8期。

李英桃：《"小人鱼"的安全问题》，《世界经济与政治》2004年第2期。

李英桃：《对女权主义和平研究的几点初步认识》，《国际观察》2005年第2期。

李英桃：《妇女与外交：个人的即是外交的》，《国际观察》2013年第6期。

李英桃:《构建性别平等的人类命运共同体:关于原则与路径的思考》,《妇女研究论丛》2018年第2期。

李英桃:《加速实施妇女、和平与安全议程——对近五年中国落实"妇女与武装冲突"战略目标的评估》,《山东女子学院学报》2020年第3期。

李英桃:《女性主义国际关系学及其发展前景》,《世界经济与政治》2005年第7期。

李英桃:《女性主义和平学》,上海人民出版社,2012。

李英桃:《社会性别视角下的国际政治》,上海人民出版社,2003。

李英桃:《中国妇女:从"闭笼一室"到"走近世界舞台中央"》,《中国妇女报》2019年10月14日。

李英桃主编《女性主义国际关系学》,浙江人民出版社,2006。

李瑗:《邓颖超与抗日民族统一战线中的妇女运动》,《中共党史研究》1988年第3期。

李芝兰:《我国农村贫困问题中的女性视角——农村妇女更贫困吗?》,《开发研究》2007年第6期。

联合国安理会:《妇女与和平与安全——秘书长的报告》,S/2010/498,2010年9月28日,http://undocs.org/ch/S/2010/498。

联合国安理会:《妇女与和平与安全——秘书长的报告》,S/2018/900,2018年10月9日,https://undocs.org/zh/S/2018/900。

联合国安理会:《与冲突有关的性暴力——秘书长的报告》,S/2020/487,2020年6月3日,https://digitallibrary.un.org/record/3868979/files/S_2020_487-ZH.pdf。

联合国安理会:《第1325(2000)号决议》,S/RES/1325(2000),2000年10月31日。

联合国安理会:《第1889(2009)号决议》,S/RES/1889(2009),2009年10月5日。

联合国安理会:《第2242(2015)号决议》,S/RES/2242(2015),2015年10月13日。

联合国安理会:《第2493(2019)号决议》,S/RES/2493(2019),2019年10月29日。

联合国大会:《改变我们的世界:2030年可持续发展议程》,2015年10月21日,https://www.unfpa.org/sites/default/files/resource-pdf/Resolution_A_RES_70_1_CH.pdf。

联合国大会:《消除对妇女一切形式歧视公约》,A/RES/34/180,1979年12月18日,https://www.un.org/zh/documents/view_doc.asp?symbol=A/RES/34/180。

联合国妇女署驻华办事处:《从社会性别角度面对气候变化和环境影响》,https://asiapacific.unwomen.org/en/countries/china/chinese/gendered-face-of-climate-change-and-environmental-effects-chinese。

联合国妇女署驻华办事处:《加强女性的经济保障和经济权利》,https://asiapacific.unwomen.org/en/countries/china/chinese/strengthening-womens-economic-rights-chinese。

联合国妇女署驻华办事处:《社会性别与艾滋病》,https://asiapacific.unwomen.org/en/countries/china/chinese/gender-and-hiv-aids-chinese。

联合国妇女署驻华办事处:《消除针对妇女的暴力》,https://asiapacific.unwomen.org/en/countries/china/chinese/eliminating-violence-against-women-chinese。

联合国新闻部编《联合国与提高妇女地位(1945—1995)》,联合国新闻部,1995。

刘邦春:《心理学的和平关照——西方和平心理学研究》,知识产权出版社,2013。

刘伯红、范思贤:《妇女参政推助科学民主决策和社会治理——近五年中国妇女参政状况简要评估》,《山东女子学院学报》2020年第6期。

刘伯红:《国际妇女参政的实践及对中国妇女参政的影响》,《国家行政学院院报》2015年第2期。

刘伯红:《中国妇女非政府组织的发展》,《浙江学刊》2000年第4期。

刘成:《和平学》,南京出版社,2006。

刘伟、夏武华:《认知与和平》,南京出版社,2009。

刘亚玫、杜洁主编《新发展理念下的妇女发展与性别平等》,社会科学文献出版社,2018。

〔美〕路易丝·戴蒙德、约翰·麦克唐纳:《多轨外交:通向和平的多体系途径》,李永辉等译,北京大学出版社,2006。

吕孝权主编《扬法治之剑 惩家暴罪戾》,中国人民公安大学出版社、群众出版社,2017。

〔美〕罗斯玛丽·帕特南·童:《女性主义思潮导论》,艾晓明等译,华中师范大学出版社,2002。

《马克思恩格斯选集》(第四卷),人民出版社,1995。

〔美〕尼姆·威尔斯:《续西行漫记》,陶宜、徐复译,生活·读书·新知三联书店,1991。

潘力、袁红坪:《关于拐卖妇女的社会反思》,《社会》1992年第4期。

皮小明:《家庭暴力白皮书》,《中国妇女》1991年第12期。

普华永道:《2019女性就业指数》,普华永道官方网站,2019年3月。

全国妇联办公厅:《中华全国妇女联合会四十年(1949~1989)》,中国妇女出版社,1991。

全国妇联妇女研究所编《当代中国妇女运动简史(1949~2000),中国妇女出版社,2017。

荣维毅:《消除一切形式对妇女的暴力对近五年中国治理对妇女暴力行动的评估》,《山东女子学院学报》2020年第1期。

〔美〕塞缪尔·亨廷顿:《文明的冲突与世界秩序的重建》(修订版),周琪、刘绯、张立平、王圆译,新华出版社,2010。

尚明轩、陈民、刘家泉、赵楚云编《宋庆龄年谱》,中国社会科学出版社,1986。

宋庆龄:《宋庆龄选集》,人民出版社,1992。

宋少鹏:《民族国家观念的建构与女性个体国民身份确立之间的关系》,《妇女研究论丛》2005年第6期。

宋允孚、张幼云、陈恳:《全球治理 家国情怀:国际公务员的成长》,浙江大学出版社,2020。

孙晓梅:《联合国的妇女政策和活动对当代中国妇女运动的影响》,《中华女子学院学报》2009年第4期。

孙晓梅:《中国的妇女学研究》,《中华女子学院学报》1996年第2期。

孙晓梅编著《中外妇女运动简明教程》,天津大学出版社,2008。

田小惠:《英国妇女和平与安全国家行动计划探析》,《当代世界与社会主义》(双月刊)2015年第1期。

万琼华:《近代女子教育思潮与女性主题身份建构——以周南女校(1905—1938)为中心的考察》,中国社会科学出版社,2010。

王和平:《中国外交界的第六朵金花:张幼云》,《国际人才交流》2000年第11期。

王世舜、王翠叶译注《尚书·尧典》,中华书局,2016。

王涛:《世界社会主义运动视域下的中国妇女解放》,中国社会科学出版社,2015

王蔚:《建国初期宋庆龄和平外交思想述论》,载上海孙中山故居宋庆龄故居和陵园管理委员会、上海宋庆龄研究会编《纪念宋庆龄文集》,上海人民出版社,1993。

王月清、刘丹:《佛学和平思想研究》,南京出版社,2008。

为平妇女权益机构:《〈中华人民共和国反家庭暴力法〉实施四周年监测报告(2016年3月1日—2020年2月29日)》,夏天、冯媛撰文,曹苧予数据、图表,2020年4月,http://www.equality-beijing.org/editor/attached/file/20200704/20200704133754_7100.pdf。

〔法〕西蒙娜·德·波伏娃:《第二性》,陶铁柱译,中国书籍出版社,1998。

习近平:《促进妇女全面发展 共建共享美好世界——在全球妇女峰会上的讲话》,《中国妇运》2015年第11期。

习近平:《弘扬人民友谊 共创美好未来——在纳扎尔巴耶夫大学的演讲》,人民网,2020年10月7日。

参考文献

习近平:《决胜全面建成小康社会 夺取新时代中国特色社会主义伟大胜利在中国共产党第十九次全国代表大会上的报告》,中国政府网。

习近平:《顺应时代前进潮流 促进世界和平发展——在莫斯科国际关系学院的演讲》,《人民日报》2013年3月24日,第2版。

习近平:《在联合国大会纪念北京世界妇女大会25周年高级别会议上的讲话》,《人民日报》2020年10月2日,第2版。

习近平:《中国愿同东盟国家共建21世纪"海上丝绸之路"》,新华网,2013年10月3日。

消除对妇女歧视委员会:《关于妇女在预防冲突、冲突及冲突后局势中的作用的第30号一般性建议》,2013年11月1日。

〔日〕小野和子:《中国女性史(1851—1958)》,高大伦、范勇译,四川大学出版社,1987。

熊建华:《和平学与和平教育》,《社会主义研究》1987年第5期。

徐海荣:《论当代国际关系中女性议题的演变》,《同济大学学报》(社会科学版)2006年第3期。

许惠英、王行娟:《女性困惑引发的思索——来自"妇女热线"的报告》,《妇女研究论丛》1993年第3期。

杨凤:《当代中国女性发展研究》,人民出版社,2007。

么兰:《联合国安理会第1325号决议对妇女在联合国和平行动中的影响研究——以非洲地区为例》,《武警学院学报》2017年第7期。

〔美〕伊斯雷尔·爱泼斯坦:《宋庆龄:20世纪的伟大女性》,沈苏儒译,新星出版社,2015。

余潇枫:《总体国家安全观引领下的"枫桥经验"再解读》,《浙江工业大学学报》(社会科学版)2018年第2期。

〔美〕约瑟芬·多诺万:《女权主义的知识分子传统》,赵育春译,江苏人民出版社,2003。

张丽娜:《〈反家庭暴力法〉实施现状与反思》,《理论观察》2019年第11期。

张璐璐:《"五四"时期中国妇女意识觉醒之表现——以邓颖超领导的天津早期妇女运动为例》,《黑龙江史志》2009年第3期。

张晓玲:《联合国安理会1325号决议框架下的德国国家行动计划探析》,《当代世界与社会主义》(双月刊)2015年第1期。

张云筝、刘永成:《全球化进程中的跨国贩卖人口问题》,《中华女子学院学报》2006年第

1期。

赵朴初：《赵朴初文集》（下卷），华文出版社，2007。

郑文娟：《蔡畅与陈独秀妇女解放思想比较研究》，《理论与现代化》2016年第2期。

中国法学会等编《防治家庭暴力研究》，群众出版社，2003。

中国妇女第五次全国代表大会：《中华全国妇女联合会章程》，1983。

《中国落实2030年可持续发展议程国别方案》，2016年9月，http://www.gov.cn/xinwen/2016-10/13/5118514/files/4e6d1fe6be1942c5b7c116e317d5b6a9.pdf。

中国女企业家协会：《女企业家风采》，2020年8月24日。

中华全国妇女联合会编《蔡畅、邓颖超、康克清妇女解放问题文选（1938—1987）》，人民出版社，1988。

中华全国妇女联合会编《陈慕华妇女儿童工作文集》，中国妇女出版社，1999。

中华全国妇女联合会编《我与妇女外交》，中华全国妇女联合会，2008。

中华全国妇女联合会编《中国妇女运动百年大事记》，中国妇女出版社，2003。

《中华人民共和国妇女权益保障法》，光明日报出版社，2005。

《中华人民共和国共同纲领》，人民出版社，1952。

《中华人民共和国日史》编委会编《中华人民共和国日史》，四川人民出版社，2003。

中华人民共和国外交部、中共中央文献研究室编《周恩来外交文选》，中央文献出版社，1990。

《中华人民共和国刑法》，法律出版社，2021。

《中华人民共和国执行〈消除对妇女一切形式歧视公约〉第九次定期报告》，2020年3月26日，CEDAW/C/CHN/9，https://tbinternet.ohchr.org/_layouts/15/treatybodyexternal/Download.aspx?symbolno=CEDAW%2fC%2fCHN%2f9&Lang=en。

中央文献研究室、中央档案馆编《建国以来周恩来文稿（第三册）》，中央文献出版社，2008。

钟雪萍：《越界的挑战：跨学科女性主义研究》，上海社会科学院出版社，2003。

〔美〕朱丽亚·T.伍德：《性别化的人生：传播、性别与文化》，徐俊、尚文鹏译，暨南大学出版社，2005。

朱清时主编《现代大学校长文丛·蒋梦麟卷》，安徽教育出版社，2015。

【外文文献】

Aron, Raymond, *Peace and War: A Theory of International Relations*, Doubleday & Company, 1966.

Brook, Barbara, *Feminist Perspectives on the Body*, New York: Pearson Education Inc, 1999.

D'Amico, Francine and Peter R. Beckman, *Women in World Politics: An Introduction*, London: Westport Connecticut, 1995.

Danailova-Trainor, Gergana, Patrick Belser, *Globalization and the Illicit Market for Human Trafficking: An Empirical Analysis of Supply and Demand*, Geneva, International Labour Office, 2006.

Davies, Sara E., Jacqui True, *The Oxford Handbook of Women, Peace, and Security*, Oxford University Press, 2019.

Economy, Elizabeth C., Michel Oksenberg, *Shaping U.S.-China Relations: A Long Term Strategy,* Council on Foreign Relations, January, 1997, https://docuri.com/download/cfr-us-china-long-term_59ae48e8f581710a62015008_pdf.

Enloe, Cynthia, *Bananas, Beaches and Bases: Making Women Sense of International Politics*, Berkeley: University of California Press, 2014.

Gentry, Caron E., Laura J. Shepherd and Laura Sjoberg, eds., *The Rougledge Handbook of Gender and Security,* Routedge, 2019.

GIWPS, "Women, Peace, and Security Index: The Dimensions," http://giwps.georgetown.edu/index-dimensions/. Date of online: January 20, 2020.

Hooper, C., *Masculinities, International Relations and Gender Politics*, Columbia University Press, 2001.

MacKinnon, Catherine, *Feminism Unmodified: Discourses on Life and Law*, Harvard University Press, 1987.

McKinsey & Company, *Women Matter: An Asian Perspective*, June, 2012.

Peterson, V. Spike, "Feminism and International Relations, " *Gender and History,* Vol.10, 1998.

Peterson, V. Spike, *Gender States: Feminist (Re) Visions of International Relations Theory*, Boulder: Lynner Rienner Publishers, 1992.

Rai, Shirin M., *Gender and Political Economy of Development*, Cambridge: Polity Press, 2002.

Rubin, Gayle, *The Traffic in Women: Note the "Political Economy" of Sex*, Cambridge: MIT

Press, 1988.

Shkar, Judith, *The Face of Injustice*, New Heaven and London: Yale University Press, 1990.

Tickner, J. Ann, *Gender in International Relations: Feminist Perspectives on Achieving Global Security*, New York: Columbia University Press, 1992.

UNDP, Human Development Report 1994, http://hdr.undp.org/sites/default/files/reports/255/hdr_1994_en_complete_nostats.pdf.

UNODC, "A Comprehensive Strategy to Combat Trafficking in Person and Smuggling of Migrants," 22 February, 2012.

Wolfers, Arnold, *Discord and Collaboration: Essays on International Politics,* Baltimore: The Johns Hopkins Press, 1962.

Young, Nigel, "Educating the Peace Educators," *Security Dialogue*, 1981, Vol. 12, No.2.

索 引

* 以索引项拼音顺序排列。
* 外国人名以其汉译姓名确定索引项。

数字

2015年联合国维和峰会 210
2019女性就业指数 189
2063年议程 166
'95北京非政府组织妇女论坛 91, 92, 93, 195, 219, 224

A

埃莉诺·罗斯福 14
奥林匹克休战 262
奥斯陆国际和平研究所 262

B

巴勒莫公约 231
巴勒莫议定书 231, 235, 236, 237
保卫中国同盟声明 57, 58
北京世妇会 88, 94, 99, 102, 119, 194, 224, 261

北京宣言 76, 92, 93, 99, 114, 120, 121, 127, 130, 142, 148, 164, 205, 206, 223

C

蔡畅 2, 4, 10, 15, 16, 17, 20, 23, 24, 27, 28, 30, 31, 32, 33, 35, 36, 39, 40, 45, 46, 47, 48, 49, 50, 52, 53, 54, 55, 56, 58, 59, 60, 61, 65, 66, 67, 68, 69, 73, 78, 188
蔡畅、邓颖超、康克清妇女解放问题文选（1938—1987）10, 17, 36, 48, 49, 50, 52, 53, 54, 55, 56, 58, 59, 60, 65, 66, 67, 68, 78, 188
蔡和森 46
常香玉 27
陈慕华 9, 73, 80, 83, 90, 97, 100, 101
池尾靖志 265
促进妇女全面发展 共建共享美好世界 125, 126, 128, 167

D

单警 199, 201, 202, 203
邓颖超 2, 4, 10, 14, 15, 16, 17, 20, 22, 23, 32,

36, 39, 40, 48, 49, 50, 51, 52, 53, 54, 55, 56, 58, 59, 60, 65, 66, 67, 68, 69, 73, 78, 188

丁雪松 3, 154, 156, 167, 168, 169, 170, 171, 172, 180

东方劳动者共产主义大学 48

多轨外交 180, 278

E

俄国革命与妇女 48, 49

恩格斯 221

二·二指示 84

二十世纪最伟大的事件 41, 42

F

反对日寇侵略与中国妇女 52

非传统安全 95, 99, 104, 137, 145, 162, 266

舒拉米斯·费尔斯通 292

妇女的权利是人权 76

"妇女、和平与安全"议程 3, 4, 9, 107, 110, 111, 113, 114, 115, 116, 117, 118, 119, 121, 123, 125, 127, 128, 129, 131, 133, 135, 136, 137, 139, 141, 143, 144, 145, 146, 147, 148, 149, 150, 151, 153, 196, 213, 214, 219, 220, 259, 261

妇女日报 51

妇运简况 87

赋权妇女 76, 99, 164, 260

傅莹 129, 154, 155, 157, 167, 172, 173, 174, 175, 176, 180

富兰克林·罗斯福 14

弗吉尼亚·伍尔夫 292

G

高级政治 147, 183

欧仁妮·戈登 28, 36

葛健豪 45, 46, 47

共同纲领 18, 21, 22, 23, 38, 154

拐卖妇女儿童 78, 84, 85, 101, 104, 220, 230, 237, 238, 239, 240, 241, 242, 244, 247, 248, 255, 256, 257, 258, 259

关敏谦 82, 168

关于构建更加紧密的中非命运共同体的北京宣言 142

关于坚决打击拐卖妇女儿童犯罪活动的报告 85

关于进一步做好儿童少年工作的意见 84

关于预防和制止家庭暴力的决议 102, 224

国际妇女年 72, 163

国际和平城市 270, 271, 276, 285

国际和平年 82, 263, 264

国际和平日 264, 272

国际进步妇女运动大会 45

国际民主妇联第四届理事会 34

国际民主妇女联合会 20, 36

国务院妇儿工委 77, 96, 98, 102, 147, 251, 287, 288, 289

国务院关于坚决打击拐卖妇女儿童犯罪活动的通知 101

索引

H

何香凝 2, 20, 30, 39

和平成长丛书 283, 291

和平共处五项原则 18, 63, 66, 107, 125, 171, 191, 263

和平教育 4, 110, 135, 261, 262, 264, 267, 268, 277, 278, 279, 280, 281, 282, 283, 284, 285, 290, 297, 298, 299, 300, 301

和平文化 4, 110, 120, 135, 261, 262, 263, 265, 267, 269, 270, 271, 273, 274, 275, 276, 277, 279, 281, 282, 283, 285, 287, 289, 290, 291, 293, 294, 295, 296, 297, 298, 299, 300, 301

和平学 3, 135, 137, 191, 205, 220, 230, 262, 263, 264, 265, 266, 267, 268, 269, 270, 271, 278, 283, 284, 285, 290, 291, 292, 293, 294, 295, 296, 297, 298, 300

和平研究 19, 110, 262, 263, 264, 265, 266, 267, 269, 270, 283, 285, 290, 293, 294, 295, 296, 297, 300, 301

和平研究杂志 262, 263

和志虹 193, 210, 216, 217

黄甘英 81, 83, 168, 184

J

纪念"三八"国际劳动妇女节座谈会 73

"加强国际和平"斯大林国际奖金 32, 60, 61

家庭暴力 102, 103, 104, 110, 113, 137, 138, 219, 220, 221, 222, 223, 224, 225, 226, 227, 228, 229, 230, 231, 233, 235, 237, 239, 241, 243, 245, 247, 248, 249, 250, 251, 252, 253, 254, 255, 257, 259, 260, 291, 292, 296

家庭、私有制和国家的起源 221

建制警察部队 199, 201, 203

巾帼系列行动 99

九十年代中国儿童发展规划纲要 98, 99

吉特·布罗克-于特内 298

K

康克清 2, 10, 15, 16, 17, 20, 36, 37, 39, 48, 49, 50, 52, 53, 54, 55, 56, 58, 59, 60, 65, 66, 67, 68, 73, 74, 78, 79, 81, 82, 84, 164, 188

抗美援朝保家卫国运动 26, 33

抗日民族统一战线中的妇女运动 52, 56

凯特·米利特 292

科菲·安南 179

凯瑟琳·麦金农 292

库尔特·瓦尔德海姆 81

L

李德全 22, 24, 35

李克强 241

李银河 292

李英桃 1, 2, 3, 14, 113, 129, 136, 137, 146, 153, 155, 185, 187, 191, 205, 220, 230, 290, 294, 295, 296, 297, 298, 300

联合国安理会 3, 19, 96, 110, 114, 116, 118, 132, 136, 144, 151, 153, 194, 195, 196, 197, 213, 219, 261

联合国安理会第1325（2000）号决议 3, 110, 153, 213, 219

联合国打击贩运人口的全球行动计划 236, 257

联合国第四次世界妇女大会 72, 76, 88, 91, 92, 103, 150

联合国第一次世界妇女大会 73

联合国毒品和犯罪问题办公室 232

联合国妇女地位委员会 73, 81, 95, 163, 168

联合国教科文组织和平学教席 285

联合国教科文组织组织法 261

联合国消除对妇女歧视委员会 81, 82, 164, 168

刘伯红 76, 93, 137

刘成 262, 265, 266, 271, 282, 283, 284, 290, 291, 292, 293

刘清扬 27, 51

M

毛屏 209

茂名模式 288

湄公河次区域合作反拐进程 134

N

南京倡议 271, 272

南京大屠杀死难者国家公祭日 272, 277

南京国际和平研究所 264

南京市国家公祭保障条例 274

逆全球化 164, 165

女星 51

女性主义国际关系学 290, 297, 298, 300

女性主义和平学 3, 137, 191, 205, 220, 230, 294, 295, 296, 297, 298, 300

南希·佩洛西 175

P

潘星兰 80

平等、发展与和平 3, 72, 76, 77, 81, 85, 91, 103, 123, 145, 219, 295

Q

齐齐哈尔和平节 277

钱乘旦 278, 282

秋瑾 2, 39, 45

全国妇联 9, 19, 20, 21, 23, 24, 25, 26, 27, 28, 30, 31, 32, 33, 34, 35, 37, 45, 61, 71, 72, 73, 74, 75, 77, 78, 79, 80, 81, 82, 83, 84, 85, 86, 87, 88, 89, 90, 91, 93, 94, 95, 96, 97, 99, 100, 101, 102, 103, 124, 129, 130, 134, 137, 138, 147, 163, 185, 186, 187, 189, 223, 224, 228, 229, 230, 238, 248, 251, 252

全国妇联法律顾问处 87

R

人口贩卖 230, 236, 257

人口贩运 110, 113, 219, 220, 221, 223, 225, 227, 229, 230, 231, 232, 233, 234, 235, 236, 237, 239, 241, 243, 245, 247, 248, 249, 251, 253, 254, 255, 257, 258, 259, 260

索 引

S

萨菲卡·萨拉米-梅斯靳姆 83
社会性别 1, 2, 14, 76, 92, 93, 94, 138, 139, 178, 266, 286, 287, 288, 290, 292, 294, 295, 296, 297, 299
社会性别视角下的国际政治 1, 2, 14
世界和平理事会 18, 19, 20, 28, 34, 35, 63
双十节告全国妇女界 55
"双学双比"活动 99
宋美龄 41, 52
宋庆龄 2, 3, 4, 10, 22, 23, 32, 37, 39, 40, 41, 42, 43, 44, 45, 54, 55, 56, 57, 58, 60, 61, 62, 63, 64, 68, 69, 74, 188
孙中山 40, 41, 42, 43, 44

T

唐群英 2, 39, 45
提高妇女地位内罗毕前瞻性战略 8
天津妇女运动 50, 51
土地改革与妇女工作的新任务 59

W

瓦扬-古久里夫人 33
王逸舟 129, 191
威斯利安女子学院 41, 42
为平妇女权益机构 250, 252, 254
为争取独立、民主、和平而奋斗的中国妇女 16, 17, 58
维和行动 110, 113, 120, 130, 134, 136, 146, 147, 151, 193, 194, 195, 196, 197, 198, 199, 201, 203, 204, 205, 206, 207, 209, 210, 211, 212, 213, 214, 215, 216, 217, 218
潍坊 270, 276
我与妇女外交 103, 184
"五好文明家庭"评选活动 99

X

习近平 109, 111, 126, 127, 128, 131, 143, 146, 147, 166, 167, 193, 210, 211, 212, 213, 217, 261, 272, 273, 281, 300
向警予 2, 39, 47, 48
消除对妇女一切形式歧视公约 81, 114, 122, 124
辛亥革命 41, 42
新时代的中国国防 131, 132, 133
性暴力 116, 117, 130, 194, 216, 219, 249, 250, 255, 259
性剥削 232, 234, 235, 236, 237, 255
西蒙娜·德·波伏娃 292
西奥多·伊斯梅尼·吉塞利斯 214

Y

亚太区域非政府组织妇女大会 96
亚洲妇女代表会议 32, 44, 62, 65
杨大兰 80
杨怡鑫 208
一带一路 121, 130, 164, 165, 166, 185, 187, 188, 206, 269
一轨外交 180, 183, 187
约翰·加尔通 262, 265

伊丽莎白·克莱尔 95

Z

在彼处——大使演讲录 172, 173, 174, 175
张幼云 154, 168, 176, 177, 178, 179, 180
章百家 13, 71, 108
芷江受降 262
中俄妇女文化周 186, 187
中非合作论坛——北京行动计划（2019—2021年）142
中共中央关于进一步治理整顿和深化改革的决定 87
中国反对拐卖妇女儿童行动计划（2008—2012年）220, 239, 244, 258
中国反对拐卖人口行动计划（2013—2020年）134, 220, 239, 241, 243, 247, 258
中国妇女 1, 2, 3, 4, 7, 8, 9, 10, 11, 13, 14, 15, 16, 17, 18, 19, 20, 21, 23, 24, 25, 26, 27, 28, 29, 30, 31, 32, 33, 34, 35, 36, 37, 38, 39, 40, 41, 42, 43, 45, 46, 47, 48, 49, 50, 51, 52, 53, 54, 55, 56, 57, 58, 59, 60, 61, 63, 65, 66, 67, 68, 69, 71, 72, 73, 74, 75, 76, 77, 78, 79, 80, 81, 82, 83, 84, 85, 86, 87, 88, 89, 90, 91, 92, 93, 95, 96, 97, 98, 99, 100, 101, 102, 103, 104, 105, 107, 110, 113, 114, 121, 122, 124, 125, 129, 137, 147, 148, 150, 153, 154, 155, 157, 159, 160, 161, 162, 163, 164, 165, 167, 169, 171, 173, 175, 177, 179, 180, 181, 183, 184, 185, 187, 189, 190, 191, 193, 195, 197, 199, 201, 203, 204, 205, 206, 207, 209, 210, 211, 213, 214, 215, 217, 218, 219, 223, 224, 225, 230, 240, 241, 247, 248, 250, 285, 286, 287, 303, 304, 305
中国妇女的状况 91, 98, 122
中国妇女第四次全国代表大会 73, 74
中国妇女第五次全国代表大会 314
中国妇女发展纲要（1995—2000年）98, 102, 124, 223, 240, 286
中国妇女发展纲要（2001—2010年）98, 124, 240, 286
中国妇女发展纲要（2011—2020年）124, 125, 240, 247, 248, 287
中国妇女发展基金会 86, 100
中国妇女运动百年大事记 7, 8, 9, 21, 26, 27, 28, 32, 34, 35, 36, 73, 79, 80, 82, 83, 86, 88, 89, 90, 92, 95, 96, 97, 99, 100, 101, 102, 103
中国共产党第十一届中央委员会第三次全体会议 3, 71
中国—拉共体论坛第二届部长级会议圣地亚哥宣言 144
中国女企业家协会 189, 190
中国人民保卫世界和平委员会 18, 28, 29, 31, 35, 62, 263
中国人民争取和平与裁军协会 263
中国维和警察培训中心 199, 215, 216, 218
中国性别平等与妇女发展 122, 123, 128, 145, 161, 181
中国性别平等与妇女发展状况 122, 123
中国与拉美和加勒比国家合作规划（2015—2019）143

索　引

中国芷江　国际和平文化节　274
中华全国妇女联合会　7, 8, 9, 10, 15, 16, 17, 19, 21, 24, 26, 27, 28, 30, 31, 32, 33, 34, 35, 36, 37, 48, 49, 50, 52, 53, 54, 55, 56, 58, 59, 60, 65, 66, 67, 68, 73, 74, 76, 78, 79, 80, 81, 82, 83, 84, 85, 86, 87, 88, 89, 90, 92, 95, 96, 97, 99, 100, 101, 102, 103, 184, 186, 188
中华全国妇女联合会四十年（1949~1989）　9, 21, 27, 30, 31, 33, 35, 37, 73, 74, 78, 79, 80, 81, 82, 83, 84, 85, 86, 87
中华全国妇女联合会章程　74, 78
中华人民共和国反家庭暴力法　225, 227, 249, 250, 252, 254
中华人民共和国妇女权益保障法　87, 94, 98, 238
中华人民共和国婚姻法　98, 223, 238
中华人民共和国民法典　220
中华人民共和国母婴保健法　98
中华人民共和国人口与计划生育法　98
中山模式　287, 288
中苏妇女讨论会　90
周南女校　47
邹晓巧　168

后 记

本书是北京外国语大学"双一流"建设重大标志性科研项目（项目编号：2020SYLZDXM033）成果"妇女、和平与安全"研究丛书的中国卷，经由团队合作研究、撰写完成。

作为本书的第一责任人，本人负责全书的整体框架，导论，上下编引言，第一章，第三章，第四章第一、二、四节，第八章，结论的研究和撰写工作，并负责全书统稿。北京外国语大学国际关系学院硕士研究生夏尔巴提同学提供第二章初稿，黄硕同学、庄梓汶同学提供第五章初稿，卢亚楠同学提供第六章初稿，张瀚之同学提供第七章初稿，国际组织学院硕士研究生谢飞先同学提供第四章第三节初稿。六位同学对全书进行了校对，根据各章引用情况整理了参考文献并做出索引项。来自加拿大的廉望舒女士负责本书英文标题和其他英文用法的审定。在她们工作的基础上，本人对所有内容进行了整合和修订，包括调整结构、增减内容、核实引文注释、添加信源资料、综合把握全书的核心观点与论证逻辑等。

"妇女、和平与安全"研究丛书选题的前沿性强，国内既有成果数量十分有限，各卷涉及语言多样，写作难度大。尽管一些团队成员对此选题较熟悉，已有一定的前期积累，考虑到出版周期等具体因素，要在短时间内完成这样一个大工程，研究团队面临巨大挑战。作为项目的总负责人，本人从项目一开始就建议各卷负责人尽量找到合适的合作者分担任务，以期保质、保量、按时完成项目。中国卷也采取了合作攻关的形式，按照全书的整体结构设计、根据同学们的学位论文选题方向与个人志趣，进行了分工合作。从同学们提交的初稿来看，既有意料之中的不足，也有意想不到的惊喜。本人切实体会到，在学术之路上，"历史"不是线性发展的，时间和年龄不代表一切。代际差异与个人特质交织，横向与纵向的互补性都可以是使研究成果增色的原因。韩愈在《师说》中为后世留下对教师职责的经典定位："师者，所以传道授业解惑也。"培养和扶植青年学子的学术成长与进步是为师之责。通过邀请同学们参与本书的研究与写作，能够帮助她们开阔视野、增强学术自信，作为导师，本人亦颇感欣慰。

在此，首先感谢袁明教授、裘援平主任欣然应允为"妇女、和平与安全"研究丛书作序，感谢社会科学文献出版社赵怀英博士对本项目的全力推动，感谢国际关系学院谭秀英编审，中华全国妇女联合会刘伯红研究员，外交学院秦亚青教授，北京大学王逸舟教授，北京第二外国语学院董秀丽教授，中国社会科学院李东燕研究员、陈迎研究员等专家学者的智力与专业支持。特别感谢本书文稿编辑杨鑫磊等的贡献，感谢所有团队成员的家人和亲朋好友们的支持。由于项目时间紧、任务重、团队合作可能带来的问题，特别是统稿者的能力、精力所限，书中可能出现的错漏不足一定不少，特此就教方家，敬请多提宝贵建议和意见。

李英桃

2020年9月7日

图书在版编目（CIP）数据

中国妇女、和平与安全：历史进程与当代实践 / 李英桃著 . -- 北京：社会科学文献出版社，2021.11
（"妇女、和平与安全"研究丛书）
ISBN 978-7-5201-8506-6

Ⅰ.①中… Ⅱ.①李… Ⅲ.①妇女工作 - 研究 - 中国 Ⅳ.① D442.6

中国版本图书馆 CIP 数据核字（2021）第 105204 号

"妇女、和平与安全"研究丛书
中国妇女、和平与安全：历史进程与当代实践

著　　者／李英桃

出　版　人／王利民
责任编辑／赵怀英
文稿编辑／杨鑫磊
责任印制／王京美

出　　版／社会科学文献出版社·联合出版中心（010）59366446
　　　　　地址：北京市北三环中路甲 29 号院华龙大厦　邮编：100029
　　　　　网址：www.ssap.com.cn
发　　行／市场营销中心（010）59367081　59367083
印　　装／三河市尚艺印装有限公司

规　　格／开　本：787mm × 1092mm　1/16
　　　　　印　张：22.25　字　数：263 千字
版　　次／2021 年 11 月第 1 版　2021 年 11 月第 1 次印刷
书　　号／ISBN 978-7-5201-8506-6
定　　价／98.00 元

本书如有印装质量问题，请与读者服务中心（010-59367028）联系

▲ 版权所有 翻印必究